道德反哺教育研究

Study on Moral Reverse Education

陈默 著

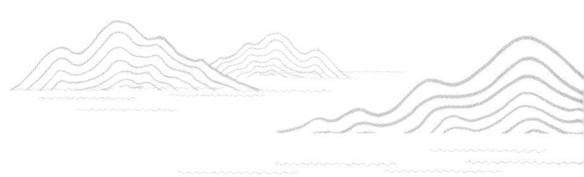

图书在版编目(CIP)数据

道德反哺教育研究/陈默著.—北京：中国社会科学出版社，2019.5
ISBN 978-7-5203-4443-2

Ⅰ.①道… Ⅱ.①陈… Ⅲ.①伦理学—研究 Ⅳ.①B82

中国版本图书馆 CIP 数据核字（2019）第 089851 号

出 版 人	赵剑英	
责任编辑	朱华彬	
责任校对	张爱华	
责任印制	张雪娇	
出　　版	中国社会科学出版社	
社　　址	北京鼓楼西大街甲 158 号	
邮　　编	100720	
网　　址	http://www.csspw.cn	
发 行 部	010-84083685	
门 市 部	010-84029450	
经　　销	新华书店及其他书店	
印　　刷	北京君升印刷有限公司	
装　　订	廊坊市广阳区广增装订厂	
版　　次	2019 年 5 月第 1 版	
印　　次	2019 年 5 月第 1 次印刷	
开　　本	710×1000 1/16	
印　　张	17.5	
插　　页	2	
字　　数	267 千字	
定　　价	99.00 元	

凡购买中国社会科学出版社图书，如果质量问题请与本社营销中心联系调换
电话：010-84083683
版权所有　侵权必究

目 录

第一章 绪论 ··· 001
  一 研究背景 ·· 001
    （一）理论研究背景 ·· 001
    （二）实践研究背景 ·· 004
  二 相关概念 ·· 005
    （一）"道德反哺"概念 ·· 005
    （二）"道德反哺"与"文化反哺"比较 ························ 009
  三 研究的方法和意义 ·· 022
    （一）研究方法 ·· 022
    （二）研究意义 ·· 022
  四 研究文献综述 ··· 027
    （一）文化反哺或道德反哺 ····································· 028
    （二）道德社会化理论 ·· 032
    （三）家庭伦理 ·· 034
    （四）养老问题 ·· 036
  五 研究的基本思路 ·· 040

第二章 道德反哺教育的理论基础 ·································· 044
  一 道德社会化理论 ·· 045
    （一）荀子的道德社会化理论 ·································· 045

（二）科尔伯格的道德社会化理论 …………………………… 048
　　　（三）班杜拉的道德学习理论 ………………………………… 050
　　　（四）现代生活德育论 ………………………………………… 052
　二　道德教育的过程与本质分析 …………………………………… 057
　　　（一）"教与学"的路径 ……………………………………… 057
　　　（二）"学与行"的路径 ……………………………………… 070
　三　道德反哺教育中的伦理逻辑 …………………………………… 080
　　　（一）作为特殊道德社会化理论的"道德反哺" …………… 081
　　　（二）"道德反向社会化"的发生条件 ……………………… 084
　　　（三）"道德反哺教育"中的伦理模式 ……………………… 087
　　　（四）老年人的道德教育 ……………………………………… 091

第三章　道德反哺教育的成因与价值分析 ………………………… 095
　一　道德反哺教育的社会成因 ……………………………………… 096
　　　（一）政治原因 ………………………………………………… 097
　　　（二）经济原因 ………………………………………………… 102
　　　（三）文化原因 ………………………………………………… 107
　　　（四）技术原因 ………………………………………………… 111
　二　道德反哺教育的社会价值 ……………………………………… 119
　　　（一）正价值 …………………………………………………… 119
　　　（二）负价值 …………………………………………………… 135

第四章　道德反哺教育与现代家庭伦理 …………………………… 142
　一　传统家庭伦理中的核心价值——孝 …………………………… 144
　　　（一）以"孝"为核心的亲子关系 ………………………… 145
　　　（二）"孝"伦理对于家庭的作用 ………………………… 151
　　　（三）"家国同构"的伦理意义 …………………………… 156
　二　现代家庭伦理的变迁 …………………………………………… 159
　　　（一）"父本位"家庭伦理的解构 ………………………… 160
　　　（二）"孝易顺难"现象的伦理解释 ……………………… 164
　　　（三）"孝"伦理的现代转化 ……………………………… 168

  三 道德反哺教育中的家庭伦理 …………………………… 176
   （一）道德反哺教育中的亲子关系 ……………………… 177
   （二）道德反哺教育中"孝爱并重"的现代家庭伦理 ……… 180
   （三）代际正义的可能性与社会意义 …………………… 187

第五章 "道德反哺"教育与中国养老问题 …………………… 194
 一 家庭伦理变迁中的养老问题 ……………………………… 195
   （一）不同养老模式中的亲子关系与"孝道" ………… 196
   （二）"精神养老"概念中的道德反哺要素 …………… 200
   （三）"老年人"的现代性 ……………………………… 203
 二 老年人的道德认知与养老 ………………………………… 206
   （一）道德生活的纵向性特征 …………………………… 207
   （二）老年人的道德社会化问题 ………………………… 209
   （三）"道德养老"的现实意义 ………………………… 212
 三 道德反哺教育中的养老 …………………………………… 216
   （一）道德反哺教育中的养老模式 ……………………… 219
   （二）道德反哺教育从家庭走向社会的现实意义 ……… 227
   （三）代际之间的"道德相通"与现代化养老 ………… 233

结语 道德反哺教育中的代际关系与当代中国社会治理 …… 240
 一 代际平等 …………………………………………………… 242
 二 代际关系与中国社会治理 ………………………………… 248
 三 道德反哺教育的现实社会意义及展望 …………………… 255

参考文献 ……………………………………………………………… 265

第一章

绪 论

一 研究背景

（一）理论研究背景

自 1988 年周晓虹提出"文化反哺"①这一概念以来，已经有不少国内学者就这一概念展开了相关的研究。截至 2018 年 2 月 5 日，从中国期刊全文数据库（CNKI）中以"文化反哺"为关键词搜索出来的相关文献已达 394 篇。"道德反哺"②这一概念是廖小平在周晓虹的"文化反哺"这一概念的基础上派生出来的。他认为，所谓"道德反哺"，从道德社会学意义上来说，也可称为"道德的反向社会化"和"道德后育"，是指上一代人接受下一代人道德价值观的过程，或者说，是下一代人对上一代人发挥道德影响的过程。③可以说，"道德反哺"是"文化反哺"的重要方面和核心内容。在此基础上，笔者拓展了"道德反哺"的含义，撰写了《论道德反哺》④一文，提出它所包含的两层意思：一是作为新型的道德教育模式，它区别于传统意义上的道德教育，是一种强调互动的、双向的道德教育模式；二是作为社会公益活动，指个人或社会群体出自报恩的目的，回馈自

---

① 周晓虹：《试论当代中国青年文化的反哺意义》，《青年研究》1988 年第 11 期。
② 廖小平：《伦理的代际之维》，人民出版社 2004 年版。
③ 同上书，第 127 页。
④ 陈默：《论道德反哺》，《理论月刊》2008 年第 3 期。

然、他人或社会的活动。① 本书试从道德教育的角度，对"道德反哺"做进一步的研究，深入挖掘道德反哺教育对当代中国社会的价值和意义。国内一些学者也试图从不同角度研究"道德反哺"的现代价值，如任建东②、董刚③等，他们在一定程度上深化了这一论题的研究。这些研究为我们进一步的研究提供了很好的启示与借鉴，尤其是周晓虹对"文化反哺"现象所做的各种理论的、实证的研究较为深入地分析了社会"文化反哺"现象产生的原因、社会功能以及社会意义。但目前中国学者们并没有对"道德反哺""文化反哺"等概念做出哲学性的分析与论证。作为学术概念，"文化反哺"和"道德反哺"这两个概念之间到底有何关联？道德反哺教育的哲学性基础是什么？在现实生活中道德反哺教育的可能性及其对解决目前中国社会的养老问题的启示是什么？这些是我们亟待解决的问题。

其他相关论题，如代际伦理、文化反哺、家庭伦理、老年伦理等，也有不少论及"道德反哺"的内容，但其讨论的核心和重点并不在"道德反哺"，而在于代际之间的价值沟通。这些研究多是从社会学或教育学的角度来阐发的，未能真正地深入到伦理学领域，或者未能从多学科的角度对"道德反哺"这一社会现象及其背后的本质性内容进行深入探讨。有关"道德反哺"的伦理维度、"道德反哺"发生的机制和"道德反哺"的负面价值等方面，几乎没有人做过相关研究，因而目前这方面的研究存在实际的空缺，有待进一步拓展。

国外的研究没有明确"道德反哺"这一论域，而是用"feedback"一词来描述存在于人类中的一切"反哺"现象，这一现象较多地发生在文化、教育和社会管理领域。如 Domenico Parisi 等人④就提出，不同的文化之间存在各种不同程度的互哺（或互动）和"反哺"现象。在互动中，不同的文化吸收来自其他文化领域的一些特点，进而相互融合，发生一些变

---

① 陈默：《论道德反哺》，《理论月刊》2008 年第 3 期。
② 任建东等：《新媒体接受中道德教育的三大困境》，《伦理学研究》2011 年第 9 期。
③ 董刚：《"道德反哺"及其在构建和谐社会中的价值》，《理论学刊》2010 年第 8 期。
④ Domenico Parisi, Federico Cecconi and Francesco Natale, Cultural Change in Spatial Environments: The Role of Cultural Assimilation and Internal Changes in Cultures, *The Journal of Conflict Resolution*, Vol. 47, No. 2, Apr. 2003, pp. 163 – 179.

化。在他们看来，文化就是从其他的个体身上获取的行为、语言、信仰、态度和价值观等。每一不同的人群都有他们各自独具特色的文化，但又能够通过相互的学习和互动，使得两种不同的文化更为相似。因此，文化就如个体细胞中的"基因"，它们可能会改变自身的结构，以使得自己更接近于邻近文化以至优于它们，这种变化趋势常常比它们自身固有的自由变化更为强劲。除此之外，William H. Durham 等人[①]还探讨了文化行为的适应性意义。他们认为人类的社会行为是人类的生理与文化共同进化的产物，物竞天择，人类在生理上遵循"适者生存"的法则，在文化上遵循同等意义上的适应法则，只不过它们的选择机制和进化特点不同罢了。John Hattie 等人[②]将"反哺"看作是教学领域的一种有效形式，这种形式在不同的情境下会产生不同的效果，甚至会产生一定的负面效果。如何适时地利用"反哺"在课堂中的有效影响是他们所研究的重点。Mary F. Sully de Luque 等人[③]从管理学的角度探讨了文化对反馈寻求行为的影响，他们所探讨的"反馈"是基于组织中员工对自身工作的认识与评价，这种"反馈"与我们将要研究的"反哺"存在某种相似性。也就是说，道德反哺中的"反哺"在其本质上不是无中生有的，晚辈对长辈的"反哺"之所以会发生，其结果也得益于向长辈学习。因此，在某种程度上，我们可以将这种"反哺"当作是"反馈"，而这种"反馈"寻求的行为是管理组织行为学所热衷探讨的议题。总之，国外的相关研究将人类的反哺现象置于整个人类文化中来探讨，涉及多个学科领域。其不足之处是未能立足于"反哺"本身做基础性的研究工作，而更多地诉诸文化、教育研究。以上研究可以说为我们的研究提供了一个良好的研究基础，本书试图系统地对道德教育的反哺模式从理论上做出更为深层次的、全面的研究。

---

① Susan E. Perry, What Cultural Primatology Can Tell Anthropologists about the Evolution of Culture, *Annual Review of Anthropology*, Vol. 35, 2006, pp. 171–190.

② John Hattie and Helen, the Power of Feedback, Timperley Reviewed Work (s), *Review of Educational Research*, Vol. 77, No. 1, Mar., 2007, pp. 81–112.

③ Mary F. Sully de Luque and Steven M. Sommer, the Impact of Culture on Feedback-Seeking Behavior: An Integrated Model and Propositions, *the Academy of Management Review*, Vol. 25, No. 4, Oct., 2000, pp. 829–849.

（二）实践研究背景

在周晓虹所做的研究中，大部分借助于实证研究方法得出结论。他的主要方法是田野调查法，通过深入的访谈来收集资料。他访谈的主要对象是城市家庭，涉及全国各大中小城市。继他的实证研究之后，国内又有很多其他学者试图做出相关的实证研究，有群体调查和个案研究两个方面。群体调查方面，如陈云松、朱灿然、张亮亮等人以"网络热词"的传播为例，利用提取自新浪微博和百度搜索 2013—2015 年的网络热词的每日词频指标进行了实证研究，证实了代内"文化反授"模式的存在。[①] 高楚翘在其硕士论文中，通过对新桥村 10 户家庭的深度访谈，以微信的学习和使用作为切入点，并辅以 150 份问卷调查，思考"文化反哺"是如何在农村地区通过微信的学习使用过程进行的。在对新桥村的村民进行问卷调查和对 10 户人家进行访谈后，他发现传统的"父本位"的家庭结构已经开始解体，子女在家庭事务中的话语权得到提升，"文化反哺"已经成为农村家庭里随处可见的现象。而微信独有的特点使其成为新桥村代际之间进行文化反哺的重要方式，子女通过教会父母使用微信，然后再将新的知识和技术通过微信传递给父辈，父辈在学习和探索中不断适应开放变化的社会，走出传统知识体系和经验的束缚，开始逐渐认同并理解子辈的价值观和生活方式。[②] 张登国通过对东部省份的一个行政村的个案访谈和实地调查发现：在出现"文化反哺"现象的家庭中，父母的文化程度参差不齐，表明父母的文化程度与"文化反哺"能否形成没有必然联系。但父母文化程度越高，所受反哺的程度也越高……受教育程度较低的父母对新知识和新观念的获取途径相对于受教育程度较高的父母而言要少一些。从理论上讲，他们更应接受拥有新文化资源优势的子女反哺。但事实并非如此，一方面，一些子女往往认为父母教育程度较低，不愿意与父母交流，即便父母对新事物和新知识有了解的兴趣，子女往往也会因其较落后的知识结构

---

① 陈云松、朱灿然、张亮亮：《代内"文化反授"：概念、理论和大数据实证》，《社会学研究》2017 年第 1 期。
② 高楚翘：《后喻文化时代农村文化反哺现象调查研究——以新桥村微信学习使用情况为例》，硕士学位论文，安徽大学，2017 年，第 32 页。

而失去反哺的兴趣和愿望;另一方面,家长的权威观念也阻碍了"文化反哺"的实现。① 另外,赵丽芳选取中国西部地区甘肃省天水市外出返乡回家过年的农民工进行了深度访谈,研究发现:农民对城市生活的想象通常来自于大众传播与人际传播混杂的复合式传播通道。在经历被城市文化再社会化之后,返乡的农民工又成为城市文化的携带者和传播者,对农村进行着持久而影响深远的"文化反哺"。作为结果,这种"文化反哺"不仅推动了乡村生活的变迁,也进一步塑造了那些未离开乡村土壤的人们围绕着城市及城市生活的想象。② 朱秀凌通过对福建省漳州市 352 个中学生家庭中 704 位亲代、子代的问卷调查和 33 位学生及其家长的深度访谈发现:"数字代沟"引发的"文化反哺"现象,不受亲子双方的年龄、性别、居住地、孩子学校属性和家庭社会经济背景因素的影响,成为中学生家庭的一种普遍存在,由此引发家庭权力关系从单向权威向双向权威的转变。③

以上实证研究为我们提供了多方位的视角。文化包罗万象,而道德则偏重于人的价值观。在所有的人际冲突中,居于核心地位的是价值观的冲突。从实证、实践的角度全面、深入地挖掘"道德反哺"在人际关系中所发挥的作用具有非常重要的时代意义。本书的研究对我们构建具有中国特色的社会主义先进文化具有重大价值。道德是人类文化的核心部分,"道德反哺教育"作为人类文化进程中的重要现象,须对其本质进行深入的研究,才能更好地推动当今文化的发展和进步。

二 相关概念

(一)"道德反哺"概念

廖小平在他的《伦理的代际之维》④ 一书中提出过"道德反哺"的概

---

① 张登国:《农村青年家庭中文化反哺的内容、效果及其趋势》,《重庆社会科学》2009 年第 5 期。
② 赵丽芳:《流动与传播——西部外出农民工调查》,《山西大学学报》2007 年第 4 期。
③ 朱秀凌:《青少年的手机使用、数字代沟与文化反哺——基于对福建省漳州市中学生家庭的实证分析》,《新闻界》2015 年第 11 期。
④ 廖小平:《伦理的代际之维》,人民出版社 2004 年版。

念。他认为:"所谓'道德反哺',从道德社会学意义上说,也可称为'道德的反向社会化'和'道德后育',是指上一代人接受下一代人道德价值观的过程,或者说,是下一代人对上一代人发挥道德影响的过程。"① 并解释说:"周晓虹在《试论当代中国青年文化的反哺意义》② 一文中首次提出了'文化反哺'的概念,'道德反哺'是在'文化反哺'概念的启发下提出的。可以说,道德反哺是文化反哺的重要方面和核心内容。"③ 笔者认为,"道德反哺"是一个全新的伦理概念。反哺,本意是指子女向父母、晚辈向长辈或者有养育之恩的被养育者向养育者报答养育之恩。综合起来,"道德反哺"应该包含两层含义:第一层含义,正如廖小平所说,是下一代人向上一代人施加道德影响或进行道德教育的过程,是一种互动性和双向性的道德活动。"道德反哺"不同于传统意义上的道德教育,它是新型社会里为适应社会发展的新需求而产生的一种全新的道德教育理念。这个意义上的"道德反哺"具备以下特点:传统道德教育模式中主体与客体的单向式灌输变为双向式的对话与沟通;道德教育主体从原来的长辈、师长变为互为主体与客体;道德教育与受教育终身化;道德教育内容的丰富和急剧变化。"道德反哺"是对传统道德教育理念的超越,开拓了道德教育的新领域,打破了传统道德教育的模式,冲破了传统道德教育理念中僵化不变的内容,标志着道德教育的多元化发展,是人们道德观念多元化的集中反映。第二层含义,作为社会公益活动的"道德反哺",是指个人或者社会群体出于报恩的目的,回馈自然、他人和社会的活动。"道德反哺"作为一种社会公益活动有其产生的心理基础和社会基础,是人的本质和全面发展的体现;是以人为本的科学发展观在道德领域里的运用;是个人主义凸显、个人利益至上的时代对人类道德水平的考验。

"道德反哺"作为道德教育理念与模式,其产生主要归因于现代社会文化变迁的加剧。知识更替与传递速度的加快,使上一代人原有的知识、经验和价值观不断地丧失了解释力和传承价值,而对新事物和新观念具备

---

① 廖小平:《伦理的代际之维》,人民出版社 2004 年版,第 129 页。
② 周晓虹:《试论当代中国青年文化的反哺意义》,《青年研究》1988 年第 11 期。
③ 廖小平:《伦理的代际之维》,人民出版社 2004 年版,第 131 页。

高度敏感性和接受能力的年轻一代正好有了对上一代人施加影响的机会，这是"道德反哺"产生的宏观背景。除此之外，信息技术的普及和现代大众传媒的广泛影响，使年轻一代有了前所未有的条件和机会从他们的上一代之外获取大量的信息，这样，年轻一代就具备了进行"道德反哺"的全新能力。传统意义上的道德教育理念注重强调长者或师长按一定社会或阶级的道德规范和道德要求对年轻一代进行单向式的灌输教育，如我国古代先秦时期的大教育家孔子就要求其弟子的言行符合"仁"的要求，他提出"克己复礼为仁""孝悌也者，其为仁之本与"等思想。在古代西方，古希腊城邦的传统教育是一种家庭式教育，孩子们在母亲或奶妈讲述的荷马史诗、神话故事、伊索寓言、希腊的英雄传说里成长。这种教育世代相传，母亲传给孩子，孩子再传给下一代。男孩成人以后，跟着长辈见闻各种社会生活，学习待人接物和社会规范；女孩成人以后，跟随母亲学习妇道。由于内容一成不变，这些教育便成为城邦公民必备的知识和教养。诚然，无论在古代中国还是古代西方，传统道德教育理念都有利于社会形成统一的道德价值观，遵守祖训和传统习惯是他们道德教育的内容，这也是古代治国的良策。

历史上的伦理学家们，对于道德教育模式都十分重视，提出了不少道德教育的方法，如因材施教法、学思结合法、言传身教法、环境熏陶法、音乐感化法等；也提出许多道德修养的好方法，如反诛求己、静心养性、致良知、慎独等。他们的道德教育理论和道德修养的方法，至今仍然有借鉴意义。但他们的理论和方法都有一个共同特点：十分客观地强调道德教育是长者对晚辈的单向式的灌输教育，缺乏道德教育主体与客体的互动。在现代社会，道德教育理念和模式的主流方向仍然处于传统的道德教育理念之中，即仅仅把道德教育和道德教育的过程看成是对晚辈（学生）施加外部道德影响的过程，而所施加的道德影响又都是为社会所认可的既定的道德规范，强调的是晚辈（学生）需养成符合道德规范的习惯，用刻板的灌输、管理、训练等方法，强制晚辈去服从各种既定规范的"传统道德教育"。传统道德教育模式，缺乏德育理论与实践的人性魅力，它所传授的只是空洞的道德规范，道德教育中不平等的主、客体地位导致道德教育只界定了主、客体之间单向式的一面。并且，常常把道德教育的主体放在绝对权威的地位，从而表现为"教师主体"或"学生主体"的单主体教育模式。

现代以来，人类的生存方式在信息化、全球化的冲击下发生了巨大的变革，表现在人际关系方面，就是人们之间的联系更加密切、更加内在化，也呈现出许多新的特征。在以往的社会里，人际关系的互动受时间、地点的限制，而当今的人际联系可以在无限的时空中重新组合。同时，网络社会的出现，使人际联系超越了时空、真实世界的局限，人际联系完全的自主、自由，为人类拥有共同的价值观创造了良好的条件。从道德教育的角度来看，"道德反哺"是现代社会的一种全新的道德教育理念与模式，是对传统道德教育理念的发展与超越，是适应新形势下我国道德教育发展规律的新论域。除此之外，"道德反哺"是实现道德教育主、客体地位平等与对话的重要途径。总结起来，在现代社会，"道德反哺"的积极社会意义主要表现在从以下几个方面促进社会中年长一代的发展：

1. 学习观。知识更替、传递速度的日益加快，是"道德反哺"成为年长一代获取知识的重要途径。随着互联网的发展，人们获取知识的途径和方法日益增多，很多知识可以通过网络进行查找、学习和传递。传统道德教育模式里道德教育主体与客体的关系大大地改变，原来只能从老师那里得来的知识，现在可以从网络上获得，而且方法更加简洁，答案更加完备。由于对新事物、新知识的敏感能力，年轻一代拥有比年长一代更多的优势，对电脑知识的掌握、获取信息的渠道以及年轻一代的学习习惯，为年轻人"道德反哺"提供了更为有利的条件。而年长一代由于知识僵化、网络技术缺乏、学习习惯落后等原因，往往需要年轻一代实施"道德反哺"教育才能够理解和达成新型的学习理念。

2. 价值观。价值观是社会成员用来评价社会行为、社会事物以及社会成员的准则，价值观通过人们的行为取向及对事物的评价、态度反映出来，是世界观的核心。可以说，价值观是个体后天形成的，并具有相对稳定性，即个体一旦确立相应的道德价值观念之后，便具有相对的稳定性。或者说，个体一旦形成一定的价值取向和行为定势之后，一般是不会轻易改变的。在现代社会,传统价值观会不断地受到各种新价值理念的挑战,总的趋势是前者逐步让位于后者。年长一代的价值观最直接地受到年轻一代价值观的冲击,年轻一代求实、创新、灵活的价值观念往往成为年长一代的典范,如传统社会不能接受的婚前性行为、离婚、提前消费、网购等新时代的生活方式,现在也越来越为年长一代所接受和推崇。并且,年长一代也开始注重每一个新生事物的实际价值和意义,不过分地拘泥于它存在的外在形式来辨别它实际存在的价值。

3. 人生观。人生观是指个体对人生的根本看法和态度。对人生的理解常常因人而异,不同的人有不同的人生观,但年长一代往往因为年龄、阅历等关系对人生常抱消极、保守的态度。而年轻人积极、健康的人生态度恰恰与年长一代形成鲜明的对比。年轻一代对年长一代的"道德反哺教育"常常使得年老一代重新找到人生的价值与生命的活力。

4. 消费观。人生观直接影响消费观,对金钱和消费的看法,现时代年轻人的消费观对长者的影响巨大。如现在普遍存在的提前消费、贷款买房等本是年长一代无法接受的事情,但在"道德反哺教育"中却能够坦然接受。年轻人的理财观念和经济头脑不得不让年长一代叹服,并因此树立起适应市场经济规律的消费观念,成为促进社会主义市场经济和谐、稳定发展的有利条件。

当然,在本书的研究中,我们不局限于"道德教育的模式"这一范畴来界定"道德反哺"的概念。实际上,"道德反哺"概念既包含了代际之间的教育活动,也包含了代际之间的交流、沟通、传递、传承、互动等内涵。我们在后续的探讨中将不停地深化对这一概念的认识和把握,在这里,我们只交代它的一些基本特征和浅层次的含义。

(二)"道德反哺"与"文化反哺"比较

截至 2018 年 2 月 5 日,从中国期刊全文数据库(CNKI)中以"文化反哺"为关键词搜索出来的相关文献达 394 篇。"道德反哺"[①] 这一概念是廖小平在周晓虹的"文化反哺"这一概念的基础上派生出来的,但国内学

---

① 参见廖小平《伦理的代际之维》,人民出版社 2004 年版。

者就这一概念展开研究的文献较少。截至 2018 年 2 月 5 日,从中国期刊全文数据库(CNKI)中以"道德反哺"为关键词搜索出来的相关文献只有 9 篇。可见,"道德反哺"这一概念暂时还没有完全得到国内学者们的广泛认同。

为了解这一概念的科学性与适用性,我们专门做了一个定性访谈调查,主要对象为哲学、社会学、心理学、经济学等人文社会科学专业的博士、教授等。共访谈了 26 名学者,其中 7 名女性,19 名男性。对于"道德反哺"这一概念是否成立的问题,8 名学者没有表达意见,表示无法确定其是否成立;10 名学者认为"道德反哺"概念成立;5 名学者认为这一概念不成立,原因各异,有的认为"反哺"一词不恰当,"反哺"意味着先得了再返还,有的认为"反哺"一词暗示了反哺主体相对于客体的先在优越性,存在道德歧视或专制;2 名学者选择有限认同、需要进一步反思;仅有 1 名学者认为:从社会整体来看,不存在"道德反哺",从个体来看,存在"道德反哺"。虽然关于这一概念学者们的意见五花八门,但是关于是否存在"道德反哺"这一社会现象,24 名学者认为是存在的,仅有 2 名学者明确表示不存在。

以上认识与调查结果说明:"道德反哺"作为一个全新的概念,人们对它的认知是比较模糊的。正因为如此,有必要对"道德反哺"这一概念及其产生的渊源做出进一步的辨析与论证。廖小平在其专著《伦理的代际之维》一书中提出这一概念,定义为:"所谓'道德反哺',从道德社会学意义上说,也可称为'道德的反向社会化'和'道德后育',是指上一代人接受下一代人道德价值观的过程,或者说,是下一代人对上一代人发挥道德影响的过程。"① 显然,作为从"文化反哺"概念中派生出来的概念,"道德反哺"必然应该拥有不同于"文化反哺"的新的内涵。那么,周晓虹是如何定义"文化反哺"概念的呢?在《试论当代中国青年文化的反哺意义》一文中,他写道:"由年轻一代将知识文化传递给他们生活在世的前辈的过程,社会学家称之为'反向社会化',而从文化传递的角度来看,

---

① 廖小平:《伦理的代际之维》,人民出版社 2004 年版,第 129 页。

则是一个和'嗷嗷林乌，反哺于子'的生物现象存在十分相似的文化现象，我们第一次，然而却是十分准确地使用'文化反哺'一词来概括这一现象。"① 二十多年之后，周晓虹在其《文化反哺与器物文明的代际传承》一文中又一次提到这个概念，他说："我们所称的'文化反哺'即是那种由年轻一代将文化及其意义传递给其生活在世的年长一代的新的传承方式，传统代际关系发生断裂，原有的教化者（亲代）与被教化者（子代）关系颠覆成为这个特定时代最令人困扰的叙事议题。"② 显然，周晓虹第一次提出这个概念的时候，并没有明确界定"文化"的范围，但是他终篇讨论的是代际之间价值观断裂的现象及其"反哺"的意义。而第二次所提到的"文化反哺"着重于阐述以"器物文明"为标志的物质文化的传递。这与廖小平明确将"道德价值观"为传递对象的"道德反哺"概念存在明显的差别。

针对这两个概念，当代学者们疑问最多的是道德价值观如何实现反向传递。他们普遍认为，知识的反向传递应该是可能的，价值观的反向传递则困难重重。也许是基于这样的认识，众多的学者更愿意选择含义更为宽泛的"文化反哺"，而不愿意选择含义确定为道德价值观的"道德反哺"。在我们针对26名学者进行访谈调查时，第二个内容则涉及这一问题。我们的设问是：在生活中您是否有过类似于"道德反哺"这样的行为？效果怎样？您是否认为道德价值观的冲突可以通过沟通来解决？统计结果显示：只有极个别的人没有过类似于道德反哺的行为，因而他们相应地认为不能通过沟通来解决道德价值观的冲突。在26名学者中，7名学者明确表示无法通过沟通来解决价值冲突，占比约27%，其中男性占比为100%；9名学者认为需要看情况，有的时候可以，有的时候不可以，比如，和自己的父母沟通可以，和公公婆婆则不可以，占比约35%，其中男性为7名，女性为2名；10名学者认为可以通过沟通来解决道德价值观的冲突，个别认为沟通的效果非常好，其中男性为6名，女性为4名。由于我们选取的调

---

① 周晓虹：《试论当代中国青年文化的反哺意义》，《青年研究》1988年第11期。
② 周晓虹：《文化反哺与器物文明的代际传承》，《中国社会科学》2011年第6期。

查对象中只有7名女性，这很有可能影响了调查结果，但是在不反对可以通过沟通来解决道德价值观冲突的人里面，女性就占了6名。而对这一问题的回答恰恰决定了"道德反哺"这一概念是否能够成立的问题。如果道德价值观的冲突不能通过沟通来解决，"道德反哺"这一概念就不能成立。显然，光从调查的数据来看，说明不了太多的问题，因为认为可以通过沟通来解决问题的学者并不占绝对优势。基于这样的认识，我们试对"道德反哺"和"文化反哺"这两个概念本身做出进一步的分析论证。

1. "文化"与"道德"

什么是文化？当前人们普遍认同将文化看作是"自然的人化"，意即所有与自然相对的"人为的东西"。这个范围是非常广泛的，要深刻地理解文化的含义，就必须对其进行分类。目前不少学者研究过这一问题，比如冯辉认为："从广义分，二分法：物质文化（有形文化）与精神文化（无形文化）。三分法：加上行为文化，四分法：再加上制度文化。从狭义分：主要指精神文化。"① 而刘景泉却提出了不同意见，他认为无所不包的文化观在其本质上是把文化泛化了，其结果是抹杀了物质与精神的区别，如他说：

> "广义文化"论之所以产生偏颇，主要是由于没有弄清物质与物质外壳、经济与经济属性的界线。……例如建筑艺术无疑要通过沙石、木料等等材料才能建成某种建筑物，需要耗费一定的经济，但建筑艺术是指建筑物所隐含的构思、设计、形象等艺术性的精神，而不是物质材料。同样的建筑材料，在不同建筑师手里，由于构思、设计不同，就会产生各种不同风格、气派的建筑。"这种精神性的东西就成了建筑的真正的意义和确定的目的"。（黑格尔语）②

因而，在他看来，文化更应该纯粹地属于精神、观念的范畴。显然，

---

① 冯辉：《关于文化的分类》，《中州大学学报》2005年第4期。
② 刘景泉：《关于文化分类的反思》，《广东社会科学》2006年第3期。

关于文化的定义，如果仅仅在物质与精神二者之间抉择是不妥当的。实际上，物质与精神二者也不是完全可分的。物质承载了精神的含义，人类的精神需要借助于一定的物质表现出来。比如再美好的艺术设计构思，也需要构思图和实际的艺术作品来体现。显然，要理解文化的深刻含义还需要进一步地挖掘文化的本质属性。文化是"自然的人化"足以证明文化是伴随着人类的历史而产生的，我们不能脱离文化的历史性来看文化的本质。也就是说，文化代表的不是人类文明的某一种状态，它承载的是人类文明的历史。而人类在历史的发展进程中，总是根据一定的价值观念选择更能促进人类幸福和社会进步的文化类型，并摈弃那些阻碍人类幸福和社会进步的落后的文化类型。

哲学家和政治家们其实是根据文化的分类来论证文化的合目的性和道德性的，这一分类在西方思想史上有其深厚的传统。如张东娇提出："文化是个权力场，与文化分类实践一样，文化被分类的实践同样充满权力斗争和意义争夺。"① 伴随着工业化和城市化的进程，英国首先出现了工人阶级的独立文化，作为这个时代文化研究者的先驱阿诺德（Matthew Arnold）首先贡献了文化的定义，他提出文化的四层含义：

（1）文化是"世人所思、所表的最好之物"。

（2）文化是光明而甜蜜的，使上帝的理性与愿望盛行于世。

（3）文化就是努力使自己了解世上最好的知识，并令这种知识盛行于世，使全人类衷心向善是包括对所思所表最好之物的获取，用于净化自己精神与灵魂的内心世界。

（4）文化会治疗我们这个时代的病态灵魂。②

显然，阿诺德的文化定义充满了对阶级社会的拯救，在存在阶级矛盾

---

① 张东娇：《西方文化分类逻辑对中国学校文化研究的启示》，《比较教育研究》2017 年第 8 期。

② ［英］约翰·斯道雷：《文化理论与大众文化导论》，常江译，北京大学出版社 2010 年版，第 22 页。

和斗争的社会之中，文化成为拯救社会困境的政治性工具。依照现代的视角，他这里所指的文化代表的是社会的意识形态，是政治性、阶级性的文化。利维斯（F. R. Levis）使得这一阶级性的文化概念走向极端。他首先使用了"大众文化"这一概念，他的立场是："文化始终是少数人的专利。"①雷蒙德·威廉斯（Raymond Williams）在代表作《文化分析》中指出文化的三种定义：

（1）以绝对真理或普世价值的状态存在的理想型文化；
（2）强调文化记录功能的文献型文化；
（3）强调社会性的社会型文化。②

威廉斯填平了利维斯所划分的文化鸿沟，"他站在文化超然的立场上，把日常生活上升到非常视角，与其反对和堵塞不如接受现实更加理性，文化就是我们的日常生活方式，也是生活的全部，包括了好的坏的，有意的无意的"③。文化终于摆脱了文本的束缚与等级观念，与现实生活紧密联系起来。爱德华·霍尔（Edward T. Hall）指出文化是一个巨大的通讯系统，由交往、组合、生存、性别、空间、时间、学习、游戏、防卫、开发十大子系统构成。他按照意识程度的高低把文化分成三种类型：

技术文化、显形文化和隐形文化。技术文化的特点是清晰度最高、情感性最低、意识程度最高，隐形文化的特点是清晰度最低、情感性最高、意识程度最低。④

按照霍尔的观点，"人类进步始于显形的信念阶段，渐入隐形的适应

---

① [英] 约翰·斯道雷：《文化理论与大众文化导论》，常江译，北京大学出版社2010年版，第28页。
② 同上，第55页。
③ 张东娇：《西方文化分类逻辑对中国学校文化研究的启示》，《比较教育研究》2017年第8期。
④ [美] 爱德华·霍尔：《超越文化》，何道宽译，北京大学出版社2010年版，第16页。

阶段，再到技术分析阶段。三个层次之间可以相互转化——显形活动可以转化成隐形活动，隐形活动可以转化成为技术性活动，技术性活动又会成为新的显形系统。文化的三个层次都同时存在，但其中之一会占主导地位"①。文化不是意识的固定状态，而是一个动态发展的庞大系统，涉及人的感知状态、情感和意识等层面。在他看来，文化在其本质上具有高度的不确定性，需要不停地解构与重构，并且这样的解构和重构活动是循环往复的。

毫无疑问，无论是站在现代的视角，还是从传统历史中挖掘，都不难发现，文化具有阶级性、历史性和价值性等本质属性。文化是人类在长期的历史生活中通过自己的价值判断而选择出来的东西。正因为如此，谈文化一定不能脱离它的价值性。一定文化类型的存在暗示了它的合目的性与道德性，而那些不为人类所承认与接受的文化类型，终究会被淘汰并消失在人类的生活中。在这个意义上，我们可以认为，"文化"与"道德"这两个概念在本质上是一致的。道德是文化的内核，而文化必须是道德的文化。它们的差别在于：道德是更为根本性的东西，而文化却存在很多的表现形式。人类历史上无论是以物质形式还是以精神形式表现出来的文化，之所以能够存在并延续，皆因为它的合道德性与目的性。因而，在我们这一论题中，那些认为"道德是更为价值性的东西，文化是更为知识性的东西"的见解，明显地误解了两个概念的本质属性与关联，实际上，二者都是价值性的，也是知识性的。

2. "道德反哺"与"文化反哺"概念的科学性分析

任何一个概念的产生都不是偶然的，它集中地代表了人们对于某一生活现象的概括与总结，但是，概念的科学性是必须要经过严密的论证和分析的。在"乌鸦反哺、羊羔跪乳"的故事中，"反哺"一词明显是褒义的。这样寓言性的故事暗含的是下一代对上一代的报答与反馈。但周晓虹、廖小平等提出的"文化反哺"与"道德反哺"这两个概念明显只反映了"反哺"一词暗含的反向传递这一意义，并没有讨论"反哺"所暗含的道

---

① ［美］爱德华·霍尔：《无声的语言》，何道宽译，北京大学出版社2010年版，第70页。

德性。显然，我们首先要弄清楚生活中正在反向传递的是什么，是文化，还是道德？这一点，众多的学者未曾关心与论证过。周晓虹在提出这一概念的时候，也未曾对其进行过必要的哲学论证，他仅仅提出了相关的社会现象，类似于"乌鸦反哺"，其着重点在于阐明文化的反向传递，而未能对文化、反哺等概念做出各自的哲学性分析，在后续的研究中，他再一次提道：

> 从我们的研究来看，这种逆转和颠覆出现在包括价值观、生活态度和行为方式的方方面面，尤以器物文明最为鲜明。在器物文明的传承过程中，亲代之所以会对来自子代的传承或"教导"言听计从……委实是因为：其一，包括这里所讨论的新兴食品、种类繁多的家用电器和移动电话、计算机……都是年长一代事先毫不具备的相关知识和技能；其二，这些器物带来的极大便利，它们的功能和优越性不言而喻，不像不同的价值观和生活态度在性质上模棱两可、难分优劣。因此，年长一代接受起来抗拒心理也比较小。①

显然，周晓虹在这里讨论到的器物文明的反向传递，过多地强调了它的工具性，而忽略了它的价值性。在他先前所讨论的有关"文化反哺"的内容中，他一直在强调代际之间价值观的冲突、隔阂与重构，但是在后续的讨论中，他又将价值观看成是一个模糊的概念。他认为器物上的优越不言而喻，但价值观却难分优劣。所以代际之间的"文化反哺"是以现代性工具与技术性手段为典型代表的，尤其是计算机网络技术，是造成代际之间"数字文化鸿沟"的重要原因。

然而，我们不能忽略的问题是，计算机网络技术等器物文明之所以能更容易地被上一代人接受，在他们承认它的优越性之时，最主要的原因在于他们已经做出了明确的价值判断。也正因为如此，我们认为，作为一个学术性的概念，"道德反哺"比"文化反哺"更具有科学性。因为从能够

---

① 周晓虹：《文化反哺与器物文明的代际传承》，《中国社会科学》2011年第6期。

反向传递的内容来看，文化在本质上其实是不能被轻易"反哺"的。承认"反哺"就意味着承认后者相对于前者在价值上的优越性，然后才有可能实现"反哺"的过程。比如计算机网络技术，它本身是一种物质性的文化，这种文化之所以能够实现反向传递，是因为它的价值性受到认同，不然也很难实现。这里面所包含的东西实质上是道德的，而不是文化的。因为计算机网络技术更符合人类的需求，更人性化，更能代表人的利益。它是明显的具有优劣之分的，其判断的标准就是是否更能代表个体或社会整体的利益。而文化是没有优劣之分的，比如西方人喜欢吃西餐，中国人喜欢吃中餐，各自代表了不同的餐饮文化，这样的文化是不具有价值判断的。我们要实现中国人喜欢吃西餐，或者西方人喜欢吃中餐，必须在理论上证明西餐或中餐更能促进人体的健康，更能延长人的寿命，这才是实现反哺的依据。而这一依据在其本质上体现的是道德的内容，而不是文化的内容。因而，在逻辑上，"文化反哺"是行不通的。

实际上，无论是反向传递的"反哺"行为，还是上一代对下一代的正向传递的教育活动，其实皆涉及价值判断问题。在上文中，我们讨论"文化"与"道德"这两个概念的时候，就已经发现，文化如果脱离了其道德性是无法得到社会认可的。因此，无论是阶级文化、大众文化，还是生活文化，其根本的区别在于代表了谁的利益，而这也是判断一个文化是否道德的主要标准。然而，在生活中发生的冲突，无不涉及人的根本利益问题。比如在访谈到一名男性时，问他是否认为道德价值观的冲突可以通过沟通来解决，他的回答是：

> 我认为这个问题需要看情况，有时候可以，有时候不可以。比如现在放开二胎政策了，在是否应该生二胎的问题上，我和我父母就产生过冲突。开始他们要求我生二胎，后来我跟他们沟通了之后，他们同意了我不生二胎的做法，因为我的头胎已经是儿子了。但是在另一件事情上却没有这么顺利，在做绝育手术时候，可以男性结扎，也可以女性结扎，我考虑到妻子体质差，准备自己去结扎，但我母亲坚决不同意，她要求我妻子去结扎。

很显然，生不生二胎的问题并没有违反父母的根本利益，但儿子去结扎却间接地违反了父母的利益。由此可以推断，无论是正向的，还是逆向的传递行为，决定行为发生的不是行为本身，而是包含在里面的价值选择。这种价值选择是相对于被施对象来说更合道德性的选择。值得指出的是，在正向传递的过程中，价值选择往往是后发的，因为未成年人在大多数情况下，并不具备做出价值判断的能力，而在以"反哺"为特征的逆向传递中，价值选择是先在的。因为只有实现了价值观上的认同，才有可能实现"反哺"的行为。这就意味着，要实现"反哺"，有两个必不可少的条件：一是承认下一代在价值观上的优越性；二是维护了上一代人的利益和需要。比如，关于智能手机的使用，很多老人承认智能手机的优越性，但是对于那些使用手机不多的老人来说，智能手机反而是一种麻烦，是不符合他们利益和需求的东西，因而才会出现"老人机"这样的市场。在这样的认识前提下，凡是能实现的"反哺"皆是道德上的"反哺"。那些能被"反哺"的文化是合道德性的进步文化；那些不能被"反哺"的文化则一定在某种程度上违背了被"反哺"对象的利益，是不合道德性的，因而才会产生冲突。

另外，在周晓虹的调查中，尽管他只对城市中的家庭做了相关的调查，但他在结论中却没有提出城乡之间的区分，他认为"反哺"是一种普遍性的行为，不受个体文化程度的影响。但张登国通过对农村家庭的调查得出结论："父母文化程度越高，所受反哺的程度也越高。……一些受过良好教育的父母往往更容易接受一些新观念和新思潮……更容易接受子女的文化反哺。……家长的权威观念也阻碍了文化反哺的实现。"[①] 这一点值得我们重视。因为从逻辑上来讲，农村家庭中的上一代在知识结构上相对于城市家庭中的上一代应该更为缺乏，他们更需要学习新的知识、观念。但结果却是城市家庭中受教育程度更高的上一代更为容易接受"反哺"行为。我们所做的访谈调查也证明了这样一个结论，父母文化程度高的，更

---

① 张登国：《农村青年家庭中文化反哺的内容、效果及其趋势》，《重庆社会科学》2009 年第 5 期。

容易接受子代的"反哺"教育。这说明,按照马斯洛的需要层次理论,"道德反哺"属于人的发展性需要,而不是缺失性需要。"道德反哺"现象的产生归根到底在于社会整体的发展,以及在社会整体得到发展的情况下催生的个体成长性的需要。

综合国内外的研究,我们只能说,"道德反哺"作为现代道德教育的创新模式还很模糊,但它确实已经存在于道德教育领域。跟"道德继承"相比较,"道德反哺"并没有为大众所真实地意识到。而鉴于道德教育与其他教育的不同特点,我们很难将其与系统的、约定俗成的教育模式相提并论,也无法确定它在具体教育过程中的真实模型。但正如廖小平所提出的,"道德反哺"不同于传统道德教育的主要特点在于道德教育方向的改变和主客体的转化,要深刻地理解这一改变我们不得不诉诸"文化反哺"这一概念及其包含的社会意义。

关于"文化反哺"这一概念,周晓虹这样说道:"1988 年,在改革开放十周年之际,我们第一次,然而却是十分准确地创用了'文化反哺'这一概念来指代这种由年轻一代将知识、文化传递给他们生活在世的前辈的现象。我们将'文化反哺'定义为'在急速的文化变迁时代所发生的年长一代向年轻一代进行广泛的文化吸收的过程'。"[1] 这一概念的创用得自于美国人类学家米德(Margaret Mead)在《文化与承诺》一书中提出的"后喻文化",其含义指的是长辈反过来向晚辈学习。周晓虹认为,这一社会现象也非常地符合改革开放之后急剧变化的中国社会,就此展开了广泛的社会调查并得出结论:"文化反哺现象不仅已经出现,而且成了与传统的文化传承(社会化)模式相对应的新型文化传承模式,这种现象在城市家庭以及居住在城市中的'移民'家庭中尤为明显。"[2] 廖小平在"文化反哺"概念的启发之下,创立了"道德反哺"这一概念,并简单阐述了"道德反哺"的主要表现和产生原因。值得提出的是,我们须将"道德反哺"与"文化反哺"这两个概念进行一定的

---

[1] 周晓虹:《文化反哺:变迁社会中的亲自传承》,《社会学研究》2000 年第 2 期。
[2] 同上。

对比解析，才能明确二者的联系和界限。也只有在此前提下，我们才能更深刻、全面地理解"道德反哺"。

周晓虹在探讨"文化反哺"现象时，指出器物文明对文化传递方向造成的颠覆性改变，如他所说：

> 古往今来，由于时间流逝的一维性，文化传承尤其是物质文化传承都是由父及子，由上代传至下代；……在器物的制作尤其是使用上，"手把手"教导是父及子、师及徒、上代及下代最为常见的传承方式。近几十年以来，由于迅疾的文化和社会变迁，这种常见的器物文明传承方式发生了改变。我们所称的"文化反哺"即那种由年轻一代将文化及其意义传递给其生活在世的年长一代的新的传承方式，传统代际关系发生断裂，原有教化者（亲代）与被教化者（子代）关系颠覆成为这个特定时代最令人困惑的叙事议题。[①]

因此，"文化反哺"首先体现在社会的物质文化上，由物质文化的改变而产生了其他层面文化的改变。道德是文化的内核，属于精神文化层面，主要体现为价值观。尽管周晓虹在所展开的有关"文化反哺"的调查结论中提到，"在涉及事物的好坏、对错判断的价值观方面，父母也受到了孩子的影响，尽管这种影响比较其他方面而言可能要小一些"[②]，但仍然不能否认，随着中国社会的转型，下一代人的很多价值观和生活观已经切实地影响到了上一代人。比如节俭一直是中华民族优良的传统美德，但在物质文化日益丰富的现代社会，上一代人的节俭观、消费观不得不受到下一代人的影响，比如说提前消费，充分地享受现代物质文化所带来的美好生活已经成为每一个现代人的追求。

相对于"文化反哺"，"道德反哺"应该是更为深层次的。文化体现在生活的方方面面，包括物质的和精神的。道德涉及的是习俗或观念问题，

---

① 周晓虹：《文化反哺与器物文明的代际传承》，《中国社会科学》2011年第6期。
② 周晓虹：《文化反哺：变迁社会中的亲自传承》，《社会学研究》2000年第2期。

比如过年、请酒和婚礼等习俗，"爆竹声中一岁除"的过年习俗随着火灾的频发和环境污染的严重而受到越来越多下一代人的排斥；请酒中铺张浪费的不良风气也越来越遭到年轻一代的反对；年轻一代结婚也越来越追求简单、浪漫，不接受太多的繁文缛节。在观念问题上，以中国传统道德中的"孝"为例，上一代人的"孝"以遵从父母为前提，下一代人的"孝"则以尊敬、尊重父母为前提。古训中的"不孝有三无后为大"也越来越遭到颠覆，"丁克家庭"的出现就是最好的例证。

在目前国内有关"文化反哺"的研究中，大多数关注的是现代技术对代际关系产生的影响，如计算机、电子和通信技术等。无可否认，文化涵括的范围非常广泛，几乎充斥着人类生活的方方面面。除了现代技术文化，现代中国社会面临的还有来自西方文化、少数民族文化等多种文化的交流和融合问题。在形形色色的文化中，我们无法评判文化类型的优劣。根据朱贻庭的观点，文化的生命结构本身包含"形"与"神"两个方面，他赞成文化传承要"形神统一"。以此来审视"文化反哺"和"道德反哺"问题，我们不难发现，文化中的"形"是多元的，文化中的"神"是一元的。道德代表的是文化中的"神"，是价值观念，人类所追求的永恒价值就是人本身的幸福。

因此，在文化的传承和交流、冲突和融合中，我们必须承认，文化形式的多元性是必要的。无论是物质性的，还是非物质性的文化，都能体现和反映人类文明。作为文化内核的道德，却拥有不同于一般物质文化的特点。如果说幸福是道德永恒的主体，那么人类在追寻自身幸福的途中就应该义无反顾，但现实却总是让人迷惑。例如，现代科学技术给人类生活带来的便利是不可否认的，但同时也带来了资源匮乏、环境污染等一系列社会问题。在此前提下谈"道德反哺"，我们不得不承认，它与"文化反哺"相比较，拥有更为复杂的内涵。在"文化反哺"的定义中，"反哺"本身就是一个褒义词，有关"文化反哺"的体现也几乎全是反映社会进步的正价值。但我们不能如此单纯地分析"道德反哺"所拥有的社会价值，比如在人类道德文明发展的历史中，民主、自由和科学等代表道德价值的概念常常是人们所争论的热点，但这些东西是否在其本质上促进或促成了人类的幸福，仍然不得而知。正因为如此，"道德反哺"的概念中虽然包含了"反哺"这样的褒义词，我们却不能不辩证地分析"道德反哺"这一现象的真正社会价值。

三　研究的方法和意义

（一）研究方法

本书主要采用文献分析法进行研究，通过综合现有的文献资料，从中归纳出有关"道德反哺"论题的主要研究成果，在此基础上拓展相关理论的研究。在当前的研究中，直接以"道德反哺"为主题的中文文献并不多，英文文献更是屈指可数，但这并不能阻碍我们此项研究的进行。在文献分析的过程中，重点针对涉及"文化反哺""家庭伦理""代际正义""孝""精神养老"等论题的文献进行全面的梳理，从中找出符合我们需要的主要观点以及可能存在的一些亟待解决的学术性问题。就目前的研究成果来看，未能有学者专门地针对"道德反哺"教育做出全面性、系统性的论述，所以在引用前人观点方面存在一定的欠缺。我们所做的有关"道德反哺"教育的研究，不在于对"道德反哺教育"做纯粹的哲学分析和研究，而是更多地将其当作一种新时期中国社会出现的社会现象来分析。因而，在研究的过程中，我们不得不使用一些简单的社会学的研究方法，比如问卷调查法、定性访谈法等。我们先后针对桂林市在校大学生的"道德反哺"现象展开了相关的问卷调查，并统计分析出结果，作为论证过程中的参考资料。同时，对学界伦理学、管理学、社会学等各个专业领域的博士、教授人群展开相关论题的定性访谈，针对"道德反哺"这一社会现象做出相应的质性研究，对"道德反哺"概念及相应的社会现象做出一些哲学性的推论。

（二）研究意义

就目前的研究形势来看，"道德反哺教育"这一论题的研究是比较新颖的，具备较强的创新研究价值。尽管之前有不少学者对此论题和"文化反哺"论题进行过相关论述，但未能做出比较全面、系统、深入的研究，尤其是对"道德反哺教育"这一社会现象产生的历史原因、社会价值、对现代中国社会的现实伦理意义等未能做出更为深入的学术性探讨。实际上,"道德反哺教育"为能够解决现代中国社会面临的诸多社会危机提供了有利的思路,如代际冲突、代际矛盾、家庭伦理危机、现代化养老、传统孝伦理的迷失等。本书将立足于这些现代中国社会所面临的现实社会问题来进行研究,为解决当前中国社会实存的某些重要的社会问题提供一些可供借鉴的方法,主要包括以下几个方面:

1. 代际冲突、代际矛盾问题

代际冲突、代际矛盾等是新时期中国社会面临的重要的社会性问题。由于社会的全面性发展,代际之间在受教育程度、成长环境、文化价值观等方面的差异越来越大,这使得他们之间的矛盾与冲突变得越来越激烈。社会新闻中频频出现的、发生在亲子之间的一些恶性事件不得不让人反思,比如农村老人自杀,青少年与父母争吵之后跳江,亲子之间互残等。这些发生在代际之间的极端事件,从现实的角度反映了构建良好代际关系的重要性。曾经局限于家庭的亲子关系问题已经上升到了社会的层面,仅仅依靠单个家庭的家规、家训,以及自行成文的规矩或地方性的风俗习惯等来解决亲子关系问题已经显得力不从心。我们需要重新审视当前中国社会所面临的亲子关系、代际冲突、养老、家庭伦理、孝文化、孝伦理的现代化等问题。

"道德反哺教育"这一社会现象的出现从某种程度上反映了社会对改善亲子关系的诉求。子代和父辈之间关系、地位、沟通方式、相处模式等的改变,从侧面反映了代际之间的伦理、道德问题正日益随着社会的发展而改变,社会结构的改变、物质经济水平的发展、中西方文化的碰撞和交流等因素正在加速传统亲子关系和家庭伦理的解体,这意味着社会对于亲子关系需要有重新的定位和要求,隐含在亲子关系中的家庭伦理意义、道德价值观的更替等更需要接受新时期社会的审视。从这个意义上来说,"道德反哺教育"不仅仅是一种教育的途径或办法,它更代表代际之间对更为先进的道德价值理念的共同认识和追求。在中国长达几千年的传统伦理文化中,代际之间的关系一直处在一个稳固不变的模型之中,即使有反映年轻一代为争取婚姻自由、权利而抗争的一些古典小说出现，如《西厢记》《木兰诗》《孔雀东南飞》《红楼梦》等书籍，里面就记载了上一代利用封建礼教来限制下一代人的自由和权利的故事，但其意义和反响在当时的社会也非常弱小，未能真实地触动和改变当时的主要伦理文化制度与环境。

如果说中国传统社会的代际矛盾和冲突主要以年长一代对年轻一代实施道德礼教上的倾轧为主，其解决方式和结局往往以年轻一代的妥协和退让为主，那么，在现代中国社会，代际之间的道德倾轧就是双向的了，代际之间在伦理文化价值观上的分崩离析常常导致各自独立为营，在代际之间造成一个完全对立的局面。年轻一代完全可以从社会、集体中吸取道德营养，而不需要与自己的亲代发生任何实际意义上的交互行为，这对于年长一代来说，实际上是一种道德上的冷漠隔离，非常不利于老年人的自我发展。因此，"道德反哺教育"这一社会现象的出现，在其本质上反映了代际之间为寻求彼此的道德认同而做出的努力。追溯中国传统伦理思想的发展史可以发现，亲子关系是中国伦理道德规范得以建立的本体性基础，这根源于人对于自身来源的哲学性思考。所以，站在现代的立场上来看待代际关系，必须对中国历史上亲子关系发展的渊源进行必要的考察，并以此作为我们理解整个中国传统家庭伦理文化及其现代性转化的基础。因此，道德反哺教育不仅仅是构建新型亲子关系、代际关系的有力手段、方法，更是我们反观现代家庭伦理、孝文化、养老等问题的必要途径。

当然，我们也可以从更为长远的角度来思考代际关系问题。代际之间的道德认同不仅仅涉及在世的亲代与子代，更涉及未来的后代子孙们，尤其是在现代社会面临诸多环境污染、资源匮乏、资源分配等共同问题的时候，跨代正义更是成为各国哲学家们普遍关注的道德问题。"道德反哺教育"为我们理解跨代正义提供了新的视角。在哲学家们思索"道德相似性""跨代共同体""跨代自我"等问题的时候，他们所要解决的问题就是实现代际之间的分配正义。对于作为亲代的在世几代人和未来将要来到世界上的子子孙孙们，他们如何才能在道德问题上达成共识？作为来世的子代们他们可以通过学习传统和历史来知悉亲代们的道德价值观，但在世的亲代们又如何才能知道来世的子孙们将会持有何种道德价值观呢？在面临诸多社会实际问题之时，在世的几代人必然不能只站在自身的立场上来考虑道德问题。"道德反哺教育"既打破了传统的由上而下的单向式道德传递，又不是下一代向上一代所做的逆向的、单向式反哺，而是在代际之间达成真正的道德共识。对于跨代道德共同体问题，"道德反哺教育"实际上提供的是一种"道德相通"的致思方式，它颠覆了传统道德认知体系中的"道德相同"的价值诉求，寻求在代际之间营造出"相通"的价值氛围。因而，反哺的实质不是子代向亲代进行另一种道德上的灌输，而是在于寻求二者在道德价值立场上的"相通"。

2. 家庭伦理的现代转化

在传统的家庭伦理中，"孝"是其核心的内容。但是在现代中国社会，"孝"的概念及其包含的伦理文化意蕴受到了前所未有的冲击。传统伦理文化中的"孝"，以亲子关系为核心来论证和建构整个家庭、社会的道德伦理纲常体系，因而，"孝"和传统家庭伦理的现代转化也必然离不开亲子关系。现代社会出现的"道德反哺"教育现象，必然和"孝"伦理的现代转化存在紧密的联系。在传统的"孝"伦理无法适应现代亲子关系发展的情况下，必然要寻求另一种亲子关系伦理模式，来促进亲子关系的健康发展，同时促进传统家庭伦理的现代转化。传统家庭伦理中的"孝"的主要目的是在亲子之间建立起"道德相同"的稳定不变的道德价值体系，子代和亲代之间的道德关系主要体现为子代对亲代的"顺从""无违"等。这样的伦理模式虽然为建立稳固的家庭、社会道德价值体系提供了有利的途径，但是抹杀了个体的道德主体性，也阻碍了人类道德认识应该有的发展。家庭、社会的道德价值体系必然随着社会生产力的发展而发展，"孝"伦理所主导的亲子关系是社会道德伦理体系的基础，代表了整个社会道德发展的基调，在这样的基础上来谈社会的发展，必然会过分地强调统一和稳定道德价值的僵化的发展观。

自近代以来，中国社会引进了西方社会的科学、民主等道德价值理念，导致传统"孝道"与家庭伦理受到了前所未有的冲击，亲代和子代之间的关系长期处在混乱和迷惘状态，很多人开始全盘否定传统"孝道"的价值。同时，随着传统家庭结构的解体，个体、家庭和社会的关系也发生了重大的改变，原来体现为垂直性的主宰关系，现在转化为扁平性的归属关系。如周晓虹所提出的"孝易顺难"的现代亲子关系现象，正说明现代社会的个体和家庭、国家的关系体现出新的特征。这意味着在子代和亲代之间已经形成了完全不同于传统社会的物质性关系、情感关系和伦理关系。因而，在我们谈传统"孝道"和家庭伦理的现代转化的时候，必然不能离开亲子关系及其发展演变的历史，而应该从亲子关系及其所蕴含的物质性关系、情感关系和伦理关系等方面来理解现代家庭伦理的建构。"道德反哺教育"恰恰是发生在亲子关系之中的一种社会现象，在本质上代表了萌生新型亲子关系的社会需要，这意味着社会正在以亲子之间道德传递模式的改变来昭示着社会道德价值的诉求。

3. 现代中国社会养老问题

毫无疑问，养老问题是中国社会急剧老龄化趋势下的一个严峻的社会议题。"道德反哺教育"作为发生在亲子之间的一种社会现象，它本身代表的不仅仅是亲子之间通过道德教育或传递达成道德共识的问题，更是二者之间的关系问题。在传统社会的"养儿防老"的伦理观念下，亲子关系必然承载着比单纯的情感关系更为丰富的内容。在现代社会，亲子之间的物质性依赖关系逐渐消弭，这导致二者之间的情感关系也受到相应的冲击。在社会转型的条件下，如何构建更为科学的养老模式成为众多的研究者们热衷讨论的议题，但从目前所提出的研究成果来看，无论是"嵌入式养老模式"的提出，还是"精神养老"概念的论证，都没有深入到养老问题的实质，即现代亲子关系的发展变型以及其他家庭成员关系的形成发展应该成为探讨现代养老问题的核心基础。因为脱离健康的亲子关系来谈养老，必然成为无根之木、无源之水。在个体道德纵向发展的三个阶段当中，从人生的早期到人生的中、晚期，个体与家庭、社会的关系会呈现出不同的特征。在人生的老年阶段，家庭关系对于个体来讲有着更为特殊的伦理意义和价值。如果脱离个体精神滋养的发源地——家庭来谈个体的养老，这既不符合个体发展的伦理逻辑，也不符合社会发展的伦理逻辑。

"道德反哺教育"的研究，在本质上为揭示现代社会的亲子关系和其他家庭成员关系提供了一种有利的视角。显然，如果将"老年人"看作是"道德反哺教育"的受体，那么，"老年人"本身所包含的现代性，以及老年人作为个体的发展性等都应该成为我们重点研究的论题。毫无疑问，结合当前社会所出现的一些老年问题，如老年人的道德、法律认知问题、老年人的"精神养老"问题、老年人的道德社会化问题、老年人如何融入现代社会的问题等，都是现代养老所不能回避的现实性问题。作为曾经在社会发展的过程中发挥自身主体性的老年人，如何不因为社会生产性工作的"退场"而成为年轻一代眼中的"包袱"，并获得自身的个体性发展，是老年人实现现代性转变的重点内容。"道德反哺教育"为现代社会的老年人的现代性、老年人的个体发展、老年人的"道德养老"等问题的解决提供了良好的思路。

本着以上的研究意义和宗旨，本书拟围绕亲子关系、家庭伦理、传统"孝道"的现代转化、代际正义、老年人的现代性、精神养老、道德养老等问题对代际之间的"道德反哺教育"问题进行深入的探讨。虽然"道德反哺教育"现象的产生拥有其深厚的社会、经济基础，它是随着中国社会的经济、政治、管理、技术等各个方面的发展而出现的新型的亲子教育模式，但是，道德反哺教育如果仅仅局限在单个的家庭内部，其必然因为家庭成员之间关系的特殊性而无法发挥它应该有的社会功能和作用。因而"道德反哺教育"更应该成为一种社会性的道德运动，在社会上形成广泛的共识，在亲子之间，或者说，在代际之间形成一种以"道德反哺教育"为特征的交互行为，以使得家庭或社会中的各个成员都成为能够实现其道德主体性的独立个体。

四 研究文献综述

就目前国内外的研究成果来看，专门以"道德反哺"为主题的研究并不多，尤其是在英文文献的检索当中，几乎还不存在以这一概念为主题的研究成果。在国内学者的研究中，这一概念的提出及其进一步拓展似乎也存在很大的难度，较少有人对"道德反哺"这一概念做出进一步的哲学论证，而习惯于认同周晓虹提出的"文化反哺"这一概念，并从社会学的角度对其进行各方面的论证和研究，尤其是调查研究。较多的学者试图从不同的社会群体来探讨此论题，比如城乡之间代际反哺的发生性、效果比较等。因而，我们的文献参考来源并不是特别的充足，在相关问题的论证过程中，我们不得不以"道德反哺教育"为核心议题来进行拓展，比如家庭伦理、亲子关系、传统孝道、代际冲突、代际正义、精神养老等现代中国社会比较热点的论题，在其本质上都会与我们所探讨的"道德反哺教育"紧密关联。因而，以这些关键词进行文献检索并将其作为我们的研究文献参考，是比较准确的一种路径，我们也将围绕这些论题分门别类地对将要作为参考对象的主要文献进行综述。

（一）文化反哺或道德反哺

目前，专门以"文化反哺"为核心概念进行研究的文献主要来自周晓虹的研究，他于1988年首次提出这一概念之后，近四十年来对这一论题进行了各方面的深入研究，其主要研究成果集中在以下文献当中：《试论当代中国青年文化的反哺意义》[1]《文化反哺与器物文明的代际传承》[2]《文化反哺：生发动因与社会意义》[3]《中国青年的历史蜕变：国家与社会关系的视角》[4]《文化反哺与媒介影响的代际差异》[5]《从颠覆、成长走向共生与契洽——文化反哺的代际影响与社会意义》[6]《文化反哺——变迁社会中的代际革命》[7]《中国青年的历史蜕变：国家与社会关系的视角》[8]《代际

---

[1] 周晓虹：《试论当代中国青年文化的反哺意义》，《青年研究》1988年第11期。
[2] 周晓虹：《文化反哺与器物文明的代际传承》，《中国社会科学》2011年第6期。
[3] 周晓虹：《文化反哺：生发动因与社会意义》，《青年探索》2017年第5期。
[4] 周晓虹：《中国青年的历史蜕变：国家与社会关系的视角》，《江苏社会科学》2015年第6期。
[5] 周晓虹：《文化反哺与媒介影响的代际差异》，《江苏行政学院学报》2016年第2期。
[6] 周晓虹：《从颠覆、成长走向共生与契洽——文化反哺的代际影响与社会意义》，《河北学刊》2015年第3期。
[7] 周晓虹：《文化反哺——变迁社会中的代际革命》，商务印书馆2015年版。
[8] 周晓虹：《中国青年的历史蜕变：国家与社会关系的视角》，《江苏社会科学》2015年第6期。

关系中的一个重要迹象:"孝"易"顺"难——亲子关系中"文化反哺"现象的调查分析》①《孝悌传统与长幼尊卑:传统中国社会的代际关系》②《文化反哺:变迁社会中的亲子传承》③。周晓虹的研究主要从社会学的角度展开,可以说,他开启了"文化反哺"这一研究的先河,并试图通过这一概念来研究当代中国社会的亲子关系、社会分层、代际矛盾,以及文化传承中的现代特点。这些研究成果对了解和剖析当今中国社会的代际关系、代际教育、家庭伦理等有着非常重要的意义。同时,周晓虹的研究对我们开展"道德反哺"这一主题的研究有着非常重要的奠基性作用。可以说,"道德反哺"一词是在"文化反哺"一词的基础上提出来的,这一概念最先出现在廖小平的《伦理的代际之维》④一书中,他对"道德反哺"一词做了相应的分析和介绍,但并未就此论题做出详细而全面的论述。陈默在此基础上专门撰写了《论道德反哺》⑤一文,对"道德反哺"这一概念进行了深入的分析,并对"道德反哺"现象产生的原因及其主要特征进行了相关的探讨。此后,众多学者对"文化反哺""道德反哺"概念进行了进一步的拓展研究,主要包括以下期刊论文:《代内"文化反授":概念、理论和大数据实证》⑥《后喻文化时代农村文化反哺现象调查研究——以新桥村微信学习使用情况为例》⑦《农村青年家庭中文化反哺的内容、效果及其趋势》⑧《流动与传播——西部外出农民工调查》⑨《青少年的手机

---

① 周晓虹:《代际关系中的一个重要迹象:"孝"易"顺"难——亲子关系中"文化反哺"现象的调查分析》,《北京日报》2015年9月14日第018版。
② 周晓虹:《孝悌传统与长幼尊卑:传统中国社会的代际关系》,《浙江社会科学》2008年第5期。
③ 周晓虹:《文化反哺:变迁社会中的亲子传承》,《社会学研究》2000年第2期。
④ 廖小平:《伦理的代际之维》,人民出版社2004年版。
⑤ 陈默:《论道德反哺》,《理论月刊》2008年第3期。
⑥ 陈云松、朱灿然、张亮亮:《代内"文化反授":概念、理论和大数据实证》,《社会学研究》2017年第1期。
⑦ 高楚翘:《后喻文化时代农村文化反哺现象调查研究——以新桥村微信学习使用情况为例》,硕士学位论文,安徽大学,2017年。
⑧ 张登国:《农村青年家庭中文化反哺的内容、效果及其趋势》,《重庆社会科学》2009年第5期。
⑨ 赵丽芳:《流动与传播——西部外出农民工调查》,《山西大学学报》2007年第4期。

使用、数字代沟与文化反哺——基于对福建省漳州市中学生家庭的实证分析》①《农村青年家庭中文化反哺的内容、效果及其趋势》②。这些研究成果基本上都是从社会学的角度对中国当前社会实存的"文化反哺"现象进行研究，其主要研究目的在于论证"文化反哺"对于当前中国社会发展的实际效用和社会意义，采取的方法大多是社会调查。这些研究从不同的角度，针对不同的社会群体展开有关"文化反哺"的研究，从一定程度上，弥补了我们试图从伦理学的角度研究"文化反哺""道德反哺"等论题的不足。实证研究中的一些理论预设虽然与哲学中的理论预设相似，但由于论证方法的不同，可以从不同的角度来揭示事情的本质。有关"道德反哺"的哲学论证也需要一定的调查数据来支撑我们所做的理论预设，而这些研究成果足以证明，"文化反哺""道德反哺"等社会现象确实广泛地存在于当代中国人们的生活当中，并正在产生着广泛的社会影响，它为社会的发展和进步提供了一种有利的途径和视角，为解决社会裂变中的代际矛盾提供了不可多得的方法。

相对来说，集中以"道德反哺"概念为主题的研究并不多见，国内的研究主要有以下两篇文献：《新媒体接受中道德教育的三大困境》③《"道德反哺"及其在构建和谐社会中的价值》④。在英文文献中，以"culture feedback""moral feedback"为关键词进行文献检索，几乎不存在这方面的相关研究，但也不乏一些与"文化"主题相关的一些研究，里面包含了一些对我们理解"文化反哺""道德反哺"概念有用的内容或要素，主要包括：Cultural Change in Spatial Environments: The Role of Cultural Assimilation

---

① 朱秀凌：《青少年的手机使用、数字代沟与文化反哺——基于对福建省漳州市中学生家庭的实证分析》，《新闻界》2015 年第 11 期。
② 张登国：《农村青年家庭中文化反哺的内容、效果及其趋势》，《重庆社会科学》2009 年第 5 期。
③ 任建东等：《新媒体接受中道德教育的三大困境》，《伦理学研究》2011 年第 9 期。Mary F. Sully de Luque and Steven M. Sommer, the Impact of Culture on Feedback-Seeking Behavior: An Integrated Model and Propositions, *the Academy of Management Review*, Vol. 25, No. 4, Oct., 2000, pp. 829–849.
④ 董刚：《"道德反哺"及其在构建和谐社会中的价值》，《理论学刊》2010 年第 8 期。

and Internal Changes in Cultures;① What Cultural Primatology Can Tell Anthropologists about the Evolution of Culture;② The Impact of Culture on Feedback-Seeking Behavior: An Integrated Model and Propositions。③ 从这里基本上可以看出,"道德反哺"这一概念在当前的研究中虽然已经引起了注意,但是并未得到深入的拓展,大概是因为在研究过程中存在一定的难度,众多的学者仅仅将其当作是一种社会现象来解释,并未对这一概念产生哲学分析的研究旨趣。尽管周晓虹曾经指出,对于"文化反哺"这一概念的研究其实可以从跨文化的角度做一个比较研究,以试图找出"文化反哺"是否只是中国社会发展到特定时期而产生的特殊社会现象,在西方国家的历史上是否也曾经存在过这一社会现象,以此来推理"文化反哺"现象得以产生的现实社会条件。尽管如此,在国内外的相关研究中,并未出现对这一论题进行广泛研究的趋势。这一方面给我们的研究造成了一定的难度;但另一方面也意味着这一研究本身所包含的挑战性和创新性。

　　实际上,"文化反哺""道德反哺"这些概念并非严谨的哲学性概念,也就是说,它们既不涉及哲学领域中认识论的方法,也不涉及本体性的分析,可以说,它们仅仅是作为一种社会现象的发生或存在。但从伦理学的角度来分析这些概念,它们却深入地牵涉到代际关系、代际伦理、家庭伦理等,所以对这些概念做出伦理学的分析确实非常必要。并且,在当前中国的社会语境中,"文化反哺""道德反哺"等概念对于理解中国当前社会的本质有着非常重要的现实意义,尤其是在各种文化交替和交融的过程中,各种道德价值观的碰撞与冲突,形成了一种非常复杂而又激荡的社会道德情境和背景,在这样的情境和背景中,对这些概念进行伦理学,甚至

---

① Domenico Parisi, Federico Cecconi and Francesco Natale, Cultural Change in Spatial Environments: the Role of Cultural Assimilation and Internal Changes in Cultures, *the Journal of Conflict Resolution*, Vol. 47, No. 2, Apr., 2003, pp. 163 – 179.

② Susan E. Perry, What Cultural Primatology Can Tell Anthropologists about the Evolution of Culture, *Annual Review of Anthropology*, Vol. 35, 2006, pp. 171 – 190.

③ Mary F. Sully de Luque and Steven M. Sommer, the Impact of Culture on Feedback-Seeking Behavior: An Integrated Model and Propositions, *the Academy of Management Review*, Vol. 25, No. 4, Oct., 2000, pp. 829 – 849.

哲学性的分析，不仅可以从理论上拓展这一领域的研究，而且可以对中国社会的各方面实践产生积极的影响，尤其是对于当前中国社会的道德教育、代际关系、养老问题等，可以从中得到许多有利的启示。因而，从数量上来说，有关"文化反哺""道德反哺"的研究文献是有限的。但是，我们不局限于从文献中去寻找和总结既定的研究成果，以此作为主要的研究依据来开展我们的研究。我们主要将"文化反哺""道德反哺"当作一种实际存在的道德传递现象，以此为基础来研究现象背后隐含的社会本质。在研究方法上，我们不局限于文献归纳法、比较法、历史分析法等主要的哲学研究方法，还配合使用了一定的社会学的研究方法和研究成果，这样可以使得我们的研究内容更为丰富，得出来的结论相对来说也能更加全面、准确。当然，不管我们选取的文献如何，我们的重点不在于解决当前理论研究中的迷惑和论争，而在于为当前中国社会现存的一些社会问题指点迷津，如代际矛盾、家庭伦理的缺失、养老问题的迷惑等。因而，以上文献既可以成为我们研究的重点参考来源，也可以当作我们研究的起点。

（二）道德社会化理论

在论证"道德反哺"概念的本质内涵的过程中，我们首先承认它是一种道德的反向社会化，这在本质上承认了"道德反哺"是一种道德社会化理论。因而，我们必然需要对其产生的理论基础进行论证，主要以中西方历史上比较典型的道德社会化理论为逻辑起点，包括荀子、科尔伯格（Lawrence Kohlberg）的个体道德认知理论、班杜拉（Albert Bandura）的社会学习理论、现代生活德育论等方面的理论阐述，在此基础上分析"道德反哺"作为一种道德社会化理论的特殊性及其产生的条件。因而，涉及的文献主要包括：《生活德育论十五年》[①]《生活德育简论》[②]《生活德育：境遇、主题与未来》[③]《边缘化·外在化·知识化——道德教育的现代综合

[①] 王贤德、唐汉卫：《生活德育论十五年》，《中国教育学刊》2017年第7期。
[②] 高德胜：《生活德育简论》，《教育研究与实验》2002年第3期。
[③] 高德胜：《生活德育：境遇、主题与未来》，《教育研究与实验》2012年第3期。

征》①《认真对待反对道德知识教育的思潮——关于由知性德育向生活德育转化的思考》②《传统家庭道德教育的形上依据》③《道德控制模式中的中外学校道德教育比较》④《个体化进程中学校道德教育的内在困境》⑤《道德教育及其知识化路径》⑥《本来样子的三纲——漫说郭店楚简之五》⑦《"三纲五常"问题研究三十年及其前瞻》⑧《从道德相对主义到核心价值观——学校道德教育转向的心理学思考》⑨《论现代社会道德教育实施的基础及三重路径》⑩《社会教育是道德教育的本源形态》⑪《简论发展社会教育》⑫《从榜样教育到共同体精神培育——社会道德教育模式的转变——以"最美现象"为例》⑬《道德榜样的三要素及其局限》⑭《社会道德教育：消极道德的视角》⑮《"真知必能行"何以可能?》⑯。这些文献为我们深入地理解道德社会化、道德的反向社会化等概念和观点提供了有利的帮助，在本书的第二章当中，我们将重点阐述这一部分的内容，并将它作为本书研究的一个理论起点。

---

① 鲁洁：《边缘化·外在化·知识化——道德教育的现代综合征》，《教育研究》2005年第12期。
② 张正江、陈菊恋：《认真对待反对道德知识教育的思潮——关于由知性德育向生活德育转化的思考》，《教育理论与实践》2012年第28期。
③ 王常柱：《传统家庭道德教育的形上依据》，《河北学刊》2013年第1期。
④ 孟凡平：《道德控制模式中的中外学校道德教育比较》，《西南大学学报》（社会科学版）2009年第3期。
⑤ 王明：《个体化进程中学校道德教育的内在困境》，《中国教育学刊》2016年第2期。
⑥ 刘长欣：《道德教育及其知识化路径》，《教育研究》2014年第8期。
⑦ 庞朴：《本来样子的三纲——漫说郭店楚简之五》，《寻根》1999年第5期。
⑧ 罗彩：《"三纲五常"问题研究三十年及其前瞻》，《河北师范大学学报》2015年第4期。
⑨ 杨韶刚：《从道德相对主义到核心价值观——学校道德教育转向的心理学思考》，《教育研究》2004年第1期。
⑩ 袁德公、孙旭：《论现代社会道德教育实施的基础及三重路径》，《吉首大学学报》（社会科学版）2017年第12期。
⑪ 李绍伟：《社会教育是道德教育的本源形态》，《教育探索》2010年第5期。
⑫ 吕世辰、李娟琴：《简论发展社会教育》，《光明日报》2009年第04-20版。
⑬ 张波、陆沪根：《从榜样教育到共同体精神培育：社会道德教育模式的转变——以"最美现象"为例》，《中州学刊》2016年第4期。
⑭ 吕耀怀：《道德榜样的三要素及其局限》，《道德与文明》2008年第2期。
⑮ 王晓莉：《社会道德教育：消极道德的视角》，《教育学术月刊》2012年第2期。
⑯ 东方朔：《"真知必能行"何以可能?》，《哲学研究》2017年第3期。

(三) 家庭伦理

周晓虹、廖小平等学者所做的研究，更多地从代际关系的角度来阐述反哺教育对于推动社会发展的重要现实意义，却较少将"文化反哺教育""道德反哺教育"等与当前的家庭伦理联系起来研究。实际上，"道德反哺教育"既然涉及亲子关系、代际关系等，那么它在本质上就与家庭伦理有着不可割裂的联系。因而，立足于家庭伦理来研究"道德反哺教育"，是将"道德反哺教育"研究推进和深入的一种有利方法，主要涉及代际矛盾、代际冲突、传统孝道、传统家庭伦理、代际正义、家庭道德教育、社会道德教育等众多的论题。拟使用的相关文献主要包括：《人为何要"以福论德"而不"以德论福"——论功利主义的"福—德"趋向问题》[①]《传统父子关系的论争与家庭伦理的当代重构》[②]《"孝"义考原——兼论先秦儒家"孝"的伦理观》[③]《论孝与仁》[④]《价值重建时代传统"孝"文化之再检视》[⑤]《等级、本分与补偿：中国传统家庭伦理设计的结构与功能探析》[⑥]《"孝"与"忠"的双重变奏——从忠孝关系的演变看儒学传统的历史实践》[⑦]《现代家庭伦理与传统亲子、夫妻伦理的现代价值》[⑧]《孔子"孝"论的三个维度》[⑨]《论"孝"的古代意义与现代价值》[⑩]《家庭制度为专制主义之根据论》[⑪]《儒家"孝"观念的原始意义及其近代以来的多

[①] 田海平：《人为何要"以福论德"而不"以德论福"——论功利主义的"福—德"趋向问题》，《学术研究》2014年第11期。
[②] 刘鹤丹、罗兴刚：《传统父子关系的论争与家庭伦理的当代重构》，《苏州大学学报》2015年第4期。
[③] 周延良：《"孝"义考原——兼论先秦儒家"孝"的伦理观》，《孔子研究》2011年第2期。
[④] 李景林：《论孝与仁》，《江南大学学报》2014年第3期。
[⑤] 张分田：《价值重建时代传统"孝"文化之再检视》，《天津社会科学》2015年第1期。
[⑥] 黄义英：《等级、本分与补偿：中国传统家庭伦理设计的结构与功能探析》，《孔子研究》2009年第4期。
[⑦] 任玥：《"孝"与"忠"的双重变奏——从忠孝关系的演变看儒学传统的历史实践》，《政治思想史》2016年第4期。
[⑧] 朱贻庭：《现代家庭伦理与传统亲子、夫妻伦理的现代价值》，《华东师范大学学报》（哲学社会科学版）1998年第2期。
[⑨] 罗安宪：《孔子"孝"论的三个维度》，《黑龙江社会科学》2013年第5期。
[⑩] 魏英敏：《论"孝"的古代意义与现代价值》，《江苏社会科学》2005年第4期。
[⑪] 吴虞：《家庭制度为专制主义之根据论》，《新青年》1917年第2期。

重命运》①《新三纲五常：中国传统孝养思想的现代转化》②《中共中央国务院举行春节团拜会，习近平发表重要讲话》③《家庭伦理传统的嬗变与当代价值——第4届海峡两岸伦理学研讨会综述》④《论先秦儒家"孝忠"观中的"谏诤"思想》⑤《相同与相通——兼论哲学的任务》⑥《非同一性问题：代际正义论的哲学挑战》⑦《社会正义原则》⑧《正义的共同体与未来世代——代际正义的可能性及其限度》⑨《正义论》⑩《儒家家庭本位伦理与代际正义》⑪。

从理论的角度来看，家庭伦理是一个涵括范围比较广的概念，但我们在这里不着重研究家庭伦理中的各个方面，而仅从家庭伦理的现代转化中去探讨"道德反哺教育"拥有的重要社会意义。从传统家庭伦理中的"孝道"开始，到家庭伦理的现代转化，再到代际正义的可能性，我们将沿着这样一条主线来论证"道德反哺教育"的发生和深化。以上文献中有关"孝"的含义、孝与忠、孝与仁、孝道在近现代社会的历史命运等研究，为我们理解中国传统家庭伦理中的核心价值——"孝"提供了多方面的视角。有关家庭伦理历史嬗变的诸多文献为我们理解传统家庭伦理中的亲子关系、核心价值理念及其在中国现代社会的发展、演变等提供了有利的借

---

① 陈治国：《儒家"孝"观念的原始意义及其近代以来的多重命运》，《孔子研究》2005年第6期。

② 杨明辉：《新三纲五常：中国传统孝养思想的现代转化》，江苏大学学报（社会科学版）2013年第2期。

③ 辛华：《中共中央国务院举行春节团拜会，习近平发表重要讲话》，《台声》2015年3月5日。

④ 吴俊、郭志民：《家庭伦理传统的嬗变与当代价值——第4届海峡两岸伦理学研讨会综述》，《伦理学研究》2005年第1期。

⑤ 柴洪全、石晓玉：《论先秦儒家"孝忠"观中的"谏诤"思想》，《理论学刊》2008年第7期。

⑥ 张世英：《相同与相通——兼论哲学的任务》，《北京大学学报》（哲学社会科学版）1995年第4期。

⑦ 郭琰：《非同一性问题：代际正义论的哲学挑战》，《自然辩证法研究》2013年第6期。

⑧ ［英］戴维·米勒：《社会正义原则》，应奇译，江苏人民出版社2001年版。

⑨ 王韬洋：《正义的共同体与未来世代——代际正义的可能性及其限度》，《华东师范大学学报》（哲学社会科学版）2010年第5期。

⑩ ［美］约翰·罗尔斯：《正义论》，何怀宏等译，中国社会科学出版社1988年版。

⑪ 文贤庆：《儒家家庭本位伦理与代际正义》，《南京社会科学》2014年第11期。

鉴。虽然，以上众多的文献，并没有直接地探讨"道德反哺教育"与家庭伦理的关系，但是他们所做的这些研究在本质上揭示了现代"孝道"和家庭伦理的困境。"道德反哺教育"恰恰为当前中国"孝道"的现代转化、家庭伦理的重构等提供了崭新的研究视角。换句话说，以"道德反哺教育"为切入点来展开对孝道、家庭伦理等论题的研究，其中涉及的亲子关系，正是我们需要深入研究的重点。因而，在我们所整理的文献当中，看似比较散漫的文献来源，恰恰都未真正地脱离主题。

（四）养老问题

社会养老是现代中国社会面临的一个严峻的现实问题。从这个角度来研究"道德反哺教育"，并不是针对当前社会之需的应景之作，而是养老问题涉及亲子关系、代际关系等，"道德反哺教育"也是以亲子关系、代际关系为核心，因此，二者之间实际上存在着天然的联系。从社会的现实养老问题入手来研究"道德反哺教育"，既从理论上深化了"道德反哺教育"的研究，也从实践中获得了更多的支持。在当前的社会养老问题研究中，"精神养老""文化养老"等概念已经得到了较多的关注和研究，但是对于这两个概念所应该包含的本质性内涵却存在较多的争议。正因为如此，在实践中，如何在社会的新型时期实现养老问题的现代性转化成为一个比较棘手的社会问题。众多的学者们已经看到了老年人的现代性及个体发展性问题，但是他们仅仅将"精神"当作一种享受或娱乐，或者个人的精神追求。这样的理解往往脱离个体所处的家庭、社会伦理情境来谈个体的精神享受，在本质上不符合个体发展的伦理逻辑。实际上，无论社会养老模式如何地变换，都不能脱离亲子关系、代际关系、家庭伦理等来谈养老，因为这些伦理关系恰是个体养老的精神来源。换句话说，脱离个体的家庭伦理关系来谈养老，仅仅是从外在的条件上来满足个体的养老之需，无法深入到个体存在的伦理本质中来实现真正意义上的"精神养老"，或者，更为确切一点地说，实现从"精神养老"到"道德养老"的转化。因而，"道德反哺教育"与现代中国社会养老问题将成为我们重点论述的内容，主要使用到以下重要文献：《代际关系变动与老年人自杀——对湖北京山农村的实证研究》①《代际冲突与融合：老年歧视群体差异性分析与政策思考》②《中国人口老龄化的宏观经济后果——应用一般均衡分析》③《中国人口老龄化的经济学研究》④《我国人口老龄化对经济社会的宏观和微观影响研究》⑤《人口老龄化对经济增长的影响分析》⑥《中国人口老龄化、技术创新与经济增长的动态影响分析》⑦《中国人口年龄结构变动对经济增长的影响研究》⑧《智慧养老：中国老年照护模式的革新与思考》⑨。

以上研究文献对我国当前的人口老龄化趋势、老年人的生存和养老现状、中国社会养老的困境等论题有着较为深入的研究，而这些问题也正是我们在研究"道德反哺教育"过程中所需要阐述的问题。毫无疑问，养老问题是以作为亲代的老年人为主体来研究的，我们无法回避老年人的生理、心理、社会特点，以及老年人在亲子关系中的地位、老年人的个体发展性、老年人与子代之间的道德正义等问题。这些文献研究成果从一定程度上揭示了目前中国社会养老问题之所在，既是理论研究上的问题，也是现实的社会问题。但是，目前的学者们更多地从现实的社会现象入手来谈理论的论证，更多地关注社会所能提供的外在条件来谈养老问题。当然，"精神养老""文化养老"概念等也已经受到众多学者们的关注，主要涉及

---

① 陈柏峰：《代际关系变动与老年人自杀——对湖北京山农村的实证研究》，《社会学研究》2009年第4期。
② 吴帆：《代际冲突与融合：老年歧视群体差异性分析与政策思考》，《广东社会科学》2013年第5期。
③ 彭秀建：《中国人口老龄化的宏观经济后果——应用一般均衡分析》，《人口研究》2006年第7期。
④ 于学军：《中国人口老龄化的经济学研究》，中国人口出版社1995年版。
⑤ 杨雪、侯力：《我国人口老龄化对经济社会的宏观和微观影响研究》，《人口学刊》2011年第4期。
⑥ 齐传钧：《人口老龄化对经济增长的影响分析》，《中国人口科学》2010年第1期。
⑦ 杨杰、罗云：《中国人口老龄化、技术创新与经济增长的动态影响分析》，《科技与经济》2015年第3期。
⑧ 刘艺容、尹有：《中国人口年龄结构变动对经济增长的影响研究》，《消费经济》2016年第2期。
⑨ 朱海龙：《智慧养老：中国老年照护模式的革新与思考》，《湖南师范大学社会科学学报》2016年第3期。

以下文献：《养老产业化的发展路径选择——从物质养老到精神养老》[①]《社区文化养老的发展路径探析》[②]《文化养老的基本内涵、当代价值及其可依路径》[③]《国内老年人口精神养老研究文献的调查分析》[④]《精神养老研究取向及其实践逻辑分析》[⑤]《中国传统养老方式的变革和展望》[⑥]《家庭结构变动中的老年赡养问题——再论中国家庭结构的变动》[⑦]《三论中国家庭结构的变动》[⑧]《略论中国的养老模式》[⑨]《第一代独生子女父母的家庭结构：全国五大城市的调查分析》[⑩]《城市老年人权利意识的决定因素——以"常回家看看"入法为例》[⑪]《文化养老的基本内涵、当代价值及其可依路径》[⑫]《城市老年人精神养老研究》[⑬]《从"疏离"到"参与"：老年人与社会发展关系探讨》[⑭]《现代化与老年社会心理变迁》[⑮]《道德生活纵向性领域探拓》[⑯]《"孝道"视角下我国养老立法的要求及完善路

[①] 梁义柱：《养老产业化的发展路径选择——从物质养老到精神养老》，《东岳论丛》2013年第3期。

[②] 钟春洋：《社区文化养老的发展路径探析》，《四川行政学院学报》2012年第1期。

[③] 方爱清、王昊：《文化养老的基本内涵、当代价值及其可依路径》，《江汉大学学报》（社会科学版）2015年第4期。

[④] 杨盛菁、高思梦：《国内老年人口精神养老研究文献的调查分析》，《郑州航空工业管理学院学报》（社会科学版）2017年第5期。

[⑤] 徐连明：《精神养老研究取向及其实践逻辑分析》，《中州学刊》2016年第12期。

[⑥] 穆光宗：《中国传统养老方式的变革和展望》，《中国人民大学学报》2000年第5期。

[⑦] 费孝通：《家庭结构变动中的老年赡养问题——再论中国家庭结构的变动》，《北京大学学报》（哲学社会科学版）1983年第3期。

[⑧] 费孝通：《三论中国家庭结构的变动》，《北京大学学报》（哲学社会科学版）1986年第3期。

[⑨] 卢德平：《略论中国的养老模式》，《中国农业大学学报》（社会科学版）2014年第4期。

[⑩] 风笑天：《第一代独生子女父母的家庭结构：全国五大城市的调查分析》，《社会科学研究》2009年第2期。

[⑪] 李俊：《城市老年人权利意识的决定因素——以"常回家看看"入法为例》，《兰州学刊》2016年第10期。

[⑫] 方爱清、王昊：《文化养老的基本内涵、当代价值及其可依路径》2015年第4期。

[⑬] 陈昫：《城市老年人精神养老研究》，《武汉大学学报》（哲学社会科学版）2014年第4期。

[⑭] 裴晓梅：《从"疏离"到"参与"：老年人与社会发展关系探讨》，《学海》2004年第1期。

[⑮] 周运清：《现代化与老年社会心理变迁》，《经济评论》1990年第1期。

[⑯] 曾钊新：《道德生活纵向性领域探拓》，《哲学动态》1983年第1期。

径——以"精神赡养"条款为中心》①《精神养老研究取向及其实践逻辑分析》②《居家养老：城市养老模式的选择》③《居家养老模式的理论探讨》④《城市社区居家养老服务模式探索》⑤《我国居家养老模式研究综述与展望》⑥。

以上研究从多个角度对当前中国的养老问题展开研究，其中涉及对"精神养老""文化养老"等概念的论证，也涉及对当前中国养老状况的社会调查。诸多研究成果中所包含的理论观点和数据为我们的研究提供了非常有利的借鉴，尤其是费孝通、方爱清、曾钊新等人提出的有关中国传统家庭结构变迁、文化养老的基本内涵和道德生活的纵向性特点等，为我们展开"道德反哺教育"研究提供了多方位的参考和启发。

综合以上，我们从代际关系、道德的社会化理论、家庭伦理、养老问题等四个方面综述了我们将要使用到的参考文献，而这四个主题也是我们将要在接下来的研究中重点论述的问题。虽然我们在前面对"道德反哺"这一概念做了较为详细的哲学性论证，力图使得这一概念成为更科学性的概念。但在本书的全部研究中，我们对"道德反哺教育"的研究不局限于哲学性的方法，对其所做的伦理学的论证也牵涉到社会学的一些方法，尤其是在使用一些社会学研究成果的数据当中，我们更多地将这一研究当作是一个综合性的研究，从各个角度来阐释和挖掘"道德反哺教育"这一社会历史现象以及隐藏在背后的本质性的伦理学意蕴。实际上，我们所使用的参考文献将更为综合性、全面性，不局限于某一个学科领域，或者某一个研究视点来梳理，而更多地将我们要研究的东西放在一个更为广阔的语境中去分析。较为遗憾的是，尽管周晓虹也提出，对"文化反哺"概念如

---

① 粟丹：《"孝道"视角下我国养老立法的要求及完善路径——以"精神赡养"条款为中心》，《浙江学刊》2017年第2期。
② 徐连明：《精神养老研究取向及其实践逻辑分析》，《中州学刊》2016年第12期。
③ 陈军：《居家养老：城市养老模式的选择》，《社会》2001年第9期。
④ 张卫东：《居家养老模式的理论探讨》，《中国老年学》2000年第2期。
⑤ 李凤琴、陈泉辛：《城市社区居家养老服务模式探索》，《西北人口》2012年第1期。
⑥ 张波：《我国居家养老模式研究综述与展望》，《四川理工学院学报》（社会科学版）2013年第4期。

果能够从跨文化的视角进行对比分析，将更有助于我们理解中国当前时代背景下所产生的文化反哺现象及其成因。但从目前所能检索到的文献来看，这一视角将成为我们研究中的空缺，只能期望在后续的研究中进一步深化。

五　研究的基本思路

在前文中我们已经交代，"道德反哺教育"作为一个全新的研究论题，已有的相关研究成果对我们的研究支持并不充足，因而，我们必须围绕"道德反哺教育"这一主题中的核心问题——亲子关系、家庭伦理等来进行研究，以力图挖掘出"道德反哺教育"这一社会现象产生的伦理实质，并为当前中国出现的一系列社会现实问题，如代际冲突、社会养老等提供有利的伦理决策。在此基调下，我们将从以下五个方面来展开我们的论证：

在第一章的论述当中，我们主要对"道德反哺"的具体特点与产生的深层次原因做出哲学性的分析。从社会学、伦理学和教育学等多个学科角度分析"道德反哺"与"文化反哺"两个概念的主要差别。不可否认，"文化反哺"概念在提出之时并未经过太多的哲学性的论证与分析，因而，这一概念的科学性实际上是有待商榷的。但是，在当前的相关研究中，"文化反哺"是一个被广泛接受的概念，"道德反哺"概念并未受到普遍的关注与发展，因而，在研究的开头部分对概念进行辨析是必要的。除此之外，我们还需要交代本研究的意义和社会价值，主要涉及代际冲突、家庭伦理的现代转化、社会养老等问题。因而，我们的研究将更多地直指社会现实，以当前中国社会现存的社会问题为切入点来研究"道德反哺教育"将使得我们的研究更贴近现实生活。

第二章我们将围绕道德社会化理论的提出、发展和演变来研究当前"道德反哺教育"现象的理论基础。实际上，有关个体道德认识的发展，在中西方哲学史上有过相当多的理论论述，道德的社会化理论主要从个体的社会化视角来探讨个体的道德认知，这一理论在西方颇受欢迎，并且相关的理论流派较多。而在中国哲学史当中，则以荀子的社会学习理论为主要代表。鉴于篇幅和实际需要，这部分的内容我们仅选取荀子的道德认识理论、道德的社会学习理论和生活德育论进行相关的论述与探讨，以此来展开对"道德反哺教育"的论证，揭示出"道德反哺教育"作为一种特殊的道德社会化理论的特点。

在第三章中我们将阐述"道德反哺"现象产生的社会成因、发生机制和正负社会价值。在产生的原因分析中，我们主要从社会的政治、经济、文化和技术四个方面来做出全面的分析。其次，我们将从"道德反哺"发生的社会机制、心理机制和文化机制等多个角度来探讨道德反哺是如何发生的。在此基础上，我们需要对现时代"道德反哺"现象进行一定的定量和定性分析，分析"道德反哺"对社会进步产生的正面价值和负面价值。拟对一定的人群（在校大学生、以博士、教授为主体的学者）展开实证性的调查，通过问卷调查、深度访谈等形式开展，为"道德反哺"所具备的社会功能和产生的社会意义提供实证性的支撑。值得注意的是，在我们所做的研究中，既然将"道德反哺教育"作为一种社会进步现象来研究，就很容易只看到它的正面性的社会价值，而忽略了它所拥有的负面社会价值。因而我们将从青少年盲目的道德优越感、功利主义价值观盛行等方面简要地阐述一下"道德反哺教育"的负面价值。

第四章我们将集中探讨"道德反哺教育"与现代家庭伦理的关系。涉及诸多重要的议题，主要包括传统"孝"伦理的历史演变及其转化、亲子关系、"父本位"家庭伦理的解构、现代"孝易顺难"伦理现象的解释、传统家庭伦理的现代化、"道德反哺教育"中的家庭伦理等，这一部分将作为本书研究的重点内容。以"家庭伦理"为核心来研究"道德反哺教育"，对现代学者们所热点关注的代际关系、家庭伦理、精神养老等众多论题的研究具有重要的意义。在具体的研究过程中，将围绕家庭伦理和道德反哺教育中的共同核心——亲子关系展开相关的论证和分析。实际上，从传统的社会伦理道德体系的构架来看，亲子关系是"孝道"产生的基础，也是传统家庭伦理建构的基础。因而，在现代社会的伦理情境中，我们仍然无法脱离亲子关系来对传统家庭伦理的现代转化和道德反哺教育的现实社会意义进行深入的剖析，因而，以"亲子关系"为前提的家庭、社会伦理道德体系的构建及其产生的伦理科学性是我们将要做出重点分析的一些方面。当然，从宏观的社会性视角来探讨"道德反哺教育"，必然不能只将其当作发生在某一个，或者某一些家庭内部的现象，而应该将它放置在更为广阔的社会背景中来进行分析。并且，将以"家事"为主要特征的道德反哺教育推广至社会性的道德教育是达成代际之间的道德价值认同，并最终实现新型家庭伦理构建的重要途径。

在第五章中我们将探讨道德反哺教育与当前中国养老问题之间的关联，这部分也是本书研究的重点内容。针对当前中国养老模式中的困境，精神养老、文化养老等概念中的理论难题来展开我们的逻辑分析。这一章的研究仍然以亲子关系为核心主线，重点在于阐明亲子关系在养老模式中的关键性作用。它实际上代表了人对自身存在和生命根源性的哲学思考，因而，如果脱离亲子关系及在此基础上而产生的其他家庭成员之间的伦理关系来谈养老，走纯粹的个人主义路线，是行不通的。现代中国的养老模式存在的诸多问题，本质上是忽略了家庭之于个体存在的伦理文化意义，忽略了亲子之间的伦理关系对于个体存在的重要意义。因而，我们的研究重点在于揭示自近代以来所面临的孝道、亲子关系、家庭伦理的现代转化中的真正问题，并以此来论证"道德反哺教育"作为一种道德认知模式对于社会发展的重要意义。

以上我们从五个方面简要地交代了本书的研究思路，在具体的研究过程中，我们所涉及的研究视角和切面将更为丰富，我们的目的在于将"道德反哺教育"放置于中国现实的社会背景中来研究，无论是理论上的论证，还是社会实际问题的解决，我们都将对"道德反哺教育"本身的伦理本质分析来展开研究。因而，在看似散漫的诸多议题中，"道德反哺教育"似乎是一个仅仅跟它们有关的议题，而并不是一个自身可以成为问题的议题。但实际上，我们正是通过这些议题所拥有的共同主线——亲子关系或代际关系来展开研究，这样的话，众多看似散漫的议题便在本质上体现为同一个议题。当然，不得不承认，"道德反哺教育"作为一个全新的社会论题，我们目前所做的伦理学研究仍然不足以使我们探全它的本质，比如跨文化方面的研究，甚至是在中国哲学史上的纵向比较研究等，我们目前完全没有办法获得相关的史料或文献，不得不成为当前研究的空缺或遗憾，这些我们将在后续的研究中不断地补充和深化。

在接下来的第二章中，我们将探讨"道德反哺教育"这一特殊的道德社会化理论的特点以及它本身所包含的伦理道德教育的模式，以作为我们研究"道德反哺教育"的理论逻辑起点。

第二章

道德反哺教育的理论基础

中西方哲学史中包含了丰富的道德教育思想，哲学家们从古到今都在寻找科学的道德教育方法，目的是为社会培养良好的公民提供切实可行的路径。毫无疑问，"道德反哺教育"作为中国社会新时期出现的特殊教育现象，其产生的背后也存在着不可忽略的理论基础。从"道德反哺"一词的含义来看，它强调的是道德的"反向社会化"，这就意味着，"道德反哺"这一概念的成立首先是以道德社会化理论为基础的。只有在承认个体道德的认知与获得是与个体的社会化过程有关的前提下，我们才能论证"道德反哺"发生的可能性。因而，在这一章中，我们重点阐述"道德反哺教育"作为一个概念得以存在的理论基础。在道德社会化理论中，存在着多种不同的理论。中国哲学史中，道德社会化理论主要存在于荀子的道德认识理论中。西方道德哲学史中，道德社会化理论主要包括精神分析学派的创始人弗洛伊德（Sigmund Trend）的理论、皮亚杰（Jean Piaget）的理论、科尔伯格的理论，以及涂尔干（Durkheim）、班杜拉等人的社会学习理论。除此之外，现代学者们颇为关注的生活德育论里面也包含了丰富的道德社会化理论。我们主要选取荀子、科尔伯格、班杜拉等人的理论以及现代生活德育论等，对"道德反哺"进行理论上的分析。在此基础上，我们将进一步分析道德教育中的路径，教与学、学与行的过程当中所涉及的道德因素与环节，以此分析道德反哺教育产生的现实路径。最后，我们将分析"道德反哺教育"中的伦理逻辑，具体从道德"反向社会化"得以发生的条件、"道德反哺"中的伦理关系、老年人的道德教育等方面展开论述。

一 道德社会化理论

在现代道德教育中,道德社会化理论备受学者们的关注。从现代学者的视角,普遍接受将道德社会化看作是"社会成员通过社会互动学习道德规范,内化道德价值,培养道德情操的过程"①。显然,道德社会化理论从一开始就未将个体道德看作是个人的事情,而将个体道德的获得看作是与个体的社会化分不开的过程性行为。这样的道德理论,不是将个体道德与社会道德割裂开来看问题,而是立足于个体与社会的互动来谈个体道德的养成。

(一)荀子的道德社会化理论

作为先秦儒家的集大成者,荀子在个体道德认识理论方面独树一帜。依照现代西方道德教育理论的视角,他的理论可以称作是中国古代的道德社会化理论。因为荀子自始至终强调社会道德环境对于个体道德形成的决定性影响,强调个体通过学习来获取道德上的成熟,最终达到成人、成圣的目的。如荀子说:"居楚而楚,居越而越,居夏而夏,是非天性也。"(《荀子·儒效》)意思是人在不同的道德环境的化育下,会产生不同的结果。从"天人合一"的认识路线出发,思孟学派在个体道德认识问题上强调心性合一,在他们看来,人天生就有道德的萌芽,即心之"四端",因而无须外求,只需发挥"心"之功夫,便可以达到道德认识的目的。荀子则否定了思孟学派的心性合一的路线,从"天人相分"的认识路线出发,强调发挥"心"之能动作用,通过"化性起伪"的功夫来达到个体道德认识的目的。显然,在荀子的理论中,虽然他也十分肯定道德认识的主体性,但无论是"心"之能动作用,还是"化性起伪"的功夫,都离不开一定社会的道德环境。正是基于这样的认识,荀子提出了一整套以"礼""法"为主要内容的社会道德体系,这是个体需要通过系统的"学"才能够完成的道德目标,最终达到个体道德认识的最高境界——道,或者说成

---

① 郑杭生:《社会学概论新修》(第三版),中国人民大学出版社2003年版,第102页。

为圣人。因而，在荀子的道德教育理论中，个体道德的成熟离不开社会的道德价值体系的指引，它在本质上是个体根据一定的社会道德价值纲领不停地修炼而产生的结果。

那么，在荀子的理论中，个体道德的认识是如何完成社会化的呢？荀子提出三个核心概念：礼、学和圣人。荀子正是通过论证这三个概念之间的关系来建构自己的道德社会化理论的。通常认为，荀子所提出的道德认识，其实质是"学礼"，这种认识是直线的。实际上，荀子所提出的学、礼和圣人等概念，是不能单独理解的。意思是荀子的礼、学和圣人等概念其实是不可分离、相辅相成的。要理解荀子之"礼"，必须通过"学"和"圣人"，要理解"圣人"，也必须通过"礼"和"学"，三者是统一的。荀子首先否定内在的个体道德来源，因而向外寻找，他将这一来源归为"礼"。"礼"是外在于人的，必须通过"学"这一途径来完成"礼"的内化。荀子的高明之处是不将"礼"当作既定不变的规范，而是将其论证为动态的、须不停地得到修正的"礼"。那么，修正"礼"的任务由谁来完成呢？荀子将"礼"之修正归为"圣人"的"化性起伪"，因而"圣人"又成为"礼"的根本来源。然而，"圣人"又是根据什么来修正"礼"呢？荀子认为，"礼"最终来源于圣人对"道"的认识和把握。因此，在道德认识的过程中，常人和圣人处于不同的认识层次，"礼"和"道"处于不同的层次。如图 2-1 所示：

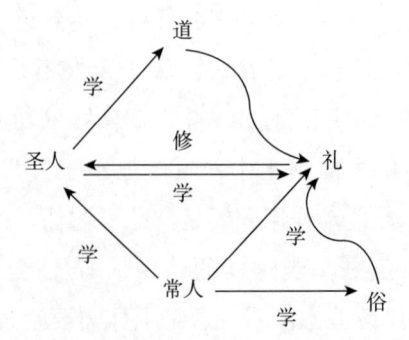

图 2-1 荀子之礼、学、圣人关系图①

---

① 陈默：《荀子的道德认识论》，中国社会科学出版社 2016 年版，第 113 页。

如上图所示，根据荀子的道德教育理论，常人在道德社会化的过程当中，会受到两种道德价值体系的影响：一个是"礼"；另一个是"俗"。而圣人与常人的区别在于：圣人只接受来自"礼"的道德影响。也就是说，圣人只学习"礼"。在这里，我们不讨论圣人的道德学习路径，只讨论常人的道德学习路径。显然，在荀子的理论体系中，常人的道德社会化过程是复杂的。"礼"和"俗"相比较，"俗"属于比较低层次的道德内容，正如荀子自己所提出的，"居楚而楚，居越而越"，其真正所指的是个体最先接受的，也是最容易接受的，就是自身所处的社会环境所拥有的习俗。我们知道，每一个社会都有其不同的道德习俗，这种习俗对于个体道德的影响是根深蒂固的。也就是说，常人最开始接受的道德教育都是他所处社会或地方的习俗，而不是具有更普遍价值的"礼"。相对于"俗"，"礼"是更为正式、正统的道德内容，需要系统地、正式地学习才能达到目标，相当于现代社会所指的"学校教育"。在古代，不是每一个人都有在学堂里接受正规教育的机会，在现代，虽然普及了9年制义务教育，但道德学习的内容却不及古代的"礼"那么系统。

在荀子的道德学习理论当中，虽然他没有明确地依照个体的年龄来划分个体道德认识的层次，但我们从他所设定的道德认识的内容来看，"俗"—"礼"—"道"，实际上，三者代表了个体道德的不同层次。虽然从荀子理论的整体来看，他主张个体道德的成熟过程实际上就是个体的社会化过程，但荀子并不认为这一过程是由年龄来决定的，而认为是由个体的造化来决定的。正如他提出的，"涂之人可以为禹"（《荀子·性恶》），但最终是成还是不成，要看个体对于"礼义"等道德规范的理解与掌握。因而他又说：

> 凡禹之所以为禹者，以其为仁义法正也。然则仁义法正有可知可能之理，然而涂之人也，皆有可以知仁义法正之质，皆有可以能仁义法正之具，然则其可以为禹明矣。（《荀子·性恶》）

常人之所以成为圣人的原因在于接受"礼""义""法"的教化，只有那些具备接受"礼""义""法"教化之资质的人,通过不断地接受"礼""义""法"的教化与改造,最终才能成为尧舜一样的圣人。

由上可知,在荀子的道德学习理论中,个体之"德"不直接的"德"于"道",而是"德"于"礼义"。虽然荀子提出了"人皆可以为尧舜"的命题,但他又明确区分了"可以为"和"可能为"之间的不同,认识了"道"也如此。在荀子看来,道"大参乎天,精微而无形"(《荀子·赋篇》),因而不是每个人都能够认识"道",只有那些具备超常感知能力的圣人才具备这一能力。常人只能通过认识圣人所制作的"礼义"来认识"道","学至乎礼而止"(《荀子·劝学》)。这样,"礼"成为连接"道"与"德"的现实桥梁,遍布于生活实践的各个方面,成为人之行为的规范和总纲。所以,相对于"道"来说,"礼"是具体的道德规范,它不像"道"一样无形又高不可及,而是存在于一定社会的具体的道德规范。相对于"俗"来说,"礼"代表的是更为高层次的道德认识,更具有普遍性和一般性的道德价值。在道德教育的过程中,个体接受的是"礼义"的教化,还是仅仅是一些粗浅的习俗,直接决定了个体的道德认识层次。荀子强调"礼义"教化的重要作用,在本质上是将正规的道德教育放置于重要的位置上,不赞成将道德的学习仅仅看作是日常生活中的习俗熏染。

(二)科尔伯格的道德社会化理论

在现代西方的道德教育理论中,美国哈佛大学心理学教授劳伦斯·科尔伯格(Lawrence Kohlbeg)的儿童道德认知发展理论颇具代表性。他在著作《阶段与继续:对社会化的认知发展》(1969)及《儿童对道德准则的定向的发展》(1973)中相继提出了比较系统的道德认知发展学说。他认为,个体的道德发展与个体的认知活动及其发展水平密切相关。科尔伯格强调道德判断、自律(自我调节、自我控制)等心理因素对于个体道德养成的重要作用。他要求教育工作须按认知活动及其发展规律来进行。在"个人—社会"的道德发展相互作用论基础之上,科尔伯格反对"美德袋"式的道德教育方法。他认为,将一些预定的道德规范通过毫无活力的教育方式灌输给学生是错误的,也是不可能取得良好效果的。在科尔伯格看来，传统的道德教育在本质上假定了存在着一种不需要实证的道德真理（即既定社会的道德规范），忽略了道德认识更是一种由内而外生长和发展出来的道德判断能力。

如荀子一样，科尔伯格也看到了道德发展的阶段性和层次性。他认为，不同的道德观反映了道德发展阶梯中的不同层次，不应当等值地将各种道德观灌输给学生，而是应当按照"正义"的方向去指导或促进儿童的道德发展。在他看来，道德认知发展学说之所以是合理的，是因为它的方法尊重了儿童思考和选择的能力。科尔伯格认为，道德相对论的教育方式在本质上放弃了对儿童的指导，而道德灌输论则企图强迫儿童接受他人的信念，道德认知发展教育理论恰恰纠正了这两种教育方式的偏颇。道德认知发展学说把道德发展视为认知发展的一部分，因而道德认知的发展有赖于个体的道德判断力和逻辑思维力的提高，在此基础上，理性与道德思维构成了科尔伯格所提倡的道德教育理论的基石。他认为，在儿童道德发展的每一阶段都伴随着道德反省的过程，因此，每一发展阶段都具有一定的道德推理模式，从这个意义上来说，处于任何发展阶段的儿童都可能是一个名副其实的"道德哲学家"。科尔伯格在皮亚杰的"二阶段说"基础之上提出自己的个体道德发展的"三水平六阶段"。在他看来，这六个阶段是按照一定的顺序进行又不可随便超越的，并且也不是所有的人都能够达到最高水平。科尔伯格的三水平六阶段为：

1. 前习俗水平

处在这一道德认识水平的儿童，对是非的判断取决于行为的结果或成人权威的意见。包括两个阶段：（1）惩罚与服从的定向阶段，具体表现为害怕受惩罚，进而服从于权威。（2）功利性的相对主义的定向阶段，具体表现为判断是非以是否能满足需要为标准，具有实用主义倾向。

2. 习俗水平

处在这一道德认识水平的儿童，判断是非开始注意家庭与社会的期望。包括两个阶段：（1）好孩子或好公民的定向阶段，具体表现为非常重视社会对他的评价，而不考虑行为本身的正确与否。（2）维护权威与社会秩序的定向阶段，具体表现为判断是非应该尊重权威与维护社会秩序。

3. 后习俗水平

处在这一道德认识水平的儿童，已经发展出一整套独立的、超越社会团体的道德标准。也包括两个阶段：（1）社会契约的定向阶段，具体表现为能够从法律上、道义上比较灵活地判断是非，认为如果法律、规则不合理，可以修改。（2）普遍的道德原则的定向阶段，具体表现为根据尊重人权的平等、人性的尊严、相互依赖等带有普遍意义的道德原则来判断是非。

在科尔伯格的道德教育理论中，道德思维的过程具有相互作用的性质。一方面，道德思维意味着逻辑过程的运用；另一方面，道德思维又意味着个人针对特定问题、经验、情境所进行的运算，意味着个体能够将某些原则和惯例运用到具体的两难推理情境中。并且，道德思维的过程必须紧密地同"公正"的概念联系在一起，所谓"道德思维"，就是考虑那些可能更有助于他人的选择，这个过程不应受到个人偏爱或群体压力的影响，因而是不偏不倚的公正。在这一认识前提下，科尔伯格认为道德教育的实质就是发展某种独特的道德思维或结构，而不是传递或灌输具体的道德内容或规范，如他所说："道德是一个独特的自成一体的领域……我不是根据道德的内容，而是根据道德判断、方法、观点的一般特性来给道德下定义。"[1] 正因为如此，道德教育的目的不再单纯是"道德规则的获得"，更重要的在于努力发展儿童的理智判断能力、逻辑推理能力及批判意识等。

（三）班杜拉的道德学习理论

美国新行为主义心理学家阿尔伯特·班杜拉（Albert Bandura，1925— ）通过著名的"波波玩偶实验"等一系列观察研究提出"榜样学习"和"观察学习"理论，他的主要著作有《青少年的攻击》（1959）、《社会学习与人格发展》（1963）、《行为矫正原理》（1969）、《社会学习理论》（1971）、

---

[1] Lawrence Kohlberg, ed., *the philosophy of moral development*, San Francisco: Harper & Row, 1981, P. 170.

《思想和行动的社会基础：一种社会的认知理论》(1986)。他提出："大部分的人类行动是通过对榜样的观察而习得，即一个人通过观察他人就知道了新的行动应该怎样做。"① 实际上，这意味着班杜拉在"人的认知活动"和"行为"之间确定了因果关系。依照他的观点，人有什么样的认知过程，就会产生什么样的外部行为。班杜拉认为，"社会学习"是在一定的社会环境下人与人之间的行为学习，通过这种学习过程形成和发展个体的个性特点。因此，人类的行为在本质上是个体与社会环境之间相互作用的产物。

班杜拉认为，除了基本的反射之外，人并不具备各种先天的行为技能。人的各种行为技能或通过直接经验，或通过观察学习得来。然而，如果人们只是通过自己行为的结果来学习会倍感辛苦，并且很容易犯错误。幸运的是，人类的大部分行为都是通过对榜样的观察而习得的。人们在行动之前，至少可以用一种近似的形式向榜样学习，就可以避免犯一些错误。班杜拉认为，榜样的影响主要是通过它们的信息功能引起学习的。在观察过程中，人们获得了示范活动的符号表征，正是这种符号表征指导他们做出适合的行动。观察学习的效果取决于四个子过程：1. 注意过程；2. 保持过程；3. 再现过程；4. 动机过程。班杜拉认为，儿童观察学习的对象就是"榜样"，"榜样"的来源主要有教师、同伴、家长、大众传媒等。"榜样"同时具有正负两个方面的影响，并且都不容忽视。不论是家庭、学校还是社会环境，对儿童的成长来说都是十分重要的，所起到的作用是正面的还是负面的，都需要格外留意和重视。

班杜拉的社会学习理论包含三点核心要素：1. 三元交互决定论（triadic reciprocal determinism）；2. 观察学习（observational learning）；3. 自我效能感（self efficacy）。其中"三元交互决定论"关注的是环境与个体的关系；"观察学习"强调的是学习的过程；"自我效能感"强调个体特征在学习过程中的作用。下面我们来一一分析班杜拉提出的这三种理论：

---

① [美]阿尔伯特·班杜拉：《社会心理学》，郭占基译，吉林教育出版社1988年版，第22页。

首先,三元交互决定理论。班杜拉将环境因素、行为和主体看成是独立而彼此间相互作用的实体,"交互决定"强调人、环境和行为三者间是双向互动的关系,彼此存在因果关联。其中的人、环境和行为三个因素并不具备等同的交互能力,三者所形成的交互作用及模式也不是一成不变的,会因情境、个体以及活动形式的改变而发生改变。但大多数情况下,这三者彼此依赖。班杜拉的"三元交互决定论"注重从人、环境和行为三要素之间的动态互动关系中研究人的心理及行为表现,这三者形成一个密不可分的整体,班杜拉特别强调"人"在这个整体中的能动作用,主体性将"人"的认知活动渗透到"人"的行为、变化和发展中。

其次,观察学习。班杜拉指出,"观察学习"属于社会学习的主要形式,"观察学习"是通过对他人行为的观察和强化结果所获得的新反应,或者是从已经具备的某一行为反应特点获得矫正。"观察学习"不仅对出现在实际生活中的个体行为表现进行观察,还表现在观察者对一组刺激采用一定方式进行组织,并从中获得相关行为信息形成"示范刺激"。同时,开展"观察学习"的榜样既有实际的主体,也包含一定行为规则信息的环境刺激。人们在进行"观察学习"的过程中,将榜样起到的示范作用转变成个体内部的认知表征,从而获得对该行为的学习。

最后,自我效能感。"自我效能感"是个体对自身能否在特定水平上完成该行为的主体感受与把握。在日常生活中,"自我效能感"属于潜在自我因素,是从个体的身心机能发挥的动力学视角来研究主体的作用,是个体以自身作为对象的思维形式。一般情况下,自我效能感强的人会积极挑战困难的任务,不断设定富有挑战性的目标,主体会将失败归因于自身的知识、技能或努力不够,需要在未来的工作、学习和生活中去不断进补。自我效能感强的人能在克服困难的过程中不断加强自我效能感。

(四)现代生活德育论

关于"生活德育理论"的缘起,"大部分研究者将其追溯到胡塞尔在《欧洲科学危机和超验现象学》一书中所提出的'生活世界'概念,人们基于对'生活世界'的关注,进而强调德育对生活世界的观照,提出生活德育理论"①。生活德育论的宗旨在于强调"德育"与"生活"之间的关系。如高德胜提出：

> 生活与道德是一体的，生活是道德得以生长的土壤，离开了生活，道德是无法进行"无土栽培"的。……真实有效的德育必须从生活出发、在生活中进行并回到生活。②

在他看来，过于强调知识性使得道德教育陷入空洞性与抽象性，使得道德教育陷入如无源之水一样的"死道德"困境。合理的道德教育应该以生活实践为基础，如教育家陶行知先生所说的："没有生活做中心的教育是死教育。没有生活做中心的学校是死学校。没有生活做中心的书本是死书本。"③ 这样的认识源于对道德的本质性的认识，因为道德的世界是一个有意义的世界，不同于其他的物质性世界。对道德的认识必须诉诸事物对人的需求的满足及其意义，或者说诉诸事物的价值，这样的价值只能通过现实的生活来评判，如高德胜说：

> ……对道德的理解，必须参照其对人及其生活的意义，否则道德就会变成与人及其生活无关的抽象物。……作为价值的道德与作为知识的道德不同，无法完全对象化、客观化，一方面在于价值关涉人的需要、情感、态度、评价与判断，另一方面则在于道德价值直接与人及其生活融为一体，是生活的内在构成。④

总的来说，现代的"生活德育论"立足于现实道德教育中的各种困境，而在现代道德教育中最为显著的问题是学校的道德教育与生活脱节，导致理论学习与实践脱节。很多学者认为，这跟我们当前的道德教育与现

---

① 王贤德、唐汉卫：《生活德育论十五年》，《中国教育学刊》2017年第7期。
② 高德胜：《生活德育简论》，《教育研究与实验》2002年第3期。
③ 陶行知：《生活即教育》，载陶行知《中国教育改造》，东方出版社1996年版。
④ 高德胜：《生活德育：境遇、主题与未来》，《教育研究与实验》2012年第3期。

实生活脱节有关，如鲁洁提出："当代的道德教育以普遍化、客体化的知识割断了与生活的联系，走上了一条唯知识化的路。"① 显然，我们需要对生活德育论做出进一步的分析与论证。因为"生活"一词所涵括的范围太大，可以说，人类所做的一切都跟生活有关。即便是诉诸书本的学校教育，其实也是生活的一部分。所以，这样的概念是否是一个正确的、科学的概念，直接决定了生活德育论的成立与否。

在前文中，我们探讨了荀子的道德社会化理论，他将个体的道德认识内容分为"礼""俗"和"道"。对于常人来说，道德认识的对象是"礼"，还是"俗"，直接决定了道德认识产生的结果。如果说，荀子的"礼"所包含的内容相当于现代道德教育中的"学校教育"，那么荀子所提出的"俗"所包含的内容在更大的程度上指"家庭教育"。这两种教育属于不同层次的道德教育，相对于"俗"来说，"礼"表现为更高层次的道德内容。而荀子所提倡的是学"礼"。尽管荀子也论证了"礼"和"俗"之间的关系，他提出"礼从于俗"，肯定了"俗"与"礼"的关系以及"俗"作为道德认识的基础性内容的意义。但是，"礼"具有比"俗"更高层次的内容，是更具有普遍性和一般性的道德规范。荀子之所以"隆礼"，就在于他认识到人的道德认识如果仅仅停留在"俗"的阶段，则不足以用来治理好国家，因为"俗"虽然也充斥了人们生活的方方面面，但它是未经过圣人系统论证和修订的、零散的社会行为习惯，是不符合"道"的。尽管如此，荀子并不认为"礼"是一成不变的，在他的思想体系中，他要论证的是"礼"的合理性来自于圣人对"道"的认识。正是圣人高于常人的反思性活动，使得"礼"拥有了活水性的源头。正因为如此，"礼"不是僵死不变的教条，而是随着时代、社会条件的改变而改变的，它在根本上需要符合"道"。

生活德育论实际上是针对当前道德教育过于政治化和知识化而提出的。这样的倾向在道德社会化理论中其实也有过许多类似的反思，比如荀

---

① 鲁洁：《边缘化·外在化·知识化——道德教育的现代综合征》，《教育研究》2005 年第 12 期。

子对于"礼"的来源的论证就反映了他认识到作为反思性活动存在的道德认识比道德决定论更为科学合理。而在现代西方道德教育理论中，科尔伯格明确地反对道德决定论，更提倡在道德教育中培养儿童的逻辑推理和反思批判能力。在班杜拉的社会学习理论中，重点突出主体与环境之间的互动，道德认识成为个体与环境交互作用的产物。因而，生活德育论实际上与以上我们所讨论过的道德社会化理论存在本质上的一致。它们一致反对的是将道德教育教条化。如现代学者对于道德知识教育的批判是这样的："在认识上，绝大多数人都知道道德知识教育只是道德教育的一部分，而不是道德教育的全部。然而，在德育实践中，人们又往往只进行道德知识教育，不进行道德情感教育、活动德育、学科德育等的渗透，从而在事实上把道德知识教育变成了惟一的德育。"[①] 可以说，道德社会化理论在根本上强调的是道德教育的实践性，道德教育如果陷入理论与实践相脱节的"泥潭"，则势必成为"无源之水"。而道德教育的实践性又必须立足于道德的本质来分析。道德不同于其他知识性教育的根本特点就在于道德的实践性，或者说生活性。尽管在生活德育论中，学者们所强调的是"生活"，但他们实际上所指的含义是"实践"。意思是，在道德教育问题上，不能脱离生活的实践来谈道德认识和评价。

综合以上所分析的荀子的道德社会化理论、科尔伯格的道德发展理论、班杜拉的道德学习理论与生活德育论这四种道德社会化理论，我们不难得出，道德哲学家们在阐述道德教育理论的时候，也深刻地认识到了道德认识与其他知识性认知的差异性。荀子的社会化理论重在强调道德认识的层次性，分别用"常人"和"圣人"来区分，或使用"道""礼"和"俗"来区分。"圣人"和"道""礼"处在道德认识的高级阶段，"常人"和"俗"处在道德认识的低级阶段，由此来区别不同的道德认识内容和层次。相应的，科尔伯格也重在强调道德认识的不同层次，使用了前习俗水平、习俗水平和后习俗水平来区分道德认识的不同层次。在科尔伯格的理

---

① 张正江、陈菊恋：《认真对待反对道德知识教育的思潮——关于由知性德育向生活德育转化的思考》，《教育理论与实践》2012年第28期。

论中，道德认识的高级水平体现为逻辑推理能力和理性批判能力的获得，道德认识的低级水平指的是仅仅停留在道德原则和规范的学习与模仿。在道德学习理论中，班杜拉等人强调人与环境的交互作用，这里的交互作用实际上强调的是人发挥自身的主体性，根据一定的社会情境来做出道德判断与分析。而生活德育论所提倡的是从生活的实践性来谈道德教育。因而，四种道德社会化理论在本质上都强调道德教育的实践性。道德认识不能仅仅停留在掌握多少知识（道德规范）的层面，更应该立足于生活实践（道德实践）来解决实际问题。从这个意义上来说，道德社会化理论在本质上是实践性的。

虽然这四种理论没有进一步分析个体的道德究其是沿着怎样的逻辑由低层次往高层次发展的，尤其是道德认识与个体的年龄之间的关系，但它们已经充分揭示了蕴含在道德认识中的规律性。我们现在要反思的问题恰恰是道德认识与个体年龄之间的关系。荀子在其道德理论中，设定了人作为社会存在所拥有的道德认识的层次及其结果，但没有诉诸人作为个体存在所拥有的道德认识发展的规律；科尔伯格虽然论述的是儿童期道德发展的规律，但他忽略了道德发展在人的一生中的规律性；班杜拉的学习理论虽然强调了人的主体性与环境的交互作用，但是他并没有具体地分析"自我效能感"是否与个体的年龄、知识阅历等有关；现代生活德育论虽然发现了道德认识的生活实践性，但并没有将道德教育与人的生活实践真实地联系起来去思考问题。这些问题正是我们需要深入分析与反思的。

值得提出的是，美国新精神分析学派的代表人物埃里克森（E. H. Erikson, 1902—1994）提出的"人格发展八阶段"理论蕴含了丰富的个体道德形成观。他系统地将个体的道德发展与人的一生不同年龄阶段的发展联系起来。在弗洛伊德提出的三阶段理论的基础之上，他提出，人一生的人格发展应该被分为八个阶段：口唇期（出生—1周岁）、肛门期（1—3周岁）、性器期（3—6周岁）、潜伏期（6—12周岁）、两性期（12—20周岁）、青年期（20—25周岁）、成年期（25—65周岁）和老年期（65周岁以后）。埃里克森认为，人的一生中的每一个阶段都包含一对冲突，每一对冲突产生了这一阶段的具有代表性的一种特殊危机，而危机是否能够得到成功的解决是人格健全发展的关键，也是个体适应社会环境的关键。人格发展的各个阶段是连续的，每一个阶段的发展都是建立在前一个阶段的发展基础之上的，前一个阶段的发展也将继续在后一阶段的发展中存在。如果前一阶段的危机被积极与合理地解决，那么，后一阶段的危机能够得到积极与合理解决的可能性就会增大。相反，如果前一阶段的危机被消极与不合理地解决，那么，后一阶段的危机能够得到积极与合理解决的可能性将大大减少。虽然埃里克森的理论强调了应根据人的不同年龄阶段来划分人的道德发展的不同阶段，但是他的重点在于论证个体人格的心理方面的发展与社会环境的关系，并未注意到个体道德发展的年龄阶段性与社会环境的关系。

二 道德教育的过程与本质分析

从以上的道德社会化理论的总结与分析当中，我们可以知道，道德认识与道德教育应该拥有它自身的一些特殊性，这些特殊性需要我们诉诸道德的本质性特点以及个体道德认识的规律性来进行分析。显然，在道德教育或道德认识中，教与学、学与行是两个最为重要的连续性环节。任何个体在道德认识的初期，都不能离开对既定社会的道德规范或知识的学习来达到目的。但是，个体如何实现道德社会化，也即如何能够将道德知识付诸实践，或者从生活实践中总结、反思所学的道德规范与知识，这不是一个简单的过程。个体的逻辑推理与反思评价能力是需要经历系统的学习并拥有一定的社会阅历之后才能形成的。尤其是在当今社会，道德教育更是一个集个体、家庭、学校和社会于一体的复杂的教育系统，个体道德的社会化离不开既定社会所实施的道德教育，也离不开个体在社会化过程中所拥有的特殊机遇与条件。正因为如此，我们必须对道德教育的过程与本质进行严密的论证与分析，力图找到道德教育中存在的本质性规律。

（一）"教与学"的路径

道德知识论在中西方哲学史上一直占据主要的地位。在道德知识论的基础上，道德教育问题一直是众多的道德哲学家所热衷的话题。道德教育中的"教与学"是道德知识得以传递的核心环节。然而，纵观中西方道德教育的历史，道德教育的路径却不尽相同。在中国传统社会，道德教育以家庭教育为主要路径。从古到今流传下来的"家训"可以说是汗牛充栋，其中就包含了丰富的道德教育思想。比较有名的有《诫伯禽书》《命子迁》《颜氏家训》《诫子书》《包拯家训》《朱子家训》《弟子规》《曾国藩家训》《袁氏世范》，等等。在中国现代社会，道德教育不再局限于家庭教育，实现了从家庭走向学校、走向社会的传递路线。在西方传统社会，道德教育除了家庭教育这条路径，还有教会路径。很多道德戒律都是通过宗教教义传达给社会公民的。西方现代社会的道德教育仍然保持着家庭、学校、教会和社会这些基本的路线。遵从道德知识论，结合我们国家的实际，我们大致上可以将现代道德教育的路径分为家庭、学校和社会三条主线。

1. 家庭路径

道德教育中的家庭路径，或者称之为"家庭道德教育"，是道德教育最初级的阶段，家庭道德教育是个体道德认识的启蒙。可以说，每一位个体的道德教育都是先从家庭道德教育开始的，从出生到死亡，个体的道德教育都要受到家庭环境的影响。因而，家庭道德教育对于个体的道德成长起着至关重要的作用。有学者认为："家庭道德教育是指父母依据一定的道德原则和要求对子女所实施的道德教育，其目的在于教导子女接受父母的道德知识和道德经验，养成普遍、完整的道德人格，从而为家庭、社会生活做好道德准备。"① 这里直接将家庭道德教育的重任赋予了"父母"这样的角色。当然，在一个健康、完整的家庭中，"父母"很好地担当了这样的角色。但是，如果家庭是不完整的，或者个人的成长经历特殊，我们就只能将这样的角色称为"家长"，或者"监护人"。虽然家庭道德教育影响个体一生的道德发展，但是并不是人一生当中的每一个阶段都会同等重要地受到家庭道德环境的影响。一般来说，人生的早期阶段，或者说，从出生到能够脱离家庭独立生活这一阶段，个体的道德发展受家庭因素的影

---

① 王常柱：《传统家庭道德教育的形上依据》，《河北学刊》2013 年第 1 期。

响最大。等到个体能够脱离家庭独立地生活，甚至彻底脱离原生家庭组建起自己的家庭，个体的道德环境将会发生重大的改变。

在家庭道德教育中，人最开始认识的是属于自身家庭中的各种伦常关系，其中最为直接的是亲子关系与夫妻关系。在中国古代的家庭伦理当中，以"三纲五常"的道德纲领指引着各种伦常关系，如父为子纲、夫为妻纲就很好地解决了家庭中的伦常关系。在这一道德纲领的指引下，又生发出许多道德规范，如父慈子孝、兄友弟恭、夫敬妇随等。这些道德规范，突出地体现了子对父孝、弟恭于兄、妇顺于夫这样的义务关系。立足于家族血缘关系来建构的家庭伦理从一开始就限定在家庭或氏族范围内，而以"家庭"为单位来建构社会伦理成为中国传统社会独特的方式，"家国同构"的政治伦理思想正是基于人们对于血缘关系的自然依赖。这样的社会背景下形成的个体道德呈现出"私德"特征，也就是说，个体注重自己的修身与养性，强调从个体的私德开出"齐家""治国""平天下"的大德，因而个体私德成为一切社会公共事务的道德性基础。西方传统社会的家庭伦理中虽然也强调血缘关系，但古希腊人的血缘纽带因频繁的迁徙而迅速瓦解，逐渐出现了以地域和财产关系为基础的城邦组织，即"公民社会"的初始形态。城邦式的国家打破了旧式血缘纽带，取而代之的是一个新的、以地区划分和财产差别为基础的"国家制度"。这样的制度强调的是个体作为社会公民应该遵守的道德义务，可以称之为"公德"。

然而，无论是以"个体私德"为主要特征的家庭道德教育，还是以"社会公德"为主要特征的家庭道德教育，都离不开家庭这条路径。任何个体的道德成长都很难脱离"家庭"这一背景，因此，我们有必要总结一下道德教育的家庭路径所拥有的主要特点，其大致如下：

(1) 随意性

家庭道德教育寓于家庭的日常生活，因而具有很大的随意性。相对于系统的、规范的学校道德教育来说，家庭道德教育既不具备既定的书本或教材，家长也不是专业的道德教师。因而，绝大多数家庭的道德教育是父母根据自己的学识与见解对其子女进行言传身教。比如尊老爱幼的家庭美德的教育，通常需要父母在日常生活中通过自己的一言一行来做出典范，使得儿女在耳濡目染中体验到尊老爱幼的家庭美德，并因此建立起深厚的亲情关系。值得提出的是，我们在这里讲的随意性是相对于学校的专门教育而言。在家庭生活中，家庭美德的教育与熏染只能通过父母或家长的自然而然的行为来传递。我们不能说，在家庭中，父母为了教育子女，专门地找一些体现家庭美德的事情来做。那是不需要在表面上做功夫的自发的道德行为。

(2) **私密性**

毫无疑问，家庭道德教育具有私密性。也就是说，家庭道德教育常常是发生在家庭成员之间的具有私密性质的行为。俗话说，"家丑不可外扬"，说的就是这样的道理。在一个家庭中，如果有家庭成员做了"见不得人"的事情，其他的家庭成员往往要注意为其保密。正因为如此，家庭成员之间如果产生矛盾，一般都不希望外人插足，他们更希望能够通过自己来化解。与此同时，无论是在亲子关系中，还是在夫妻关系中，每一个家庭都有自己处理这些关系的原则，这些原则不是其他家庭能够借用或共有的，是属于他们自己家庭的私密性的行为方式。这样的行为方式大多来自家族的历史性的积淀，我们称之为"家风"或者"家法"。通常由在家庭中处于道德权威地位的人士来裁判，一旦家庭成员中有人犯了错，不需要交由外人来处置，而由家庭或家族使用自家的"家规""家法"来处置。

(3) **局限性**

介于家庭道德教育的私密性，它的局限性也产生了。可以说，家庭道德教育的方法从来都不是可以通约的。人与人之间、家与家之间不会因为承认对方的方法更为高明一些就相互学习或采纳。更多的情况是彼此独立存在，互不干涉与僭越。所以，在相夫教子这方面常常会有人发出"家家有本难念的经"这样的感慨。尽管在中国古代，也有无数的"家训"流传，但后人也只能从"家训"中体会到那一家人的"家风""家规"，具体落实到自己的家庭，又会情况各异，很难一概而论。

(4) **特殊性**

家庭道德教育必然离不开家庭环境这一现实的土壤，而家庭环境又具有特殊性，正如有句俗话所说："幸福的家庭都一样，不幸的家庭却各有各的不幸。"这就说明，家庭环境一旦失去了平衡，产生的问题就是各种各样的，不具有太多的普遍性。这就决定了家庭道德的特殊性，没有办法使用同样的道德原则来处理不同家庭的道德教育问题。比如，父慈子孝是相对应的家庭美德，但如果在家庭中，父亲做不到"慈"，子就很难做到"孝"。同时，如果我们一味地强调"子孝"，而看不到"父慈"的一面，就会使得亲子关系失去平衡，产生只强调单方面义务的道德要求，这样的要求具有压迫性，本身就是不道德的。

（5）**持久性**

家庭道德教育具有无法比拟的持久性，因为人的一生都在接受特定家庭道德教育的影响。只要家在，人就会置身于一定的家庭环境中，并以一定的道德规范或原则处理着家庭成员之间的各种关系。以"家"为单位进行社会的传递是中国社会的主要特征，因而"家"对人的影响决定了家庭道德教育的地位与作用。个体所出生的原生家庭常常以一种辐射的方式影响着个体，乃至其之后建立的家庭关系。可以说，几乎所有的个体都会笼罩在一定的"家庭阴影"中来谈家庭道德，这样的影响是终生的。

（6）**冲突性**

在家庭道德教育中，常常会产生各种各样的冲突。其中亲子之间、夫妻之间的冲突是主要的。在实施家庭道德教育的过程中，夫妻作为来自不同家庭的道德载体，他们对待子女的方式就会存在差异，从而产生各种各样的矛盾。在现代中国社会，代际冲突与夫妻矛盾的增多在很大程度上说明了家庭道德教育的冲突性，在本质上是基于个体所拥有的文化的差异性。在亲子关系中，子代在很早期就能够接受来自不同社会文化的教育与影响，因此很容易与家庭中父代所拥有的既定的道德观念发生冲突。而在夫妻关系中，由于妻子所接受的教育程度的提高，在文化与道德上的主体性相应地提高，也会发出不同的道德声音。传统的父权主义与夫权主义模式都会受到不同程度的冲击。正因为如此，家庭作为社会的一个小小的单位，却又是社会文化价值冲突的一个集中"缩影"。

（7）**家庭性**

家庭道德教育是随着个体的家庭生活来开展的。可以说，有什么样的家庭生活，就会有什么样的家庭道德教育。而千千万万的家庭又是形态各异的，我们无法脱离整个社会的结构及其分层来谈家庭。可以说，家庭的道德教育离不开家庭所能拥有的经济、文化、地域等条件。除了这些外在的条件，家庭的形态还受到家庭成员的文化背景、性格及其互动性等因素的影响。这就说明，虽然我们可以用父子关系、夫妻关系等来纵横家庭的主要伦理脉络，但具体的家庭形态是千差万别的。正如有位哲人说，"世界上找不到两片相同的树叶"，同样的，世界上也不存在两个完全相似的家庭。这就决定了家庭道德教育具有家庭性，不同的家庭及其成员的关系是不同的家庭道德教育得以开展的基础。

2. 学校路径

在重视学校教育的现代社会，学校道德教育也变得越来越专门化和知识化。然而，困扰现代教育界的是：学校道德教育应该教什么？学校道德教育相对于其他自然科学或技术性知识教育有何差别？学校道德教育如何实现理论与实践的相结合？现代的道德教育学者们基本上都立足于这些问题来展开讨论，但他们的答案却各种各样。比如关于道德的学校教育路径，有学者认为："作为家庭教育的延伸和继续，学校教育是唯一有组织、有计划、有步骤的教育，侧重于知识的传授和道理的讲解，其根本目的在于通过提高道德主体的道德认知、陶冶道德情感、锻炼道德意志、树立道德信念、养成道德行为习惯等环节，使道德主体自觉地遵守和践行道德规范。"① 显然，学校道德教育是一种以道德规范为主要内容、以个体的道德主体性为主要目标的教育模式。

在现代的学校道德教育实践中，应该诉诸什么样的内容来开展教育，如何实现个体的道德主体性等问题是最为复杂和棘手的。比如在学校道德教育的内容上，不得不承认，道德作为一种社会意识形态，与社会的政治有着天然的联系。可以说，道德是一定社会政治经济的反映。因而，道德又具有历史性、民族性和阶级性等特征。在人类文明发展的历史上，

---

① 孟凡平：《道德控制模式中的中外学校道德教育比较》，《西南大学学报》（社会科学版）2009年第3期。

人类的道德观念先于政治观念而产生，但自从人类的政治观念形成之后，道德观念却在很长的历史时期中作为政治斗争、政治统治的"附庸"而存在。道德的育人功能完全从属于政治的需要，没有实现其应有的独立性。在这样的基调上产生的学校道德教育势必体现政治化的趋势，而这是现代学者们所热衷于讨论的一个重点话题。显然，相对于一个社会的政治观念或形态来说，道德观念应该是更为根本性的观念。如果完全将道德教育等同于思想政治教育，那么我们就无法真正地谈个体道德的主体性。因为思想政治教育常常是立足于社会来谈的，而道德教育应该立足于社会与个体两方面来谈，更重要的是要立足于个体来谈。正如有学者提出的："长期以来，我国学校道德教育的实践主要体现为传统的以社会为进路的学校道德教育，由于过于强调道德教育的社会化功能，忽视了学生在教育过程中的主体性，学校道德教育成为一种'无人'道德教育。"[①]

除却学校道德教育的政治化趋势，学者们热衷于讨论的还有现代道德教育中的知识化趋势。不可否认，相对于传统社会来说，现代社会的一个最大的特征就是：人们开始从各个不同的学科角度对人类社会进行全方位的探索。相对于古代仅仅从哲学、伦理学和物理学这几个学科角度来认识世界的方法，现代社会已经开出了各种不同学科的知识体系，并将其应用到认识世界和改造世界的活动当中。然而，这里面涉及的重要问题是：道德认识与其他学科知识的认识存在何种差别？道德认识如果仅仅是对道德知识的认识，那么如何实现知与行的合一？显然，过分强调道德教育的知识化，最容易产生的困境就是如何实现知行合一的问题。在现代社会的道德教育中，道德知识的教育主要诉诸各种社会的道德规范，因而如何实现道德规范的学习向道德行为的转化是众多的道德哲学家们需要解决的问题。实际上，过分强调道德教育的知识化等同于将道德知识与道德实践割裂开来，如有学者提出的："学校道德教育把道德知识当作理论之知，其实质是把知识的对象看作客观的物，而不是人、人的行为、人与人之间的

---

① 王明：《个体化进程中学校道德教育的内在困境》，《中国教育学刊》2016年第2期。

关系。而以人、人的行为、人与人之间关系为研究对象的实践之知被赋予不同的主观意义，它代表着实践向度和深刻的情感体验。知识的传授仅仅是教育的主要和重要的手段而已，而人的智慧的形成，即人的德性或实践理性，这种人的重要本质属性的形成才是教育的最高目标或根本目的。"①这说明，学校道德教育必须遵循道德发展、道德认识本身的规律，而不是将其简单地规范化。

综合以上说明，在实施学校道德教育的过程中，必须将道德规范教育与道德本质的认识结合起来，诉诸道德发展与认识的本质性规律来谈道德规范的教育。比如，长期以来占据中国传统道德教育核心地位的道德规范性内容——"三纲五常"，其内蕴的核心精神就有一个历史的发展过程，如果我们在实施道德教育的过程中，仅仅将道德规范的一些表层含义传达给学生，让他们通过死记硬背的方式记下来，却不知道其中包含的深刻的哲学意蕴，就很容易造成"知其然而不知其所以然"的局面。如庞朴根据《郭店楚简·六德》的内容指出："本来样子的'三纲'是父圣、子仁，夫智、妇信、君义、臣忠，是使身居'六位'的社会成员明白自己有不可推卸的'六职'，进而修养其精神境界的'六德'……六德不再是从人伦本身归纳出来的，而是从天道那里借来硬派给各个社会角色的。"② 在学校道德教育中，惯常的做法就是将"三纲五常"当作父子、夫妇、君臣之间的一种专制的、单向的、腐朽的道德义务，而不能对其进行历史性的追溯，这就很容易产生对既定道德规范的"断章取义"式的理解。这样的理解又容易造成我们在实施学校道德教育过程中的历史性的断裂，其结果是完全抛弃传统的文化价值观来谈现代的学校道德教育，忽略了传统价值观与现代价值观之间的渊源与承继关系。这样实施道德教育常常造成一个尴尬的局面，那就是学生难以形成应该有的道德反思能力，仅仅局限于现有的社会背景来理解既定的道德规范，而无法真正地领会蕴含于其中的道德精神与价值，更不用说吸收传统道德文化中的精髓来为现代的道德建设服务了，这不是我们在学

---

① 刘长欣：《道德教育及其知识化路径》，《教育研究》2014年第8期。
② 庞朴：《本来样子的三纲——漫说郭店楚简之五》，《寻根》1999年第5期。

校道德教育过程中应该有的态度。如罗彩在综述了近三十年有关"三纲五常"的研究后提出:"我们不能将'三纲'与'五常'进行简单剥离,只能将其看成一个完整的系统及思维模式;对'三纲五常'进行评价及创造性转化的过程中要重视中国人几千年来在'三纲五常'的影响下形成的心理基础和心灵结构,仍要吸收'三纲五常'为今天我们伦理道德生活的重建提供的形上根基以及为我们安身立命提供的信仰成分。"①

在以上认识的前提下,现代以"社会主义核心价值观"为主要内容的学校道德教育更需要遵循"承上启下"的方针,才不至于使得当前的学校道德教育成为"无源之水",且更应该强调中国传统文化之于现代社会主义核心价值观的逻辑性渊源,如王泽应所提出的:"社会主义核心价值观作为中华民族当今的价值共识,与中国传统价值观存在着一种历史与逻辑相统一的密切关系。……社会主义核心价值观并没有也不可能完全脱离中国传统文化和传统美德的发展轨道,而是对其批判改造和辩证扬弃的结果。……社会主义核心价值观只有具有民族特色,才能获得全民族的价值认同和精神拥戴,才能成为中华民族喜闻乐见的伦理价值观。"可见,学校道德教育的科学性与有效性离不开它的历史性,如果脱离历史性的承继关系来谈学校道德教育,则势必陷入道德决定论或道德规范论的困境。

当然,除了历史性,学校道德教育还需要解决多元论或道德相对主义的困境。尤其是在当代中国社会,道德价值的多元化使得学校道德教育无所适从。道德相对主义者们认为,道德教育诉诸的是价值观教育,它不仅仅局限于知识的传递,如有学者提出的:"健全的教育不仅仅包括知识的学习,更要包括精神的、道德的、审美的、社会的、人生观的等具有价值观意义的教育。"② 然而,学者们在到底有没有一套社会所公认的价值观问题上产生了巨大的分歧,并由此产生了道德教育理论的多元性与冲突性。比如说,学校从事道德教育的教师会根据一定的教育大纲传授一套固有的

---

① 罗彩:《"三纲五常"问题研究三十年及其前瞻》,《河北师范大学学报》2015年第4期。
② 杨韶刚:《从道德相对主义到核心价值观——学校道德教育转向的心理学思考》,《教育研究》2004年第1期。

道德价值观给学生,但学生在其家庭或社会中看到的却是另一套不同的价值观,有的甚至是对立或冲突的。正因为如此,20世纪中叶在美国纽约大学教育学院教授路易斯·拉思斯(Louis E. Raths)等人的推动下逐渐形成了"价值澄清学派",其基本的理论立场是把学校道德教育的目标确定为"帮助学生选择能指导其行为的价值观",如拉思斯等人所提出的:"价值澄清理论的主要任务不是认同和传授所谓'正确的'价值观,其目的是帮助学生澄清他们的价值陈述和行为。"[①] 可见,在学校实施道德教育的过程中,价值澄清学派更强调学生是否能够具备道德价值评价的能力,而不是具备多少有关道德的知识。

综合起来,家庭、学校和社会是现代道德教育开展的三种基本路径。但是,相对于家庭教育来说,学校道德教育拥有家庭教育不可比拟的优越性,如有学者指出的:"因为家庭成员之间是基于情感才产生的密切联系,而这种情感联络不利于理性主义的世俗化道德的培育……与家庭的情感特征不同,学校并不是由血缘关系而结合起来的,而是基于理性目的结合起来的。因此,学校是最适合实施道德教育的场所。"[②] 这样的见解可以说一语中的,虽然中国传统文化中包含了很多的"家训"思想,但我们不得不承认家庭道德教育的局限性。近年来国内出现的很多社会性事件就足以说明这一点,比如"我爸是李刚""江歌事件"等正好说明了家庭道德教育中的荒谬,局限于亲情的道德教育容易导致是非不分,而这正是学校道德教育可以弥补的缺陷。

3. 社会路径

道德教育的社会路径指的是通过各种社会大众传播形式进行的道德教育。实际上,除却学校里面比较正规的教育模式之外,其他的形式都可以被纳入道德教育的社会模式。尤其是以社会事件存在的典型案例,常常对人们造成直接而深刻的社会影响。由于网络技术的发展,通过网络传播的

[①] Raths, L. Harmin, M. & Slmons, *Values and Teaching* (2nd Edition), Columbus, ohio: Merrill, 1978. 12, pp. 27–30.

[②] 袁德公、孙旭:《论现代社会道德教育实施的基础及三重路径》,《吉首大学学报》(社会科学版) 2017年第12期。

社会性事件越来越多，涉及的范围也越来越广，相比以前通过看报、看电视等方法来了解社会事件的形式，其速度来得更快，辐射的范围更广。近年来在社会上引起巨大反响的事件如"三聚氰胺事件""彭宇案""榆林孕妇跳楼案""江歌事件"等，都在不同的程度上掀起了社会大众对蕴含在其中的道德问题的广泛争论。以大众传播形式进行的道德教育一方面提升了人们对于道德评价的反思性能力；另一方面也促进了伦理决策的社会性评价。通过社会大众的声音，伦理评价与决策不再是某些道德哲学家们的事情，而更依靠全体社会成员的道德智慧。然而，值得提出的是，道德教育的社会模式如果没有得到良好的引导，也会破坏道德风气，进而干扰人们的道德认识、评价和决策能力。比如曾经轰动一时的"彭宇案"就直接导致了全体社会成员失去扶起倒地老人的道德勇气，这是不良社会舆论所产生的负面影响。

因而，道德的社会教育是一个复杂的过程，里面包含了各种各样的因素及路径，产生的历史作用和意义重大，但万变不离其宗，社会教育始终是围绕人类的道德问题而展开的。如有学者指出的，随着历史的发展和社会的进步，社会教育理论"经历了生活助理理论、批判理论、适应理论、青年工作理论、成人教育理论、终身教育理论、激进主义理论以及社会主义社会教育理论的发展，但社会教育的道德教育内涵始终没有改变。社会教育是发展社会道德最为根本有效的方法"[①]。在这个意义上，有学者认为："现代社会教育不仅包括学校教育和家庭教育之外的一切社会机构、社会团体以及个人对社会成员所进行的有目的、有计划、有组织的教育，也包括人们在社会生活中通过耳濡目染、潜移默化方式，在不经意间所获得的知识、技能和道德启示。"[②] 可以说，道德教育的社会路径是多方面的，既包括社会通过各种大众传播的路径所宣扬的核心价值观，也包括各种社会事件，以及个体所看到、听到或经历的独特的生活事件。道德的社会教育是全方位的，从纵向来说，道德的社会教育贯穿了个体从生到死的

---

① 李绍伟：《社会教育是道德教育的本源形态》，《教育探索》2010年第5期。
② 吕世辰、李娟琴：《简论发展社会教育》，《光明日报》2009年4月20日。

整个过程；从横向来说，个体所接触到的每一个人、每一件事情，都有可能对个体施加或产生道德影响。

如果说学校道德教育主要诉诸理论和规范的学习，那么道德教育的社会形式则主要诉诸道德榜样的鼓舞与示范。在现代中国社会道德教育中，无数的典型人物，比如张海迪、雷锋、焦裕禄，以及现代中国每年评出来的道德模范人物等，都深深地影响了一代又一代人。在人格塑造和营造良好的社会道德风气方面，道德榜样的力量是无形而又伟大的。尽管如此，道德榜样教育仍然遭到无数的诘难，如有学者提出："榜样教育在当今中国社会遭遇了前所未有的尴尬。一些人对榜样这种崇高、伟大的理想人物类型开始排斥，转而寻求日常生活中诸如蜡笔小新、'流氓兔''流氓猪'等虚假形象类型以寄托对幸福生活的向往，甚至有人把一些非道德的东西装进剥离了道德内核的空壳中予以崇拜，做出一些违背社会常理的事情。"[①] 这说明，"道德榜样"的模型如果过于伟大，就会给常人一个"设难"。当常人感觉自身与道德榜样之间的差距太大，或者说道德榜样的事迹过于特殊的时候，人们反而会疏离和惧怕这样的榜样人物，他们更乐意以日常生活中那些名不见经传的"小人物"形象作为自己的榜样，进而发生背离社会道德的行为。

实际上，对于道德榜样的局限性的认识可以追溯到康德时期。康德虽然承认道德榜样对于常人的感染、鼓舞作用，但他又清楚地阐明了道德榜样的局限之所在，如他说："对于道德，没有什么比举例说明更为有害的了。因为，任何所举出的例证其本身在事前就须对照道德原则来加以检查，看它是否值得当作原始例证，也就是当作榜样，它并不增加道德概念的分量。"[②] 在康德看来，道德榜样并不是"善的原型"，而是"善的原型"的复制品。正因为如此，无论道德榜样与"善的原型"多么的相似，它与"善的原型"之间还是存在着或多或少的差异。因而，人们对道德榜样的模仿，无疑会造成与"善的原型"之间更大的偏离。所以，康德提醒

---

① 张波、陆沪根：《从榜样教育到共同体精神培育：社会道德教育模式的转变——以"最美现象"为例》，《中州学刊》2016 年第 4 期。

② [德] 康德：《道德形而上学原理》，苗力田译，上海人民出版社 1986 年版，第 61 页。

人们,尽管道德榜样("例证")有感染人、鼓舞人的作用,但决不能只按照"例证"行事,而把他们在理性中的真正原型抛在一边。因而,对道德榜样的学习和模仿只是个体道德社会化的初始阶段,形成道德理性并在道德实践中自如地运用才是最后的目的,如有学者提出:"完整的道德学习,始于对道德榜样的行为模仿,并由此而上升到对道德榜样的精神境界的体悟,形成与道德榜样相类似的道德理性、道德原则和道德观念等等。……从个别的、特殊的道德榜样的感性呈现,引申出、诱导至普遍的道德理性,再由普遍的道德理性转化为大众的感性的道德实践,是我们在道德榜样问题上所应有的基本思路。"① 由此可以看出,道德榜样提供给人的不是学习的最终目的,它只是提供给学习者一个初具的模型,从个别的榜样学习中体会出具有反思性的道德理性才是最终目的。这犹如"金子"与"点金棒"的区别,道德榜样是那金光闪闪的金块,它的作用在于诱导、启发和鼓舞民众,而民众要成为真正有道德的人,还需要拥有"点金棒"并掌握其中的"点金术"。

当然,也有学者认为,当前公民的社会道德教育更主要的在于培养共同体精神,其实质上就是公共精神,包括独立人格精神、社会公德意识和责任意识、自制自律的行为规范、善待生命社会的慈悲胸怀等。因而,公共精神实际上是把个体道德引向真正的公共生活领域,不局限于个体的私德来谈个体的道德建设,如有学者提出:"作为公民教育的重要内容,共同体精神的培育主要是引导人们在考虑自己的个人利益之外,产生能够更多地融入共同体和社会的愿望(抑或公共意识)以及进行相关道德实践。"② 实际上,这样的公共精神基本上已经被纳入我国社会道德教育的各个方面,1996 年颁布的《中共中央关于加强社会主义精神文明建设若干重大问题的决议》就强调:"大力加强社会主义道德建设,大力倡导文明礼貌、爱护公物、保护环境、遵纪守法的社会公德。"1997 年颁布的《九年义务教育小学思想品德课和初中思想政治课课程标准(试行)》详细地规

---

① 吕耀怀:《道德榜样的三要素及其局限》,《道德与文明》2008 年第 2 期。
② 张波、陆沪根:《从榜样教育到共同体精神培育:社会道德教育模式的转变——以"最美现象"为例》,《中州学刊》2016 年第 4 期。

划了遵守"社会公德"在小学到初中各个阶段的基本要求：小学一二年级的学生须爱护学校的物品、爱护花草树木、保持环境卫生；小学三到五年级的学生须爱护公用设施、同情和帮助残疾人、爱护有益动物、保护珍贵动物、爱护名胜古迹；小学六年级的学生须遵守社会公德、遵守公共秩序、注意公共安全、爱护公共财物和保护环境等。2001年颁布的《公民道德实施纲要》规定"社会公德是全体公民在社会交往和公共生活中应该遵循的行为准则，涵盖了人与人、人与社会、人与自然之间的关系"。2002年出台的《品德与社会课程标准（实验稿）》则明确地把培养学生社会公共生活中所应具备的能力作为一项重要的课程目标。可见，当前我国社会公德教育的体系更为完整，不但包括道德理想或榜样的倡导，而且更关注学生对基本公共生活规范的遵守，其要求也更为具体可行。①

（二）"学与行"的路径

在道德社会化理论中，众多的哲学家们所讨论的是如何通过道德实践得出"真知"的问题。他们所要表达的主要观点是道德认知不能局限于规范性的知识，而应该从经过实践检验的知识中吸收营养，因而他们认为个体道德的发展与成长必须诉诸个体的社会化经历。也就是说，个体正是通过自身的阅历来检验从书本上得来的规范性知识，通过举一反三，或者亲身经历来获得对道德的"真知灼见"。显然，道德社会化理论的重点仍然在于"知"，无论是荀子强调的"礼义之统"，还是科尔伯格强调的道德反思能力，其在本质上都是强调个体如何通过历史性的检索或社会阅历来获得"真知"。这样的"真知"不局限于道德教条，是立足于一定的社会规范并发挥自身的道德理性而达到的灵活变通的状态。马克思主义哲学理论有"实践出真知""实践是检验真理的唯一标准"，这符合马克思主义的实践—真知的路线！

在上文中，我们已经讨论了道德教育中"教与学"之间的路径。实际上，从学到行是道德教育中更为棘手的问题。纵观历史上众多伦理学家们的理论，要解决个体道德领域"知行不一"的问题并不是一件简单的事情。一个极其重要的问题是：尽管众多的"道德之学"理论都强调了实践

---

① 王晓莉：《社会道德教育：消极道德的视角》，《教育学术月刊》2012年第2期。

的重要性，强调实践—真知的致思方式，但这并不能说明真知—实践的致思路线也同样成立。在中国哲学史上，就"真知"与"行"的问题展开过深层次论述的哲学家当属朱子。在朱子的理论中，常常将"道德失败"归因于"知不切"，而"知不切"在现代的语境中可以被理解为一种"认知失败"，如朱子说："只争个知与不知，争个知得切与不切。且如人要做好事，到见得不好事，也似乎可做，方要做好事，又似乎有个做不好事底心从后面牵转去，这只是知不切。"（《朱子语类》卷九，14）换言之，在朱子看来，个体与道德要求相背离的行为之所以产生，其主要原因在于个体的道德认知出现了状况（即"知不切"）。假如个体真正地知切了道德规范和要求，那么，他的行为必然不会背离相应的道德规范和要求。

然而，在道德实践问题上，"真知"—"行"的致思路线显然是存在悖论的，如现代学者东方朔认为：

> 把道德失败笼统地理解为一种认知失败，假如我们不对朱子所说的"知不切"作认真分析的话，则无论在理论上还是在实际的生活中皆可以说是一个很难获得辩护的理论。……人知道"为子当孝"，却不能真实地行孝，这种在实际生活中当是大量存在的现象，似乎从一个侧面反显出：一个人有了认知，并不必然会有相应的道德行动，还必须要有激发道德行动的动机或动力因素……[①]

依照此学者的见解，问题仍然出现在对"真知"的理解上。显然，如果"真知"仅仅指的是对道德规范和要求的认知，在理论上显然是行不通的。因而朱子所讲的"知不切"似乎另有深意。在朱子有关"真知"的论述中，他特别强调个体所知的深度和强度与其"行"之间的关系。依照他的观点，个体之"知"愈至、愈切，则行为的动机将会愈强烈，愈能激发个体的道德实践。在这个意义上，朱子也常常把"真知"直接等同于"知至"或"知之切"等。他暗指个体之"行"的可能性与"知"的深度、

---

① 东方朔：《"真知必能行"何以可能？》，《哲学研究》2017年第3期。

广度等是成正比的。如朱子说：

  真知，是要彻骨都见得透。(《朱子语类》卷十五，283)
  若知一而不知二，知大而不知细，知高远而不知幽深，皆非知之至也。要须四至八到，无所不知，乃谓至耳。(《朱子语类》卷十五，296)
  为善，须十分知善之可好。若知得九分，而一分未尽，只此一分未尽，便是鹘突苟且之根。(《朱子语类》卷十五，300)
  人各有个知识，须是推致而极其至。不然，半上落下，终不济事。须是真知。……若半青半黄，未能透彻，便是尚有渣滓，非所谓真知也。(《朱子语类》卷十五，391)

  从朱子的论说中不难看出，"彻骨都见得透""推致而极其至"这些说法应该是在说"知"的深度，而"知一而不知二，知大而不知细""四至八道，无所不知""知得九分，而一分未尽"这些说法指的则是"知"的广度。毋庸置疑，依朱子所云，个体之"知"若在深度和广度上都达到了极致，这种"知"才称得上是"真知"，"真知"不同于"常知"的关键之处在于它能激发个体之"行"，并且，个体之"知"的程度越高，激发个体之"行"的可能性就越大。

  当然，在这里我们不是要探究朱子的"真知"与"行"之间的关系，知行难以一致是自古以来哲学家们就很迷惑的问题。从古人的角度，朱子确实说出了蕴含在"知""行"之中的奥妙，但不得不说，朱子之说仅仅局限于个体之"知"与"行"来做文章，而较少地涉及道德中的根本性问题——利益，也未能从社会这一更宽广的视角来谈个体之"知"与"行"。因而，从现代伦理学的角度，我们将"学与行"当作是一个对立统一的范畴来加以阐述，试图找到道德之"学与行"的内在关联。

  1. 个体路线

  不可否认的是，众多的道德理论都是限定在个体来谈道德认知与实践的。问题的关键是：从个体道德认知的角度来讲，个体之学（即个体之知）是从个体生发出来的行为，不直接涉及与他人的关系。个体常常站在

"我"的角度去分析"我之外"的行为。换言之，如果仅仅从认知的角度来谈个体道德，作为认知的主体，"我"仅仅是身处其外、作为一个"旁观者"来谈道德的。然而从个体道德实践的角度来讲，个体之行却必然真实地涉及"我"与他人的关系，而对个体的行为进行道德评价的一个重要标准就是利益。或者说，个体的行为是否是道德的，常常是根据利益来决定的，选择"利己"还是"利他"直接决定了行为的道德性质，从这一点来讲，个体的道德实践是真实的"身处其中"。

然而，必须说明的是，立足于利益来谈道德是有历史可循的。实际上，在我国古代社会，孔孟儒家和墨家对于道德与"利"的关系持不同的观点。儒家极力主张仁、义、道、德要与"利"分开，而墨家却赞成"兼相爱，交相利"，并且将儒家所提出的仁、义、忠、孝等基本道德规范都以"利"的标准来加以解释。可见，中国古代的思想家们已经意识到道德和利益的关系。尽管也出现了将利益作为法与道德准则的墨家学派，但他们的学说在历史上却没有占据主流地位。大多数思想家在其理论中还是回避了道德和利益之间的必然联系。在近代资本主义社会，资产阶级思想家们从理论上创造出了和资本主义经济关系相适应的道德学说，明确提出"利益是道德的基础，个人利益是道德的准绳"等观点。

马克思主义哲学也主张社会的经济关系首先作为利益表现出来，这种利益就是支配一切社会观念的基本原则，深刻地揭示出道德的根源存在于社会经济关系所表现出来的利益中。正因为如此，现代学者李奇归纳出："所谓道德是调整人与人之间、个人与社会集体之间的关系的规范，其实质就是调整人们的利益关系的行为规范，把剥削阶级的个人利益统一于以普遍利益形式出现的统治阶级的工具——国家利益。……道德这一社会意识形态是人类社会中发生最早的，维持社会秩序和公共利益的上层建筑，不管你承认不承认，它总是客观利益的必然产物；而且是被历史上所有统治阶级所重视的思想武器。所以每一个社会形态的思想家们，总要为道德创造出一系列的理论和原则。"[1] 从这个意义上来说，与纯粹的个体主观意

---

[1] 李奇：《利益和道德》，《新华文摘》1979 年第 5 期。

识的"道德认知"相比较,"道德实践"是真实地存在于人类的物质生活之中的,而不仅仅存在于人类的意识领域,如罗国杰指出的:"马克思批判了以往任何只将道德看作是一种作为意识或精神而存在的道德观,立足于人的物质生产实践活动来寻求'德'之根源的答案。他提出,道德不仅是一种特殊的社会意识,更是一种实践精神。但它又不同于科学、艺术等其他精神,而是一种以指导行为为目的,以形成人们正确的行为方式为内容的精神。"① 因而,利益作为道德实践的基础,涉及个体与个体、个体与社会之间的关系。这样的道德关系是实存的,从一个社会来讲,社会的道德水平离不开一个社会所能拥有的物质基础;从个体来讲,个体的道德水平也离不开个体所能拥有的物质基础。因而,个体的道德实践是"身处其中"的,"我"只能在"我所能"的范围内谈道德,超越了个体的物质水平来谈道德是不现实的。

在道德教育史上,"孔融让梨"是一个家喻户晓的故事,里面包含的主要是个体的道德实践精神。"让"代表的中国传统文化中的"礼让"精神,其实质性的含义是让渡自己的利益。在现代道德教育领域,众多的学者们都围绕"孔融让梨"的可行性和本身的道德性展开了激烈的争论,大多数认为"孔融让梨"的道德教育方法并不能真正地起到作用,因为自私是人的本性,让儿童去学习无私的牺牲和奉献精神,违背了个体道德发展的规律性,可能会产生适得其反的效果。显然,儿童很难在"利己"与"利他"之间做出有效权衡,他们只会遵从一定的道德规则行事。如果"孔融让梨"仅仅代表了行为的道德原则,而不包含一定的理性思考,这样的道德教育又会轻易地陷入教条主义,达不到好的效果。在成人的世界里,已经有了明晰的"利己"与"利他"的概念,对于利益问题会变得更为复杂,不仅包含"让"与"不让"的区别,还包含"让什么"的区别。

在"孔融让梨"的经典故事里,仅仅强调通过这样的行为来强化"礼让"精神,把"礼让"精神当作是可以通过这样的行为来获得的习惯。实

---

① 罗国杰主编:《伦理学》,人民出版社1989年版,第54页。

际上，在现实生活中，"让"与"不让""让什么"这些问题都不可能有一个共同的答案，是因人而异的，而这也是我们所要讨论的"个体路线"。如上所述，个体道德实践遵循的原则是"我所能"，这里的"我所能"指的是个体所能拥有的物质基础或水平。"让"还是"不让"，受太多的因素影响，总结起来有：（1）"我所能"，即个体的物质基础。（2）人与"我"的关系，陌生人、熟人和亲人、至亲的人是有差别的。（3）"让什么"，如果让的对象在我所能承受的范围之内，或者仅仅是"梨"这样的小东西，是很容易做到的。但如果让的是房子、车子或者大笔钱财，这就不是一件容易的事情了。（4）让的理由，在人与我的关系中，让渡自己的利益如果能够有一个很好的解释或者理由，这也是个体做出道德行为的重要因素。在很多看似不合理的情况中，一些特殊的理由同样可以促使个体做出道德的"礼让"，而这是没有规则可循的。

综上所述，个体道德行为的发生要解决的问题是"利己"还是"利他"的问题，而不是知与行的问题。因为无论是实践—真知，还是真知—实践的致思路线，都不是直线进行的。在实践—真知的路线中，人的道德认识都是通过反复实践、检验和思考"肯定—否定—再否定"这样的曲折路线进行的。在真知—实践的致思路线中，同样存在一个曲折往复的过程，很难直接用真知来指导实践。并且这两个路线存在交叠重合，个体的道德认识和实践往往又是同时进行的，即道德的"知行并进"，在知中行、在行中知，这才是道德社会化理论所包含的真义。

2. 社会路线

道德的"学与行"还拥有社会的路线，意思是在现实的生活实践中，个体是选择做出道德的行为，还是选择做出不道德的行为，离不开一定的社会道德情境。但从社会的角度出发，作为社会的人，人的选择不能脱离一定的社会评价，此时道德行为的发生不仅仅是来自个体内心的道德"声音"发出的指令，更多的时候是综合了一定的社会需要做出的权衡选择。在这个意义上，我们可以说，一切道德之"行"都是相对的，不存在绝对的道德之"行"。换句话说，一切善行都是相对的，都是在"利己"和"利他"之间做出的有效权衡。这样的权衡之善不仅仅来自个体的道德良心，更多的来自个体在自己、他人和社会之间的利益的权衡。如果"利己"和"利他"是一对对立的范畴，选择了"利他不利己"的行为同样不道德，因为换在别人的角度，此时的"我"成为"他"，我的道德换来的是对方的"不道德"，这同样是违背道德本质的。正因为如此，在个体与社会之间，有了个体主义与集体主义之争。如果坚持个体主义，容易产生"利己主义"之嫌；如果坚持集体主义，又消弭了个体的权利。因而，如果是以"利益"为中心来进行道德评价，则必须在个体、他人和社会之间得到一个相对的平衡，最好的道德行为选择是在利益相关的各方之间取得有效权衡。

实际上，荀子在探讨道德的本体来源之时已经揭示了个体道德实践的有效权衡法则，而这也是我们将要阐述的个体道德实践的社会路线。如荀子云："人性本恶，其善者伪也。"(《荀子·性恶》)通常情况下，学者们将荀子之"伪"解释为后天得来的东西，与孟子的先天之心性本体存在对立。实际上，荀子之"伪"概念另有深意。荀子首先否定了孟子的"心"之本体，提出"伪"的概念，并将其当作礼义道德的来源。普遍认为，如果以孟学的心性本体来衡量荀子的道德理论，则很容易得出其缺乏道德之本体的结论。但如果将荀学之道德本体归为"学"，也能够找到合理的依据，如李泽厚认为："荀子的'学'则从'木受绳则直'的外在规范，而可达到'天见其明，地见其光'的宇宙本体。"[①] 但实际上，荀子之"学"只是"伪"之始，"伪"才是最为根本的哲学概念。可以说，荀子之"伪"是礼义的来源，是道德之本体，一切道德皆起源于"伪"。礼义是"圣人之伪"所得，而非"圣人之性"。因为"圣人"与"常人"在先天的知行能力上是没有太大差别的。那么，圣人之"伪"到底与常人有何差别呢？其实荀子并没有把"伪"看得那么简单，如果"伪"仅仅指简单的人为活动，那么，圣人和常人都是作为主体的人，何来差别？正因为如此，荀子先后提出了一系列的概念来证明"伪"。从最简单的学、思、积活动，到推、类、统等更为复杂的人类思维活动，最后到"化""伪"，分

---

① 梁启超、郭沫若等著，廖名春选编：《荀子二十讲》，华夏出版社2009年版，第215页。

别代表了"伪"的不同层次和变量。因而,"化性起伪"中的"化"包含了一种从质变到量变的根本性的转变。"伪"最终代表的是一种完全异于人之本能的高级认识能力。从这个意义上来讲,"伪"是一个动词,具有高于一般道德认识活动的哲学高度,相当于人后天的道德创造能力。在此基础上理解荀子"其善者伪也"这句话的意思,应该是指:善是人后天的道德创造能力所获得的。从这个意义上讲,荀子之"伪"与孟子之"心"处在同一个哲学高度。

在以上的论述中,我们可以得出,荀子之"伪"是一个具有深厚哲学意蕴的概念,它与孟子之"心"同处于一个层次。但讨论至此,我们似乎只阐述了关于荀子之"伪"中"人为之善"这一释义,而有关"伪"的虚饰、虚假这一层面的含义却未能解释清楚。实际上,关于中国哲学史上的"伪"概念,目前存在很多的解释,但是较多的学者倾向于将其解释为"人为"和"虚假"这两种,并且认为,二者之间是截然不同的。在有关荀子之"伪"概念的研究中,刻意将其与老庄等人的"伪"概念区分开来,目的就是为了避开"虚假、虚饰"之意,只保留"人为"之意。而在有关"伪善"的批判中,其中最为明显的就是将"伪善"定义为一种"假善",无论是"似善非善",还是"知而不行",其真正令人痛恨之点在于它的不真实。进而得出的结论是,由"假善"引出的活动必然不具有道德性,而会走向善的对立面——恶。如王宏就从伪与性、伪与真、伪与诚三个方面剖析了"伪"的三个维度,他最终得出结论:"'伪'呈现出'人为、非本真、欺骗'的本质,是从心为恶的道德虚假和道德诚实。"①

显然,如果我们仅仅将"伪善"这一概念当作是"假善"或"知善而不行善",那么,这一概念本身不具有哲学性的意义,因而也就不具备研究的价值。而在荀子之"伪"的研究中,又刻意地将其与"伪善"区别开来,那么,荀子之"伪"真的与"伪善"没有任何关系吗?若把"伪善"当作一个哲学概念来研究,它的研究基础和价值在哪里?要解答这些问题,我们首先要区分荀子之"伪"与"假"两个概念。"伪善"之

---

① 王宏:《伦理视阈中"伪"的三维解析》,《求索》2011年第3期。

"伪"在于它的"假",那么荀子之"伪"就没有"假"吗?在前文中,我们已经提出荀子之"伪",因为考虑到社会情境对于善恶判断的影响,所以不排除有"虚假、虚饰"的成分,这是一种相对的善。但这一释义比较中立,并不具有贬义。而"伪善"之"伪"所包含的"假"意却屡遭批判,同类的词语还有"伪言""伪书""伪命""伪学""伪君子"等,无不是从古到今倍受人们唾弃的词眼。在现实生活中,我们常常将"假"与"真"绝对对立起来,并赋予"假"以贬义。但实际上,根据陈良运分析,将"假"与"真"绝对对立起来是西方美学的做法,"在中国古代典籍中,与'真'对立的是'伪',即奸诈、巧伪,而不是'假','假'另有正面的意义"①。荀子之"伪"恰恰具备了这一"假"的正面意义。关于这一点,冯友兰先生就有相关的论述,他认为,"伪"其实是可以同于"假"的,因为"人为的东西就是假的",并这样举例说明:

> 在天上飞的东西,鸟类是天然的,是真的,飞机作为一个飞行的东西是人为,是模拟,同鸟类比较起来,鸟类的飞行是真的,飞机的飞行是假的。②

实际上,这里所指的飞机之飞的"假"并不是我们日常生活中所说的"假",飞机之飞也是真飞,只是飞机之飞是"人为之飞",而不是像鸟一样出自于本性之飞。由此可见,"人为"和"假"在本质上是同一个概念。正因为如此,荀子之"伪",无论解释为"人为",还是"虚假",在本质上是没有区别的。由此我们可以解释荀子之"伪"的另一层含义为:考虑到社会情境而做出来的相对的善的选择,不是出自本性,而是出自人为之"伪"。而这个意义上的善,正如倪梁康先生所评析的,都是"伪善"。因为,它的理论前提是,只要不是出自本然状态的善,都是"伪善"。显然,荀子从来都不赞成性之本然状态,他理论中的善,在本质上都是"伪善"。

---

① 陈良运:《中国古代美学中的"假""伪""丑"概念辨析》,《厦门大学学报》2002年第3期。
② 冯友兰:《中国哲学史新编》(第二册),人民出版社1984年版,第58页。

然而，现代学者们对于"伪善"这一概念的解析大都避开荀子之"伪"的真义，更多地从西方哲学中去探寻"伪善"这一概念的本质。不可否认的是，他们更多地诉诸对生活中奸诈、虚伪道德现象的批判。然而，他们所理解的"伪"是西方哲学中的"假"义，而非中国哲学中的"假"义。而在以真、假辨别善恶的西方社会中，对于"伪善"这一概念的分析自然而然地陷入这样的三段论推理逻辑：

　　假的就是恶的；
　　"伪善"是假的；
　　所以，"伪善"也是恶的。

正因为如此，众多现代学者的分析如出一辙，他们的结论大多是："伪善的实质是虚假的德性行为，是人的道德作假与道德欺骗，是一种恶。"① 但实际上，无论是学者们的学理分析，还是现实生活中的善恶评价，"伪善"在人们心目中不止于恶，是一种比恶更恶的恶。因为在现实的道德生活中，人们并不惧怕恶，敢于同恶做斗争，而对于打着善的旗帜为恶的"伪善"却无计可施。并且，"伪善"这一现象存在于社会历史的各个时期，它才是统领人类道德生活的实存道德形态。那么，"伪善"究竟是不是"恶"？它来源于哪里？若从荀子之"伪"概念来分析，它并不具备恶的本质，只不过是现实社会道德意识形态的实存状态。可见，对于"伪善"这一概念的分析不能只诉诸个体，而更应该从个体与社会双重的角度进行分析。从社会历史的角度分析，"伪善"在本质上与荀子之"伪"是一致的。从这个意义上来说，荀子之"伪"是一种基于社会情境来考虑的社会的、历史性的道德来源，是相对的善。如果单从个体的角度来分析"伪善"，它无异于现代心理学领域的"人格分裂"，是一种心理上的病态，或认识上的局限。

　　作为社会意识形态而存在的"伪善"，必然有其存在的依据。关于这一点，王强提出，作为意识形态存在的"伪善"，恰恰是连接人之道德主

---

① 王宏：《多学科视角下的伪善解读》，《江西社会科学》2010年第3期。

观世界与客观世界的桥梁。根据他的分析,"伪善"无论是体现为道德意识源头上的"分裂",还是自我逻辑上的"颠倒",抑或体现为道德意识形态上的"自欺",在本质上都反映了人类道德意识形态的发展,是人类在客观的伦理生活参照下,做出的自我批判式的推进。因而"伪善现象的认识及其克服不是直接道德思维的产物,而是社会现实及其关系调整的结果"①。从这个意义上来讲,"伪善"作为历史发展中的"主观存在"与"客观存在"之中介,推动了人类道德认识的发展。正是在这一前提下,他得出结论:"人类社会的道德发展史离不开伪善,人类社会道德发展史的自我理解更离不开伪善。这注定了人类道德发展是以自我批判的方式进行,并试图通过道德意识发展形态的批判而推动道德发展。"② 而这一结论恰恰又说明了,"伪善"之"伪"所包含的反思性活动与荀子之"伪"中所包含的学、思、积、类、化等思维活动存在一致。荀子之"伪"正是荀子解决自身"二元论"世界的出路,他强调道德在本质上来源于人对客观道德世界的反思、批判性活动。无论是"制礼义,起法度",还是"礼义之统","伪"正是连接主观世界和客观世界的桥梁。

因而,道德教育的"学与行"在社会路线上体现为一种权衡之善。在荀子之"伪"概念与现代哲学概念"伪善"当中都可以找到理论上的依据。道德之"学"与"行"之间的悖论,无论是走实践—真知的致思路线,还是走真知—实践的致思路线,在本质上都忽略了个体道德发展的曲折性与复杂性。实际上,在个体道德的发展过程中,教与学、学与行都是交叉进行的,不存在单纯的教、学与行。现实生活中的道德认知与实践也不存在直线性的因果关系,道德之知与行的关系受很多因素的影响,知与行常常在各种因素的交互作用中齐头并进、相互影响。

三 道德反哺教育中的伦理逻辑

从道德反哺教育的定义来看,它重在指"道德的反向社会化"。我们

---

① 王强:《伪善的道德意识形态批判》,《人文杂志》2013 年第 11 期。
② 同上。

可以认定这也是一种道德社会化理论，只是它具有一定的特殊性。因而在这一节当中我们重点分析"道德反哺"中蕴含的特殊的道德社会化理论，并阐述"道德反向社会化"发生的条件。在此基础之上，我们要厘清蕴含在"道德反哺"中的各种伦理关系，最后诉诸老年人的道德教育问题，重点阐述道德反哺教育的本质及其现实社会意义。

（一）作为特殊道德社会化理论的"道德反哺"

在前文中，我们阐述了几种典型的道德社会化理论。虽然它们的理论特点不一样，但是它们的理论宗旨在本质上存在一致性，就是反对道德知识化或道德规范化，而强调通过个体的社会化进程来加强个体的道德理性或道德反思能力。尽管荀子的理论没有根据个体的年龄阶段来划分道德认识的层次，但他明确地提出了"俗""礼"和"道"三个不同的层次。而在西方的道德理论中，科尔伯格、班杜拉等人都强调个体的心理发展与道德认识之间的关系。而个体的心理发展也是分不同年龄阶段和历史时期的。现代的生活德育理论也重在反对过分强调以书本、规范为主要内容的学校道德教育，而学校道德教育的主要对象也是年轻人。从这里可以看出，道德的社会化理论都承认在个体道德发展的过程中有一个循序渐进并由低到高发展的规律性。虽然它们并没有明确地提出这一规律性，但是这些理论都暗含了一个逻辑：个体的道德社会化程度越高，其道德认识的水平将会越高。显然，道德反哺教育中的"道德反向社会化"恰恰是与传统的道德社会化理论背道而驰的。我们需要提出的问题是：为什么会出现道德的反向社会化？如果，个体的道德社会化与个体的社会化进程存在关系，那么，个体的社会化进程中的决定性因素什么？道德的反向社会化发生的主要原因是什么？

在描述现代中国社会"文化反哺"现象的时候，周晓虹是这样说的：

> 就文化传承的方向而言总是从上一代人传向下一代人。与此相应，在家庭内部，亲代总是扮演教化者的角色，子代总是扮演被教化者的角色。亲子两代在生物繁衍链条上的前后相继性，决定了双方在社会教化上的不平等性。社会教化过程中的"父为子纲"称得上是一

切文明社会文化传承的基本法则。

但是，上述法则及其天经地义的合理性却在1978年的改革开放后受到了全方位的挑战。我们随处可以看到出现在不同家庭中的长辈不如晚辈的现象……而且也存在于几乎所有的社会生活领域，从价值观、生活态度、行为模式直至电视、手机和电脑等器物的使用。以致我们不得不承认，今天，发生在亲子之间的这一切变化确实是革命性的。①

周晓虹在这里提出了教化过程中的"父为子纲"的"基本法则"，这一法则在中西方传统社会里都占据主导的地位。可以说，在先前我们探讨的道德社会化理论中，中西方的学者们都未能察觉到在道德教育过程中的"反向传递"现象。即使是现代中国社会的生活德育论，其理论的基石也是道德教育的顺向传递。可见，如果仅仅机械地将个体的道德发展同个体的社会化过程联系起来，仍然是不科学的。从现代社会的视角来看，个体的社会化是一个复杂的社会工程，抛开社会背景，就个体而言，每一个体的社会化都存在显著的差别。可以说，个体的道德社会化是一个复杂、庞大的综合性体系，里面涉及的因素非常多。如现代中国学者曾钊新提出：道德生活领域"就它的横向性领域而言，包括公共场所、职业工作、家庭生活、团体活动等不同空间，因而相应地产生了社会道德、职业道德、家庭道德和团体道德等不同的规范和准则，并由此构成了社会的网络式道德生活；就它的纵向性领域而言，包括每个人一生中的儿童阶段、青年阶段、中年阶段和老年阶段等不同时间，因而应该有相应的儿童道德、青年道德、中年道德和老年道德等不同的规范和准则，并由此构成链条式的道德生活"②。

在皮亚杰、科尔伯格、埃里克森等西方心理学家们的理论中，他们确实提出了个体发展的不同阶段说。但是，不得不指出的是，这样的规律性在儿童时期表现明显，但于人的一生来说，个体的社会化影响因素是多方

---

① 周晓虹：《文化反哺：生发动因与社会意义》，《青年探索》2017年第5期。
② 曾钊新：《道德生活纵向性领域探拓》，《国内哲学动态》1983年第1期。

面的，如下图所示：

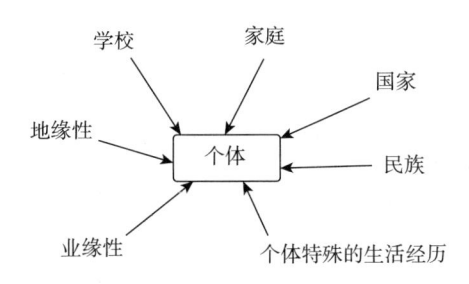

```
        学校    家庭
          ↘   ↓   ↘
   地缘性 →  ┌────┐  ← 国家
            │个体│
            └────┘
          ↗   ↑   ↖
   业缘性   个体特殊的生活经历   民族
```

如上图所示，从现代的视角来看，个体的社会化过程其实受到学校教育、家庭教育，所在国家、民族、地域、工作单位以及个体特殊的生活经历等因素的影响。显然，传统社会由于受到社会整体发展水平的影响，使得个体的道德教育局限于家庭教育之中。正因为如此，形成了"父为子纲"的基本法则。从纵向来说，受农耕时代的影响，中国传统社会道德文化的发展与更替进程缓慢，儒家正统文化占据主导地位；从横向来看，由于缺乏各种先进的交通与通信手段，社会文化的交流与融合很受限制。因而，在传统中国社会，很难生发出除"家庭教育"之外的道德教育方式。如费孝通先生所描述的"熟人社会"和"熟人伦理"，即个体接受道德教育的途径局限在自己所处的家族或地域之内。立足于传统社会来谈道德教育，必然是"父权式"的道德传递、道德继承模式，因为除了以亲子关系为主线的垂直型的道德传递模式之外，很难再有其他的横向模式来拓展个体道德认识的内容和途径。所以，个体道德的发展呈现更多的纵向性特点，受个体的年龄阶段的影响较多。在中国传统文化中，孔子云，"吾十有五而志于学，三十而立，四十而不惑，五十而知天命，六十而耳顺，七十而从心所欲，不逾矩"（《论语·为政》），这段话就很好地道出了个体道德发展的纵向性规律。在西方道德心理学家们看来，虽然皮亚杰与科尔伯格重在阐述儿童早期道德教育的阶段性，但埃里克森的理论却诠释了人一生的社会认知心理的发展。这说明传统的道德社会化理论中的道德教育呈现以纵向性发展为主的特点。

在现代社会的道德教育模式中，个体的社会化除了接受来自家庭教育的影响外，更多地受到学校、国家、民族、业缘关系等因素的影响。不可否认，与以亲子关系为主要传递轴的纵向性社会化路线相比较，现代道德教育呈现更多的横向性社会化的特征。现代社会的家庭道德教育的主导地位逐渐让位给学校、国家和单位，个体所接受的学校的正规教育、国家的道德教育方针和所处单位给出的结合自身的工作性质展开的职业道德教育内容对个体的影响更为深刻和广泛。可以说，家庭教育对于个体发展的影响力越来越薄弱，传统社会亲子之间"亲代"的绝对优势地位很容易为横向性的道德传播所超越或颠覆。

现代"道德反哺教育"仍然是一种纵向性的道德社会化模式，但是它彻底改变了道德传递的方向，颠覆了个体道德发展以年龄为主线和发展路径的模式，因而是一种特殊的道德社会化理论。它的特殊性在于，它是基于横向性的道德社会化而产生的纵向性道德传递，是以横向性的道德教育为基础而产生的。这就说明，从整个社会范围来看，个体道德发展不再局限于"上一代向下一代传递"的模式；从个体的道德发展历程来看，个体的道德发展与成熟不再局限于自身的年龄，颠覆了传统的道德社会化理论将个体道德的发展与年龄、社会阅历联系起来的认知。也就意味着，在现代道德教育模式中，有太多的横向性的道德教育模式，使得个体的道德认知与发展可以跨越年龄、社会阅历等，而呈现出超前性发展或颠覆性的飞跃。

（二）"道德反向社会化"的发生条件

在上文中，尽管我们在学理上论证了"道德反哺"发生的致思路线和影响因素，但实际上，"道德反哺"要真正地发生，与"道德反向社会化"的客体的价值认同存在很大的关系。也就是说，要使得道德反哺教育真正地发生，需要一个关键性的条件，也就是亲代作为道德教育客体的价值认同。如果在"道德反向社会化"的过程中，道德教育的主体——子代意识到"道德反哺"的需要并产生实施道德反哺教育的动机，而亲代未能产生有效的价值认同，那么，道德反哺教育仍然是一件极其困难的事情。这样的隔阂如果无法祛除，就会产生严重的"代沟"。

在有关道德社会化理论的论述中，我们知道，道德教育中的"教与学"存在三种路径：家庭路径、学校路径和社会路径。显然，"道德反哺"教育是一种家庭式的教育模式，这样的教育不涉及太多复杂的关系，直接以亲子关系为主要路径。而我们知道，亲子之间的关系常常是纵向性的、父权式的，道德的反向社会化，尽管仍然是纵向性的传递，但亲子之间的地位彻底颠覆，以往以长者、能者、智者身份而处于主导地位的"亲代"此时与"子代"调换了位置。这样的改变并不是每一个"亲代"都能轻易接受的，尤其是那些文化程度、民主程度不高的市民，更是容易产生被"子代""忤逆"的心理效应，他们直接的心理反应是：昔日我教你，现在你敢对我指手画脚！

实际上，在周晓虹的调查中——尽管他只对城市中的家庭做了相关的调查，但在结论中却没有提出城乡之间的区分——他认为"文化反哺"是一种普遍性的行为，不受个体文化程度的影响。但张登国通过对农村家庭的调查得出结论："父母文化程度越高，所受反哺的程度也越高。……一些受过良好教育的父母往往更容易接受一些新观念和新思潮……更容易接受子女的文化反哺。……家长的权威观念也阻碍了文化反哺的实现。"[①] 这一点值得我们重视。从逻辑上来讲，农村家庭中的上一代在知识结构上相对于城市家庭中的上一代更为缺乏，他们更需要学习新的知识、观念。结果城市家庭中的受教育程度更高的上一代却更为容易接受"道德反哺教育"行为。为此，我们专门做了一个访谈调查，也证明了这样一个结论：父母文化程度高的，更容易接受"子代"的"道德反哺教育"。这说明，按照马斯洛的需求层次理论，"道德反哺教育"属于人的发展性需要，而不是缺失性需要。"道德反哺教育"现象的产生归根到底在于社会整体的发展，以及在社会整体得到发展的情况下催生的个体成长性的需要。

在青少年的道德教育中，价值认同是一个非常关键性的问题。由于青少年的社会化程度不高，因而在面临多元文化价值观的时候，难免产生许多困惑而无所适从。然而，在"道德反哺教育"活动中，"亲代"的价值认同相比之下就显得简单了，因为"亲代"作为年长的一代，在社会阅历上是不存在任何问题的，大多数人都经历了长时间的生活磨炼，其生活的

[①] 张登国：《农村青年家庭中文化反哺的内容、效果及其趋势》，《重庆社会科学》2009年第5期。

智慧非常成熟和练达了。在这种情况下进行的道德教育活动，价值认同不存在太多的冲突和迷惑，他们仅仅需要做出一个学与不学的判断。当然，在"子代"所反哺的道德文化中肯定存在不符合"亲代"现有价值观的因素，但是，作为一个深入生活实际的"在场"的成年人，他们其实很容易辨别出孰优孰劣。并且由于"亲代"的"在场"性的生活需要，社会的发展与改变常常也无形地迫使他们自身做出相应的改变，以跟上时代的步伐。因而，相对于正向的道德教育过程来说，道德反哺教育要更为单纯并具有针对性。作为道德教育的客体，"亲代"要做出的选择就是如何面对自身已经过时了的道德价值观念。比如"重男轻女"的观念，受农耕时代影响很深的"亲代"或许还存在这样的想法，但是随着社会的发展，体力劳动越来越不占优势的情况下，现实社会会有力地告知他们这样的事实："重男轻女"观念只是在社会不发达的情况下产生的旧观念和旧传统，随着社会的进步，女性在社会上可以与男性同样地受教育、参与社会性事务，这样，生男生女就显得不那么重要了，生育中的民主观念将随之而产生。

当然，如果"道德反哺教育"完全局限于家庭中的亲子关系而展开，这是很难实现的。因为作为成年人（甚至老年人）的"亲代"，他们再接受学校教育的可能性已经很小，虽然在一些大城市为老年人开设了"老年大学"这样的学校教育，但是覆盖面却非常小。所以，"道德反哺教育"发生的主要路径是家庭教育，诉诸亲子之间的反哺与传递活动。但是如果缺乏必要的社会教育，这样的家庭教育也会产生困难。这也是为何城市家庭中受教育程度越高的"亲代"，越容易接受"子代"的"道德反哺教育"活动。因为他们本身已经从社会道德价值观念中受到了影响，他们在认识上提高了，大部分人通过国家、单位和社会的宣传教育，已经了解了很多新型的价值理念，他们只需要在子女的帮助下实现这样的转变。而在农村居民中，由于农村居民文化程度低，所能接收到的社会信息量小，居民与居民之间的互动相对也少，乡村文化中的落后、保守与迂腐的价值观念常常还占据主导地位，使得他们做出改变的需要和动机不明显。

(三)"道德反哺教育"中的伦理模式

在传统的道德教育模式中,亲子之间的关系是以"父权主义"为主导的伦理关系。道德教育的路径以"道德继承"为主要方式。无论我们如何批判传统道德教育路径中所产生的种种弊端,诸如"道德灌输"之类的,我们也不得不承认,"道德继承"仍然是道德教育过程中的主流方向。由上一代向下一代传授或传递道德知识,这是道德教育的自然过程,是传统道德教育与现代道德教育都必然经历的过程。站在现代道德反哺教育的立场上,我们所要反思的问题不在于"道德继承"本身,而是如何继承的问题。

在1956—1965年间,我国曾对"道德继承"问题展开过两次激烈的讨论,涉及社会主义新文化和新道德的构架和走向。在当时中国学术界众多的观点中,冯友兰先生的"道德抽象继承法"[①] 引起了热议。很多人指出,这种方法"容易产生教条主义,忽略对古代哲学家或某一哲学学派作全面的研究,而走到断章取义、牵强附会的地步。它撇开了哲学的理论体系、思想实质,把命题的形式绝对化,将哲学遗产的继承问题归结为对哲学命题的意义的理解问题,从而把那些该继承的遗产抽象化,结果只使丰富的哲学遗产显得苍白无色"[②]。半个多世纪之后,朱贻庭提出道德所具备的"形神统一"[③] 的生命结构,指出"仅仅肯定道德文化其'神'或'古今通理',还不等于实现了继承和弘扬优良的道德文化传统"[④]。李建华认为,"道德继承是以承认普适性道德价值及其规范和特殊性道德价值及其规范的存在为前提的。……因此,讨论道德继承需从道德的类型学分类

---

① 即将哲学命题的含义分为抽象含义和具体含义两个部分,如《论语》中的"学而时习之,不亦说乎",其具体含义是叫人学习诗、书、礼、乐等传统的东西,这对现代没有多大用处,无须继承。但它的抽象含义是无论我们学了什么,都要及时温习、复习,这样理解,对于现代人还是有用的,可以继承。

② 张国春、牛京辉:《1956—1965年道德继承问题两次大讨论》,《武汉文史资料》2010年第9期。

③ "其'神'即核心是'善'的价值观和价值体系;其'形'即'神'的载体是道德规范、伦理学说、各种形式的道德实践活动,还包括道德事件、道德事迹和体现……"(见朱贻庭《文化结构与传统道德继承》,《道德与文明》2012年第4期)

④ 朱贻庭:《文化结构与传统道德继承》,《道德与文明》2012年第4期。

开始"①。他进而提出道德继承的基本属性："一、以人为本：道德继承的价值旨归；二、承启超越：道德继承的对象蜕变；三、系统完备：道德继承的整体表征。"②

显然，我们不能简单地将道德继承等同于文化传承，因为文化的价值不具有优劣之分，古老的文化和现代文化，承载的都是人类文明的历史，即使在更替的过程中我们能察觉出现代文化更适应于现代生活，我们也只能说它更先进于古代文化，而不是更优越于古代文化。但道德的价值却具有优劣之分，因为道德的意义在于更好地促进人类自身幸福，无论物质的还是精神的。因此，在道德的继承过程中，我们必须能够辨别和区分道德的类型，真正地利用那些优良的道德类型为人类自身服务，并且摒弃、改造和超越那些阻碍人类幸福的道德类型。正如李建华所指出的，"道德继承有其工具性目标和价值性目标，其工具性目标在于实现新旧道德命题的时代转化，其价值性目标在于促使与生命、物质的二重生产相关联的诸种关系获得较为妥当的安置，从而促进理性存在者的幸福"③。道德的价值在于促进人类自身的幸福，因此继承什么，如何继承，要从人自身与人的幸福出发，无论是促进物质生产的，还是生命本身的幸福，道德的价值旨归在人。

因而，道德继承中必然包含道德价值的评价和选择，这也是道德继承不同于文化继承的最主要方面。在现代道德教育中，较多地关注道德教育的内容和形式，而较少地关注道德教育中的评价问题。导致这一现状的原因有很多：客观上，跟当前社会缺乏系统、有效的道德评价体系有关；主观上，跟个体道德认知和评价的能力有关。因此，道德评价既需要良好的社会道德评价体系，也依赖于个体的道德认知能力。这两者是相辅相成、共同发挥作用的。

在道德继承中，无论我们继承的是传统道德中的"形"与"神"，还是吸收其他道德文化中的先进成分，都离不开一定社会或个体的道德评

---

① 李建华、冯丕红：《论道德继承》，《伦理学研究》2011 年第 4 期。
② 李建华、冯丕红：《论道德继承的基本属性》，《南昌大学学报》2013 年第 3 期。
③ 同上。

价。个体道德从"知"到"行"这一过程中,正是个体的道德评价起到了关键的作用。因此,我们不得不这样认为,道德继承中的核心问题是如何进行道德评价的问题。长期以来,中国社会道德评价存在很多问题,如卞桂平提出的:道德评价标准媚俗化和道德评价功能的整体弱化等问题。[①]这些问题正反映了当前社会道德评价体系的弱点。在当前的研究中,一般地,将道德评价分为自我道德评价和社会道德评价。[②]这样的分类并没有解决当前社会道德评价标准混乱的问题,反而增加了个体道德与社会道德之间的悖论问题。不得不承认,在多元文化价值背景下,道德评价本身也面临着诸多困境,如道德"滑坡论"和"爬坡论"的提出,也正反映了这一问题本身的矛盾性。因此,道德继承所针对的不仅仅是既定的道德内容,更是对现存的道德规范进行道德评价继而做出相应道德选择的动态过程。

正因为涉及道德评价,道德继承不得不首先尊重人本身的价值和需求,这样才不会使得道德教育成为"填鸭式"的强迫,而是在尊重下一代的基础上满足他们对生活本身的需求。因此,道德继承在更多的意义上是反思性、批判性的。这种批判和反思是双向性的,既需要上一代人对自身所传递的道德知识进行批判和反思,也需要下一代人积极结合自身的生活需求对所接受的道德知识进行批判和反思。道德反哺和道德继承是不可分离、交互作用的,两者在本质上都反映了现代人主体性的提高。正如廖小平提出的,现代道德教育模式实现由"主—客"模式向"主—主"模式的转化,其在本质上反映的是代际交互的主体性。从道德继承的角度来看,下一代不再是完全被动地接受上一代传递下来的东西,而是根据自身的生活需求,有选择性地批判继承;从道德反哺的角度来看,下一代人对上一代人所传递下来的优良美德有了新的阐释和理解。无论是道德继承还是道德反哺,都反映了现代人主体性的提高,不仅是下一代人主体性的提高,上一代人的主体性也在提高。也正是在这一前提下,现代道德教育才能是

[①] 卞桂平:《试析道德评价的现实问题及其疏解》,载《2013年全国哲学伦理学博士后论坛论文集》,第123—124页。

[②] 邹顺康:《论道德评价中的几个理论问题》,《伦理学研究》2006年第6期。

双向沟通的模式，其运行模式大致如下：

```
      主体   ——— 道德继承 ——→   主体
    （上一代） ←——— 道德反哺 ———（下一代）
```

道德教育模式已经打破了传统的自上而下的特点，呈现出交互主体性的特点，上一代人不再是绝对的道德权威或道德标准。这种互为主体的双向式的交互作用，不仅体现了道德主体（无论是上一代，还是下一代）民主意识的提高，也反映了现代社会在道德教育问题上的变革与创新，改变了传统教育模式中以己属人的"奴隶道德"（陈独秀）模式。在道德继承和道德反哺两种现代道德教育模式中，无论是上一代，还是下一代，都不存在被客体化的趋势，而是互为主体。道德教育的过程中，不存在一方向另一方灌输、兜售或强加，而是相互交流、学习，互为师长。在道德继承和道德反哺这两种模式的交互作用中，代际之间追求的不是主导与被主导，而是友好合作。道德教育不是事先确立好标准，然后让对方认同，而是在友好合作的关系中达成共识。

无论我们如何彰显"道德继承"和"道德反哺"模式中的主体性，我们不得不承认的是，在现实的道德教育过程中，优良的社会道德评价体系发挥着不可忽视的指引作用。长期以来，我们看到了道德领域中知行不一的现状，但对这一现状产生原因的分析却莫衷一是。很多学者从道德心理学的角度对其进行分析，主要诉诸"道德内化"这一概念，但较少有学者分析"道德内化"产生的机制。实际上，"道德内化"仍然离不开个体的道德评价。综上所述，我们大致可以为个体道德行为的产生机制构图如下：

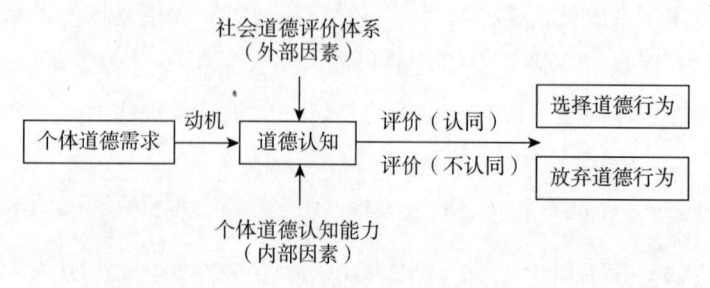

```
                    社会道德评价体系
                      （外部因素）
                           ↓
                                   评价（认同） → 选择道德行为
个体道德需求 ——动机—→ 道德认知
                                   评价（不认同）→ 放弃道德行为
                           ↑
                    个体道德认知能力
                      （内部因素）
```

从上图我们可以看出，在道德教育的过程中，我们不能忽视个体的道德需求来谈问题。个体的道德需求是激发道德认知动机的决定性因素。从道德认知到道德行为的过程中，主体在社会道德评价体系（外部因素）和自身道德认知能力（内部因素）的影响下进行道德评价，产生认同或反对的心理，然后选择或放弃道德行为。

在现代道德教育模式中，无论是道德继承，还是道德反哺，都离不开主体对客观道德规范或道德现象的评价。在具体的评价过程中，是否拥有优良的社会道德评价体系作为参考或指引是至关重要的问题。一直以来，我们在道德教育过程中强调主体性的发挥，但主体性只是影响个体道德评价的内在因素，主体性的发挥需要以优良的社会道德评价体系作为前提。反过来，社会的道德评价体系也需要不断地更新，这又依赖于个体道德主体性的发挥。二者缺一不可，共同构成现代道德教育中的两个重要因素。

（四）老年人的道德教育

在道德社会化理论中，道德哲学家们虽然也为个体道德的发展设定了相应的阶段与水平，但较少有人明确地提出个体每一年龄阶段的道德发展特点。在孔子所提出的个体道德发展的规律性特征上，从"十有五而志于学"到"七十而从心所欲不逾矩"，只看到了个体道德纵向发展中水平由低到高的可能性，却未能证明此发展倾向的必然性。在皮亚杰和科尔伯格等人的个体道德发展学说中，集中于论述儿童时期的道德发展特点。埃里克森的理论虽然提出了个体从出生到死亡的八个阶段的发展特点，并且也提出了，如果前一阶段未能顺利地渡过，会影响下一个阶段的发展水平，但是他并未明确地提出，如果青年时期未能得到良好的发展，到晚年时期是否还能得到进一步的完善。因而，老年人的道德教育似乎一直处在被忽略的地位。从众多道德哲学家的理论来看，道德教育最主要的对象是未成年期的儿童或青少年。对于成年人或老年人的道德教育，现代的一些学者虽然也提出了一些观点，但是未能系统地阐述蕴藏在其中的理论。众多学者看到了社会的急速发展、社会的急速老龄化等对于老年人地位、道德观念和道德教育、法制教育的影响及其形成的挑战，并寻找这一现象的成因。但是，未能深刻地揭示出老年人的道德发展特点及相应的教育方式。

从教育的角度来看老年人的道德，如果依照传统的道德教育观念，老者，或者说长者，一般来说，不应该是道德教育的对象，他们更应该是道德教育的主体。因为中国传统文化中的"敬老"观念，常常以"德高望重"来形容老年人的地位，在道德问题上，更多地要以老年人为学习的榜样。这样的道德教育观念，在经济欠发达、社会文化发展相对滞后、社会交流和融合缓慢的农耕时代，确实不存在太大的问题。但在现代社会，不得不承认，普通家庭中的老年人首先在经济方面不再占有主导地位优势。由于社会经济的飞速发展，青年人在物质创造方面以快于前辈几代人的速度在发展，代表新型生产力的物质和智力产品层出不穷。青年人正以一代人的集体智慧将老年人远远地抛在后面，智力方面的优势及其所代表的生产力，使得社会发生了急剧的转型，在旧时代向新时代的转变过程中，必然带来社会文化各个方面的急速变迁。老年人在社会转型的大潮中，往往不再占有主导地位，他们或已经退休，或已经退居二线，社会性的物质生产或文化活动已经不再是他们生活的重心，而是更多地转向照顾自身和家庭。

因而，以社会整体的发展为背景，与儿童和青少年时期的"子代"相比较，"亲代"此时的社会角色是以"退场"为主要特点的，而"子代"的社会角色却是以各方面的"入场"为特点。这也决定了，社会的发展以及年龄上的原因，很容易造成老年人与社会的脱节。对于人生刚开始，在社会各个方面需要积极"入场"的年轻人来说，道德的社会化是顺理成章的事情。相反，对于日趋"退场"的老年人来说，道德的社会化缺乏必要的条件。首先，老年人不可能再像年轻人一样参加正规的学校教育，这就切断了正式接受群体教育的途径。其次，老年人由于不再需要投入社会生活，而是回归家庭，其社会生活，或者真正与社会接触的机会将大大减少。原来可以从单位、同事和社会性交往活动中获取的道德经验，几乎完全隔断，即使能够通过网络、电视、报纸等获得一些信息，但由于缺乏必要的群体生活，老年人的道德认知也将大大地受到限制。最后，社会未能为老年人提供社会生活的必要场所，大大减少老年人之间的交流。对于少年儿童，社会提供给他们各种成长的机会，但老年人的社会交往却未能受到社会的重视，大多数老年人仅仅成为家里的"免费保姆"，帮助"子代"照看孩子，打理家务，这是老年人唯一能够找回自身价值的方式。这说明，老年人之间的"同伴教育"模式将大大减少，老年人更容易陷入"孤独终老"的模式。

在学校、社会道德教育资源断裂的前提下，老年人更容易陷入道德失范的情况。因为，此时的老年人以家庭为中心，或以个人为中心，社会或集体在老年人的世界里不再是一个明确、实际的概念。或者说，老年人因为其社会生活的"退场"或"不在场"，很难再获得相应的社会公共道德观念，如现代学者王曼等提出的，我国老年人在社会公德方面的道德失范现象"主要表现为公共意识淡漠和社会责任感不强两个方面。……很多老年人在公共场合依旧存在随地吐痰、乱扔垃圾、抢座插队等不文明现象。……在个体利益与公共利益发生冲突时，往往为了自己的私利不惜牺牲社会公共利益，甚至有些老年人通过敲诈勒索的方式换取经济利益，在社会上形成了不良风气，而且损害了国人形象"[①]。这样的现象不得不让我们做出必要的反思，频频发生的老年人失德案确实令人担忧。相对来说，老年人作为社会中的"弱势群体"，敬老、爱老是每一个社会成员应尽的美德。但是，如果老年人是个"坏老人"，不但没有在道德方面起到榜样作用，反而利用自身的弱势地位做不道德的事情，这不得不说是社会的一种退步。这样的社会威胁也被一些学者们看到了，除了道德方面的退化，当然还有法制方面的退化，如王先奎就提出了"切莫忽视农村老年人的法制道德教育"[②]这样的警示。老年人"倚老卖老"，或者自感"穷途末路"而置法律、道德于不顾的现象更是一种社会性的担忧。

另外，由于学校、社会生活的"退场"，老年人的道德教育几乎诉诸家庭教育的路径。然而，在家庭中，亲子之间的关系直接决定了老年人是否能够快速地、坦然地接受子女们的教育"反哺"。如果一个家庭中，亲子之间从一开始就是民主、朋友式的关系，那么，亲代在与子代的关系中，将更容易转换角色。相反，则会产生困难。因而，在老年人

---

① 王曼、陈哲：《我国老年人道德失范现象及对策分析》，《法制与社会》2015年第8期（下）。

② 王先奎：《切莫忽视农村老年人的法制道德教育》，《农村、农业、农民》（A版）2004年第2期。

的道德教育问题上，子女扮演了非常重要的角色。一方面，子女是否能够意识到家中老年人的道德问题，这是至关重要的。在中国传统儒家文化中，其实也有相应的思想资源，就是反对"愚孝""愚忠"等"似孝非孝""似忠非忠"的做法，而提倡对于父辈、长辈的思想进行必要的纠正与反思，遵从理性思维来行事。另一方面，子女是否能够通过正确的方式来实施道德反哺，直接决定了亲子之间的关系，以及老年人接受道德再教育的可能性与结果。在众多的代际冲突之中，往往是以亲代顽固地抗争，子代尖锐地反抗，或迂回地躲避而收场。这样的处理方式并不会带来真正的代际和谐，相反，会造成代际之间真正的"阴阳两隔"，那就是：我和你虽有割不断的血缘关系，但是却又完全不在一个世界。久而久之，这样的家庭关系难以维持，亲情日趋淡薄。正因为如此，我们认为，道德反哺教育并不仅仅体现为道德的反向社会化，也就是说，亲代和子代不仅仅是互换角色，而更多地体现为双向的沟通与传递。子代与亲代的任何一方不体现为居高临下的姿态，而是以一种平等交流的方式互相学习对方的优点。因为，道德上的问题往往是最为错综复杂的，只有平等的交流才能发现思想、价值上的多元化与对等性，而这也是道德反哺教育的真正意义所在。

第三章
道德反哺教育的成因与价值分析

任何社会现象的产生都有其深层次的社会原因，社会道德反哺教育也一样。我们在研究这一问题的时候，不能回避整个社会的变革和发展背景。不能否认的是，近几十年来，伴随着人类在技术领域的各种突破，中国现代社会不仅迎来了物质文化上的巨大发展，也迎来了精神文明领域的重大变革。周晓虹在谈到"文化反哺"概念时，重点指出了由于技术上的革新而带来的现代人文化传承方式上的变革，如他所说：

> 文化传承尤其是物质文化传承都是由父及子，由上代传至下代；下代会再根据自己所处时代的技术水平、可得资源和自身需求创造与自己时代相适应的物质文化或器物文明。[①]

显然，周晓虹所提出的"文化反哺"概念集中地体现在技术文化的革新上。依照他的观点，传统社会的技术传承体现为上一代对下一代手把手地传授，而在现代社会里，技术方面的传承颠覆了这种关系，其更多地体现为下一代对上一代的反哺式教育。当廖小平进一步提出"道德反哺"[②]概念之时，他明确表示，代际之间的反哺教育不仅仅体现在技术领域，更体现在人类的道德价值观领域。也就是说，在现代社会，道德反哺更集中

[①] 周晓虹：《文化反哺与器物文明的代际传承》，《中国社会科学》2011年第6期。
[②] 廖小平：《伦理的代际之维》，人民出版社2004年版。

地体现在人类的道德价值观领域。并且这一现象对于整个社会的道德文明的发展、文化的碰撞与融合、价值观念的更换与交替等，都有着非凡的历史与现实意义。当然，也有人对反哺教育现象持怀疑态度，认为这种方式体现了对社会传统文明与伦理秩序的破坏，是过分强调和依赖技术而产生的伦理价值负效应。

那么，我们应该如何看待当今社会的反哺教育现象呢？道德反哺现象产生的深层次社会原因体现在哪里？这一问题，周晓虹在探讨"文化反哺"问题的时候从多方面分析论证过。他提出有如下原因："1. 代际倾斜，孩子日益成为家庭的中心；2. 去中心化与沟通模式化的变化，各种电子器物的流行，打破了传统的沟通方式，年轻人更倾向于平等和双向的沟通；3. 数字鸿沟也是一种代际鸿沟，计算机与网络技术的开发，使得上一代的劣势很明显。"① 周晓虹主要从技术和沟通模式上的革新来谈文化反哺。实际上，除了技术的革新，社会的制度、文化结构和发展模式等也都是道德反哺教育产生的主要原因。我们将在这一章从政治、经济、文化和技术四个层面详细地剖析道德反哺教育产生的深层次原因，以提供一个理解道德反哺教育的宏观性视角。除此之外，我们还将从正、负两方面分析道德反哺教育产生的社会价值。

一 道德反哺教育的社会成因

毫无疑问，改革开放四十年以来的中国，最明显的变化莫过于现代人所能享受到的物质生活条件与水平。我们的问题是：物质生活条件的巨大差异是造成代际之间巨大差异的原因吗？如果不是，那么造成代际之间的巨大反差的主要原因是什么？"文化反哺"或"道德反哺"是否是中国现代社会独有的现象？在世界上的其他国家是否存在类似的现象？实际上，周晓虹对这些问题也展开过相关的研究，他的结论是：

> 物质生活条件的巨大改善并不是造成代际差异的主要原因。比

---

① 周晓虹：《文化反哺与器物文明的代际传承》，《中国社会科学》2011年第6期。

如，尽管美国大萧条时代的孩子们和他们战后出生的孩子们相互间的生活差异，与"文革"的一代与其孩子们的生活差异十分酷似——亲代都生长在物质匮乏时代，子代都生活在物质充裕时代（埃尔德，2002），但显然美国的两代人之间不存在从"封闭"到"开放"这样巨大的精神裂隙。同时生活在世的两代人或三代人的物质与精神生活的反差如此之大，决定了在中国，传统的亲子关系的"颠覆"比任何国家都来得彻底。所以这30年来我始终认为，尽管"文化反哺"或反向社会化也许不是中国社会独有的现象，但1978年后的中国，肯定是这场"代际革命"演义得最为淋漓尽致的国度。①

依照他的观点，产生代际之间巨大"精神裂隙"的主要原因不在于物质生活领域，世界上的其他国家也存在这样的现象，但是其变革程度都不及改革开放后的中国来得这般彻底。并且，中国现代社会，除了物质生产方面的巨大进步，其他领域的日新月异也是有目共睹的。可见，单从某一个视角来分析"道德反哺"产生的原因是不科学的，作为中国特定时期的一种特殊的社会现象，必须立足于整个社会或时代的背景来考察，才能透析产生这一社会现象的深层次的原因。正因为如此，我们在下文中将从政治、经济、文化和技术四个方面来剖析这一问题。

（一）政治原因

我们在讨论"道德反哺"这一社会现象的时候，必然不能脱离其时代背景。我们的问题是："道德反哺"现象仅仅是中国发展到某一特定时期而产生的现象，还是在中国历史上的其他阶段，或者在世界上的其他国家，都有过这样的社会现象发生？按照周晓虹的论述，"文化反哺"现象的产生，必须从共时态和历时态两个维度进行考察。因而，涉及两个问题：1. 从共时态来看，文化反哺现象真的只是中国才有吗？显然，这一现象不可能是中国独有的，但是中国有其特殊性。中国古代传统根深蒂固，近代以来经历了内扰外侵，赢得独立之后，又迎来了长达十年的"文化大

---

① 周晓虹：《文化反哺：生发动因与社会意义》，《青年探索》2017年第5期。

革命"。改革开放之后,面临着剧烈的社会转型。正是这种强烈的反差,使得年长一代瞬时从"至尊"沦为"落伍"。急速的时代变迁,使得中国社会的代际差异成为一种绝无仅有的社会现象。2. 从历时态来看,"文化反哺"现象也不是今日之中国所独有的。纵观中国的历史,在唐代也有韩愈所慨叹的:"是故弟子不必不如师,师不必贤于弟子,闻道有先后,术业有专攻,如是而已。"但现代中国的"文化反哺"现象,依照周晓虹的观点,其特殊性就在于:它不局限于个案或个别家庭,而是社会大规模出现的现象,"一方面,它不取决于从业的早晚、领域的异同,甚至和智商、勤勉无涉,只与代际间的生存环境在近 30 年中的巨大变迁相关;另一方面,这种亲代不如子代的现象甚至也不限于对某类知识的'记问'和理解,以及对某个专门行业的精通与荒疏,不限于阶级立场或政治抉择,相反,它几乎涉及价值观、生活态度、行为模式和器物文明等日常生活的所有领域,这种全方位的亲子间或代际间差距是奥格本所说的'文化堕距'(culutarllag)[①] 的另一种版本"[②]。可见,"文化反哺"现象的产生是社会全方位变革的综合性体现,它是随着社会总体变革的潮流而出现的文化现象。当然,摆在首要地位的是政治上的变革。

自近代新文化革命运动以来,中国在政治文明方面取得了巨大的进步。伴随着人类整体的解放,中国人民也迎来了自身的解放,翻身做了主人。尤其体现为社会整体的民主、平等精神的加强。在社会伦理关系领域,人与人之间的平等、协作精神日益成为社会的主流价值观。在社会主义核心价值观里,民主、平等、公正、法治等观念越来越深入人心,在整个社会范围内营造了一种良好的氛围,人与人之间是一种平等、协作关系,原有的阶级壁垒被打破,更强调不同阶层之间的社会分工与合作。政治体制的改革以及政治文明的进步直接推动了社会各个层面的改革。体现在人类的道德领域,就是解除了原来禁锢人类思想的枷锁。民主、开放的政治之风,使得劳动人民在社会的各个领域大展手脚。在传统的劳动关系

---

① William Fielding Ogburn, *Social Change with Respect to Culture and Origial Nature*, New York: The Viking Press, 1950, p. 200.
② 周晓虹:《文化反哺与器物文明的代际传承》,《中国社会科学》2011 年第 6 期。

中，父权主义的作风占据主要地位，人与人之间的劳动更是局限为上级对下级、长辈对晚辈的各式教导与传授。而民主、开放的政治文明提供给人以更为科学的工作之风，打破了原有的父权主义做法，人与人之间的工作关系更体现为平等、协作关系。这便打破了原来由于父权主义教育模式而形成的各种"权威"，年轻一代更注重从真正的创造与创新中去发现真理，而不是死守老一辈的"教条"。

改革开放政策更是促进了中国现代政治文明的进步，为适应市场经济发展的需要，我国在政治体系上也做出了重大的变革，如有学者这样总结：现在我们国家的经济体制改革每向前进一步，都能深深地感到政治体制改革的必要性和重要性，"不改革政治体制，就不能保障使经济体制改革继续前进，就会阻碍生产力的发展，阻碍四个现代化的实现"①。因而，政治体制改革是实现经济体制转型的重要保障，我们光谈市场经济，却不能为市场经济的发展提供有利的政治体制环境，那也只能是空谈。正是本着这样的理念，改革开放以来，我们国家在意识形态领域实现了由"政治挂帅"到"政治为经济服务"的重要转型。党的十一届三中全会明确了社会主义初级阶段的总路线，那就是，将社会主义意识形态的主要目的和任务确定为围绕并服务于国家的"四个现代化建设"，特别是经济建设，邓小平同志指出："社会主义现代化建设是我们当前最大的政治。"② 并且强调指出："正确的政治领导的成果，归根结底要表现在社会生产力的发展上，人民物质文化生活的改善上。"③ 这样，我们的意识形态就发生了根本性的转变。

为适应社会主义市场经济的发展需要，在政治体制改革的过程中，我国始终把公平、公正等道德要求和伦理原则贯彻其中。改革开放前，我们实行的是权力高度集中的政治体制，其主要弊端是"官僚主义""权力过分集中""家长制""领导干部终身制"等现象泛滥以及各种形形色色的特权现象。这种权力高度集中的政治体制导致人们思想僵化、不求进取，不利于改革开放

---

① 《邓小平文选》第三卷，人民出版社1993年版，第176页。
② 《邓小平文选》第二卷，人民出版社1994年版，第162—163页。
③ 同上书，第128页。

和经济社会的发展，也不利于社会公民的道德建设。因此，邓小平同志在改革开放之初就大力强调民主观念。他指出："当前这个时期，特别需要强调民主。"① 从党的十一届三中全会开始，我国就一直把建设民主政治作为一个基本目标，作为实现社会主义现代化建设的基本保证。

可以说，政治变革对社会道德观念的变迁起到了十分重要的推动作用，为社会的道德变迁提供了新型的价值标准。改革开放前，人们的一切活动都以政治为中心、一切服从和服务于社会的政治性需要，政治标准就是人们的道德标准。随着"政治为经济建设服务"的意识形态的确立，人们在人生观、价值观、世界观等领域发生了根本性的变化：政治不再成为人们思想行为的主要价值取向和唯一道德标准，实现了从政治领域到经济领域的转型。经济利益、人们的基本权利、幸福、人性的满足等成了衡量价值的基本道德标准。这样的转型为我们的社会伦理和个体道德的变迁提供了新的价值取向，改革开放前，我们"离开民主讲集中，民主太少"②，这种情况严重阻碍着个体道德观念的更新和社会道德的进步。改革开放以后，民主观念使人们从束缚、僵化的思想状态下解放出来，勇于思考、探索、创新的实事求是精神有力地促进了人们道德观念的改变，从而有力地推进了社会道德的变迁。

道德反哺教育正是基于社会民主、平等观念之上得以催生。在社会变革的大潮中，政治性的变革为青年人道德观念的转型提供了有利的土壤。1992年邓小平在"南方谈话"中提出"世俗青年"这一概念，它的基本组成就是人们现在所说的"70后""80后"和"90后"这些人。尽管在改革开放初期，中国社会发生了无数重大的历史事件，但"在这30年的大时段中发生的这些林林总总的历史事件都有一个重要的指向，就是在社会生活的日渐去政治化的同时，市场化或泛经济因素开始成为我们生活的主轴"③。1978年后，"经济建设"目标逐渐取代了毛主席时代的"阶级斗

---

① 《邓小平文选》第二卷，人民出版社1994年版，第144页。
② 同上。
③ 周晓虹：《中国青年的历史蜕变：国家与社会关系的视角》，《江苏社会科学》2015年第6期。

争"目标，成为官方和民间生活共同关注的中心，中国人尤其是年轻人的关注焦点日益转向经济生活领域，中国社会开始从一个政治化的社会转化为"世俗化的社会"，并在1992年后日渐成为一个带有鲜明的"重商主义"色彩的社会。

显然，在政治体制发生转型的现代中国社会，是以"政治"为中心还是以"经济"为中心成了"新道德"和"旧道德"观念的"分水岭"。发展经济成为一切社会行为与活动的中心和目标，追求利益、利润成为社会和个人的共同价值标准。显然，以"经济为中心"或"利益为中心"的道德标准与传统的道德观念存在分歧。长期以来，在中国封建社会"重义轻利""存天理、灭人欲"的价值观统领下，人们骨子里并不将追逐"利益"当作自己的终生目标或存在价值。但是，在市场经济的长期熏染和刺激下，年轻一代率先成为市场竞争中的"操盘手"。在利益面前，年轻一代不再畏手畏脚或迂腐保守，他们的人生价值和目标就是最大限度地实现个人对利益的追求，因而他们的道德价值标准开始呈现出"重利轻义"的倾向，正因为如此，现代的道德哲学家们发出了市场经济导致社会全体"道德滑坡"的警示。

在以"政治"为中心的改革开放前的中国社会，由于经济的不发达，人与人之间的贫富差距并不大。但是改革开放改变了这样的人际关系和格局，市场经济的力量使得一部分人先富起来，这样的结局更是冲击着现代人的道德观念，"白猫黑猫，抓到老鼠的都是好猫"这样的俗语成为大多数人的座右铭，财富既成为衡量社会进步的重要标准，也成为衡量个人价值的重要标准。在这样的价值观引领下的年轻一代，享受了自由的市场带给自己的个人体验，追求个体性与独立性越来越成为他们的人生目标，超越体制外生存越来越成为可能。显然，能够尽早并充分地投入到市场经济大潮的年轻一代，他们不仅很快地实现了经济方面的独立，并且逐渐占据了优势地位。无论是在家庭生活当中，还是从整个社会范围来看，年轻一代由于在经济上的优势地位，越来越有话语权和权威性。相比之下，那些未能投入到市场经济大潮的年长一代，或者被市场经济大潮抛弃了的老年一代，越来越远离了现实的社会生活而成为真正的时代"弃儿"。随着社会大背景的变动与革新,"文化反哺"或"道德反哺"不再作为个别现象存在,而出现在社会转型期的方方面面和角角落落,正如周晓虹所描述的:

> 事实上文化反哺不仅出现在家庭内部……它广泛地出现在社会生活的方方面:从价值观到生活态度再到行为方式,从精英群体到中产阶级再到草根大众。……只要你年长就会感受到来自青年一代的影响或者说"反哺",无论你是否愿意接受、也无论你愿意接受多少,你都会感到如果不予接受,不仅你自己在这个你已经陌生的中国步履艰难,而且事实上也会失去自己最后一点"教化"年轻一代的能力(恐怕已经不是权力)——事实上,在这个提倡对话共生的时代,教化他人的能力与对他人的包容与接受休戚相关。①

从这段话可以看出,从社会整体来看,"文化反哺"更体现为一种"文化流",它辐射到的不只是个别人,而是作为一代人的群体。虽然,在第二章中,我们分析了老年人的道德教育,由于学校、社会道德资源的断裂,因而局限在家庭道德教育的路径当中。实际上,虽然具体的道德反哺教育行为是以家庭教育为主要路径,但从社会整体范围来看,道德反哺教育是中国社会改革开放之后出现的大趋势,它影响到的不仅仅是少数人、少数家庭,更作为一种社会的"意识流"而存在。这样的"意识流"跟我们国家实行的政治、经济体制存在很大的关联,在以"发展经济"为目标的改革开放后的中国社会里,个体的道德观念更多地受到时代的影响。作为与时代命运休戚相关的年轻一代,他们更敏感地接受了来自时代与社会进步道德力量的"召唤"。换句话说,他们才是社会道德时代变迁的直接产物。

(二)经济原因

毫无疑问,经济体制的改革推动了整个社会物质文明的飞速发展。

---

① 周晓虹:《中国青年的历史蜕变:国家与社会关系的视角》,《江苏社会科学》2015年第6期。

自改革开放以来,市场经济体制的建立,将人们的创造欲和工作欲提升到了前所未有的高度。这四十年以来,凭借几代人的艰苦奋斗,我们国家在物质文明领域发生了翻天覆地的改变。经济的飞速发展直接决定了人类可能享受的精神文明的高度,而这样的提升对人类的道德认识也产生了推动作用。在经济不发达的年代,代际之间可享受的物质文明差别并不大。比如在农耕时代,下一辈主要靠继承上一辈的财产作为主要的财富。而在现代社会,由于社会整体的进步与发展,年轻一代所能创造的物质财富常常远远大于其父辈。在经济上,不再是下一代继承上一代的财产,往往是下一代反馈给上一代的多。比如通过升学、外出创业、打工而致富的下一代,很多都会在衣锦还乡之时回馈给父母以各种形式的财富,如在城里买一套房子给父母住,或者给父母购买各种养老、医疗保险等。

当然,我们讨论道德反哺教育产生的经济原因的时候,也不能回避经济与道德的关系。因为如果我们承认道德反哺教育的先进性,那么首先我们必须能够证明下一代在道德观念上确实比上一代更为先进,或者说,下一代的道德观念更能代表时代和历史的发展。但是,我们知道,在改革开放的初期,曾经有学者提出经济与道德的"二律背反"论,他们的主要论点是:市场经济的发展虽然带来了社会经济的繁荣和人们物质生活水平的提高,但与此同时,也出现了人们道德水平"滑坡"的现象,不择手段的"唯利是图"就是这一现象的集中代表。

纵观人类文明的发展史,经济发展与道德进步大体上是一致的。但不可否认的是,在一定的历史时期,经济发展与道德进步确实存在着"二律背反"。比如中国的改革开放时期,对于经济与道德的"二律背反"现象就存在无数的争论。实际上,历史上的道德哲学家们都提出过发展经济与道德之间的悖论现象。如老子就认为,智慧的发展、技术的进步和经济的增长必然带来人性的泯灭和道德的沦丧,有了智慧也就出现了虚伪和欺骗等不道德观念,技术的机巧造成了人们投机取巧的心理而丢掉了诚恳与勤奋的道德观念,社会中剩余的财富更容易导致偷窃行为的产生和人际之间利益的冲突。因此,他主张"见素抱朴""绝圣弃智",集体回到"结绳记事、弱国寡民"的原始社会中去。几千年来居于中国主流意识形态地位的儒家哲学,也从义利关系的角度提出了经济与道德的矛盾问题,如孟子云:"何必言利,唯有仁义而已。"(《孟子·梁惠王上》)宋明理学家们也提出:"出于利才能入于义。"他们认为利益与道德是背道而驰的,只有"人欲荡尽",才能"天理流行"。在西方社会,关于经济与道德相冲突的论断同样普遍存在,如基督教《圣经》就记载了耶稣所说的话:"富人进天堂比骆驼穿过针眼还困难。"近代法国启蒙学者卢梭(Rousseau)也忧虑地指出:当科学和艺术带来社会表面的繁荣之时,道德也就沦落了。黑格尔(Hegel)则从理性思辨的角度提出了"恶是社会经济发展与历史演进的动力"的命题。马克思主义哲学一方面肯定了资本主义推动了社会经济的巨大发展;另一方面又揭露了资本主义造成利己主义、拜金主义的泛滥和人的异化等道德危机。

实际上,道德与利益的关系直接影响到人们的道德观念。在传统社会,无论是封建剥削阶级,还是资本主义剥削阶级,他们都采取直接将物质利益与道德对立起来的做法,向劳动人民大肆鼓吹"禁欲主义",从而利用这种非道德的道德观念来麻痹劳动人民的思想,阻碍他们争取自身的各种权益,使他们更好地为剥削阶级服务。然而,道德和利益从来都不是对立的关系,恩格斯认为,人们更应该从自身所处的经济利益关系中吸取道德观念,如他说:"人们自觉地或不自觉地,归根到底总是从他们阶级地位所依据的实际关系中——从他们进行生产和交换的经济关系中,吸取自己的道德观念。"[①] 可见,道德观念是以一定社会的物质利益关系为基础的,正是在这样的物质利益关系中,才能辨别和判断道德观念的真假。在社会主义市场经济体制建立初期,物质和经济水平的飞速发展也引发了很多社会人士对于社会道德观念的担忧,他们仍然拘泥于传统的道德观念来评价市场经济给新时代带来的各种正负面的影响,而没有意识到,正是社会主义市场经济体制的确立,带来了物质利益关系的根本性改变,人们可以充分地发挥自身的聪明才智来争取应该得到的各方面的物质满足,这种

[①] 《马克思恩格斯选集》第三卷,人民出版社1995年版,第133页。

以"利益"为基础的道德关系并不能证明人们在道德观念上的滑坡，反而成为人们道德观念进步的有利基础。如有学者认为，社会主义市场经济可以超越经济与道德的"二律背反"，这首先是因为"现代市场经济提供了一种有效的互利机制，使得人们可以在促进他人利益的同时实现自己利益的最大化。……在传统社会中，由于没有一种健全的社会交换机制，人们的道德实践往往要以利益的一定牺牲为条件，讲道德就意味着利益的牺牲。这就导致道德与经济利益往往难以兼顾，甚至相互冲突。现代市场经济是一种规范化的社会交换经济，通过规范的市场交换机制，人们之间的利益不仅相互依存，而且可以相互促进……实现自己利益的最大化。而且，由于在市场经济中，任何人的劳动和资源只有在得到他人的承认或购买时才能实现其价值"①。由上可知，经济的飞速发展实际上引发了人们对道德观念做出必要的反思，原来阻碍经济发展的一些道德观念在社会物质生产和经济交换关系中日趋显现出其落后性，先进的生产力和与之相适应的先进道德观念成为年轻一代所关注的焦点。

因而，在道德反哺教育过程中，一个极其敏感而又深刻的论题就是如何看待物质利益的问题。经历了长达几千年来的"禁欲主义"思想禁锢的老一辈无产阶级的代表们，他们骨子里仍然无法接受现代年轻人自由"逐利"的开放，并由此而感叹"世风日下""伤风败俗"，可见这是两代人最为尖锐的矛盾之一。然而，随着改革开放政策和市场经济体制的确立，现代年轻人在价值观念上，已经发生了"物质主义"②，甚至是"后物质主义"③的迅速转向，如李春玲总结的："伴随改革开放进程而成长的80后，

---

① 邓频声：《超越"二律背反"——论社会道德与经济的协调发展》，《求索》2000年第3期。

② 暂无明确的解释，大致上指的是以"物质利益"为中心的价值观。

③ 后物质主义价值观主要体现在三个方面：第一是社会发展理念的变化，人们追求的优先价值从经济增长转向社会综合发展（构建美好社会），其中的一个重点是环境保护；第二是公共参与和自我表达意愿增强；第三是威权意识淡化而民主意识增强。物质主义的生存价值观最突出的一个特征就是对经济增长速度的狂热追求，人们把经济增长视为整个社会的优先目标。而后物质主义的幸福价值观则更注重人们的实际福利和感受，不再把经济增长作为追求的最高社会目标。（参见李春玲《静悄悄的革命是否临近？——从80后到90后的价值观转变看年轻一代的先行性》，《河北学刊》2015年第3期。）

以及充分享受到高速经济增长成果的 90 后,显示出与前辈代际非常不同的价值观念,具有更强的民主意识和公共参与意愿,主张可持续的、环保的社会发展理念,其社会政治价值观念已经显露出后物质主义倾向。随着越来越多的 80 后和 90 后步入社会,在社会生活的各个领域发挥越来越重要的作用,其价值取向将会产生越来越广泛的影响。这充分说明,物质主义向后物质主义价值观转变的进展已经开启。"① 价值观念上的急速改变也反映了年轻一代在道德观念上的成长与成熟,社会主义市场经济的发展,带给年轻一代的不再是陈独秀笔下以己属人的"奴隶道德",而是越来越彰显主体性与主体价值的"主人道德"。从"物质主义"到"后物质主义"价值观的急速改变中,年轻一代不是被动地服从于特定社会的道德观念,而是根据社会发展的需要来选择和更新自身的道德观念。经济的飞速发展和物质生活水平的迅猛提高固然刺激了人们的物质观念,也激发了相应的"物质主义"价值观念,这样的观念在历经社会物质生产和相应的经济关系的检验之后,能够迅速地被年轻一代矫正,成为更科学的"后物质主义"价值观念。这样的改变仅仅发生在改革开放后的几十年时间里,相对于长达几千年的封建统治时期及其腐朽的道德思想,不能不说,这样的改变正是归功于社会经济本身的进步及其带给人们的真实的物质生活感受。

当然,年轻一代道德认识上的进步也集中地体现为物质生活方式上的改变。在经济不发达的年代,上一辈人的生活方式很老旧,他们讲究的是如何节约开支,他们的生活观是"生存型"的,意味着他们更多地关注基本的生存需要,而不是生活本身及其发展性需要。经济发展和物质生活水平的提高,促使年轻一代去思考自己的物质生活方式,他们更注重生活的质量以及健康的物质生活方式。比如在吃饭穿衣方面,年轻一代更注意食物的营养价值和卫生,注重衣着的美观和品位,他们的生活观是彻底的"生活型"的,意味着他们更多地关心生活本身及其发展,而不是基本的

---

① 李春玲:《静悄悄的革命是否临近?——从 80 后到 90 后的价值观转变看年轻一代的先行性》,《河北学刊》2015 年第 3 期。

生存问题。年轻一代的这些生活观念相应地会反哺到老年一代身上，老年人那些落后、陈旧的生活方式，开始遭到年轻一代的反对，比如老年一代喜欢吃剩菜的习惯，老年一代在哺育婴儿方面的不良习惯（比如嚼饭喂食婴儿）等，都不同程度地遭到年轻一代的反对和修正。

不可否认的是，这样的改变都是以经济的发展和物质生活水平的提高为基础的。人与人之间的物质关系的改善，个体的物质生活方式的进步，都离不开社会整体经济和物质基础的提高，正所谓"仓廪实则知礼节，衣食足则知荣辱"（《管子·牧民》）。社会主义市场经济的发展彻底改变了之前物质生活水平的贫乏状态，中国人民摆脱了长达几十年的困窘状态，真正地解决了温饱，直奔小康生活。在前文中，虽然我们提出了亲代与子代之间的物质生活的差距并不是造成道德反哺教育现象发生的最主要原因，但是，我们不得不承认，正是物质生活水平的繁荣和稳定，带来了年轻一代道德观念上的健康发展与进步，而这也是能否实现道德反哺教育的前提和基础。

（三）文化原因

在第一章中，我们辨析了"文化反哺"和"道德反哺"这两个概念，探讨了"文化"与"道德"这两个概念的关联与界限。我们知道，"道德"是包含在文化之中的一个概念，在人类所创造的任何文化形式中，道德都处在文化的内核层次。也可以说，道德是一种价值文化，包含了对事物的价值判断。而文化相对来说，是一个更为广阔的概念，它不完全附带价值上的评价。比如我们在比较中西饮食文化的时候，无法判断中方饮食和西方饮食的优劣性，只能表达我们自身对不同饮食的喜爱程度。因而，相对来说，文化是比道德更为宽泛、表象化和通俗的概念。在日常生活中，我们更为直接地感受到的是各种不同的文化形式，而不是做出更为深层次的道德判断。只有当一定的文化涉及人际利益关系的时候，我们才会对其做出价值判断。当然，这种判断的客观性来自于我们对于事物本身以及各种关系的把握。比如中国人喜欢喝茶，西方人喜欢喝咖啡这样的事情，如果我们单从文化的角度来评判这两种不同的生活习惯，它们是没有任何道德意义的。但如果我们谈到喝茶或喝咖啡中包含的公平、正义等伦理、道德的维度，这就是另一个论题了。显然，对于道德反哺教育产生的文化原因，我们不诉诸文化本身来讨论，而是诉诸文化的交流来谈。因为，如果我们承认道德反哺教育的发生及其现实社会意义，就等于承认年轻一代相对于年长一代在道德选择方面的先进性。那么，这样的先进性从何体现？我们在谈文化先进性的时候，指的是文化本身，还是它所包含的道德的先进性？这是我们必须厘清的一个问题。所以我们在讨论这些问题的时候，实际上是承认，不是文化本身催生了道德反哺教育现象的产生，而是文化交流本身促成了道德反哺教育的产生。

显然，从文化交流方面来看，近几十年来的中国社会，经济的发展加速了各种不同文化方面的交融与碰撞。在旧经济时代，由于交通与信息等的局限，人口的流动性低，人们居住在所谓的"熟人社会"，人与人之间的文化交流局限在自身的文化圈子。随着改革开放步伐的加快，文化上的冲突与融合也日益加深，各种不同的文化与价值观冲击着人们的传统观念，其中最为激烈的是中西方文化的交流和冲突。改革开放以来，各种形式的西方文化涌入国门，直接冲击着人们的思维方式和行为方式。而在这样一个文化交流的大潮当中，年轻人首当其冲地成为各类文化的领军人物，而老年一代则在新型的文化模式下无所适从。所以，文化上的代际更替，或者说，文化上的代际冲突甚至"断层"在现代的中国社会尤为突出。作为文化内核的道德价值观念更是受到强烈的冲击，其中最为核心的冲突是"义利关系"问题。显然，上一辈人所尊崇的"重义轻利"的价值观受到前所未有的冲击，年轻一代在义利问题上更为实际，"利"成为现代年轻人追逐的核心。由此，很多学者批判现代社会由于受市场经济体制的影响，受改革开放大潮的影响，出现了"道德滑坡"现象。但实际上，对"利"的追逐并不意味着对"义"的排斥，代际之间在义利问题上的冲突正反映了人们对于二者关系的深度思考。而且，正是由于年轻一代对于"利"的追求和欲望，才推动了他们充分发挥自己的聪明才智去创造更多的物质财富。年轻一代对于传统"义利关系"的颠覆正反映了他们对于不同文化中包含的道德价值的认知和选择。

实际上，正是繁荣的文化交流使得文化本身的先进性判断变得更为明了，年轻一代有着充分的机会去接触和见识各种不同的文化并从中吸取那些符合时代、人性发展的文化营养。相对于在自身狭小的文化圈子里面"故步自封"，文化交流本身更能体现人们在文化领域的先进性和道德性。正因为如此，我们党提出了"先进文化"这一概念。自"先进文化"这一概念产生以来，无数学者就这一问题展开过讨论，其中最为根本的问题是何为文化的"先进性"？也就是说，判断文化先进性的标准应该是什么？有学者提出"理性的尺度、历史的尺度、物质的尺度和价值的尺度"四个方面。其中的"价值尺度"指的就是文化到底反映了谁的利益？为谁服务？如他指出："先进的文化必须反映人民大众的生活、理想和愿望，维护和增进人民的利益，尊重人民群众的创造精神，以满足人民大众日益增长的精神文化需求和全面提高人的素质为目的。"[①] 显然，在这一"价值尺度"里包含了对利益的善恶判断，是代表了极少数统治阶级的利益，还是代表了广大人民群众的利益，这样的对比和判断一目了然。因而，文化的交流和碰撞为文化本身的先进性提供了保障，它实际上是文化能够得到不停发展的一个前提。如果社会的文化形式僵化、保守，提供给人们的仅仅是毫无生机的、死板的、举步不前的文化形式，那么这样的社会何谈发展与进步？

在道德反哺教育过程中，文化无疑是最为敏感的"领军者"，因为人类的每一种进步与发展都是通过一定的文化形式表现出来的，无论是物质性的文化，还是精神领域的文化。年轻一代最先通过对各种不同文化形式的领略来体会蕴含在其中的先进性道德内涵。值得提出的是，在我们谈到"文化"一词的时候，我们不是诉诸某一个历史时期、某一种文化形式来谈的。"文化"本身是一个大概念，涵括的东西非常广泛，如果以"非自然的"来定义"文化"这一概念，那么，我们完全没有办法把握它的边界，所以，我们谈"文化"首先意味着我们得承认文化本身所具有的历时性和动态性。比如我们在谈中西方文化交流的时候，如果要使得这个命题更为准确，就必须对其中所涉及的"中方文化"和"西方文化"做出明确

---

① 李春华：《文化的先进性及其"尺度"问题探析》，《贵州社会科学》2015年第11期。

的界定，而不能笼统地去谈中西方文化比较。否则，就是把"文化"本身僵化了，否定了文化本身的发展性和历史性。道德反哺教育在本质上首先是承认了文化本身的发展性，下一代人对上一代人做出的道德文化上的反哺活动，是基于对文化的道德先进性的思考，而不是就"文化"论文化。其次，道德反哺教育是基于各种文化的对比而产生的，不是站在其中某一种文化的角度来谈"反哺"。我们知道，自近代新民主主义文化运动以来，我们一直面临着文化上的革新，但是这种革新一直到改革开放时期才算真正地全面开展，无论是政治上、经济上，还是技术上、生活上，各个方面的文化形式正以一种前所未有的开放状态进行碰撞与交流。这样的文化开放性给年轻一代提供了更多的选择性与机遇性，可以说，他们的价值观是在多元文化价值交流与碰撞中形成的综合性的价值观，他们所做出的道德价值的判断往往更多地代表价值本身，而不是服从于任何外力得出来的价值判断。

当然，改革开放时期的中国社会出现的文化交流比起任何其他历史时期出现的文化交流都更为复杂。更确切地说，这一时期的文化交流不仅仅是中国文化与他国文化之间的交流，而更应该体现为中国文化自身的革新。从近代以来的新民主主义文化革命开始，中国社会着手本国的政治文化与政治体制的改革，1949年迎来了中国的大解放之后，我们国家又经历了一段贫困时期。改革开放政策的实施，虽然主要在经济体制领域，但是文化上的革新始终是这一时代的核心任务。从近代开始的"救国图强""师夷长技以制夷"的原则可以说为现代中国文化领域的革新奠定了基调。也就是说，自近代开始的中国文化交流以发展自身、解决自身的各种危机为主要目的，并不是简单意义上的向西方国家学习，如有学者所总结的：

> 在古代中国，如从汉到唐，欧洲文明的传播，范围主要是限于狭义的纯文化领域……从未直接触及政治制度，更未涉及社会制度一类的事……总之，在引进欧洲文化时，自觉地把在中国实现现代化作为基本着眼点，这是近代以来的事……开初，注意力还着重在军事技术……到了二十世纪初，向西方学习先进文化一事，则直接成为呼吁

在中国立即进行全面的政治改革和社会改革的启蒙舆论。①

　　这样的文化启蒙思想在改革开放政策实施之后发展到它的巅峰时期，年轻一代更是在文化交流和革新中看到了国家与社会发展的无限机遇和挑战。这样的革新是全方位的，不仅仅在于否定上一辈人的文化观念，更体现为全面的吸收和接纳。在改革开放的初期，由于中西文化的激烈碰撞与冲突，"西学东渐"思想的盛行，中国传统文化的相对弱势，有些学者也大声疾呼："不要在倒掉洗脚水的同时也把孩子给倒掉了。"但实际上，各种文化观念正是在这种开放与革新的背景下真正地产生价值融合。那些代表人类先进性道德价值的观念与文化永远都不可能被忽略和抛弃，相反，正是在这种激烈的碰撞中，文化与文化之间、观念与观念之间的道德价值一决高低，那些真正代表人类文明进步，符合时代和社会发展潮流的先进性文化被迅速地写进这一代人的历史，而那些腐朽的、不符合人类历史发展潮流的文化则被迅速地识别和埋没。这也是道德反哺教育得以产生的最深层次的文化动因，作为改革开放的"弄潮儿"的新生代，他们在文化革新方面的敏感性与接纳性直接决定了他们在文化方面的融合性与先进性，而这正是他们能够实施道德反哺教育的文化基础。

（四）技术原因

　　技术的革新与进步是"道德反哺"现象产生的最直接的原因，尤其是网络技术的出现与发展，在很大程度上改变了人际之间的伦理关系，促使年轻一代接受新型的代际和伦理关系。如周晓虹提出："媒介尤其是现代大众媒介对整个社会的影响，其实并不限于重新缔结人们的社会关系，也不限于赋予浸淫于传统之中的芸芸众生以现代的价值观和社会行为方式，究其根本而言，它将直接促进一个社会的开放。事实上，正是一个社会从封闭走向开放，才有可能通过吸收外来文化或张扬本土文化中的能动因素，使原本固结的社会关系在不同代际之间发生断裂，使人们已经习以为常的行为模式发生

---

① 丁伟志：《近代中国中西文化交流的历史特点》，《中国文化研究》1998年第3期。

新的变化,并最终使一个社会脱胎换骨产生新的活力。"① 根据《第 41 次中国互联网发展状况统计报告》,截至 2017 年 12 月,我国网民达 7.72 亿,全年共计新增网民 4074 万人。互联网普及率为 55.8%,较 2016 年底提升 2.6%。网络已经成为人们生活当中不可或缺的一项内容,近 10 年来,网民的增长率飞速上升,如下图 3-1 所示:

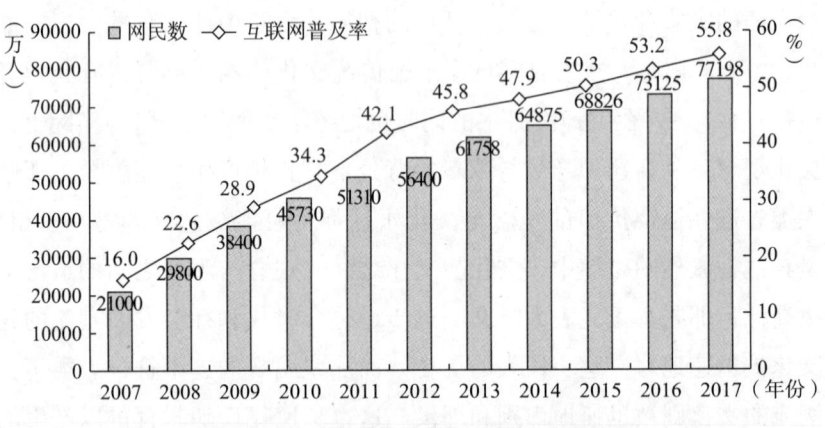

图 3-1 中国网民规模和互联网普及率

毫无疑问,网络技术的发展与推广极大地改变了人们的生活方式。比如在消费领域,以前人们只限于在实体店消费,现在网络消费已经极大地占据了人们的消费领域,消费者足不出户就能够享受便利的消费服务。同时,网络技术也改变了人们的思维方式,实现了从传统到现代的根本性改变,不再局限于一定的地理空间来构建自身的世界观。人们从最开始的试探,到信任,再到依赖网络,充分说明了网络技术在生活领域中的重要性。随着智能手机的产生,各种社交应用软件如微信、QQ、Skype 等诞生,不仅方便了人们在国内进行各式各样的交往,也方便了人们与国外居民进行联系与沟通。可以说,网络技术拉近了人与人、人与世界的距离,真正帮助人们实现了"地球村"。在信息不发达的年代,人们的婚姻都是靠父母之命、媒妁之言;在网络时代,各种相亲网站提供给人们应接不暇的自由选择,人们可以通过网络来实现真正的自由恋爱,自由结婚。各种各样

---

① 周晓虹:《文化反哺与媒介影响的代际差异》,《江苏行政学院学报》2016 年第 2 期。

的学习网站更是扩大了人们对于知识的想象，无论是自然科学领域，还是社会科学领域，各种物理的、化学的、政治的、历史的、语言的学习网站层出不穷，并且越来越方便、快捷、实用与科学。它们不仅使得人们的学习变得越来越方便，同时也间接地扩展了人们的思维方式。

随着网民数量的激增，人与人之间的代际关系开始出现了显著的变化，原来由上一代向下一代单向传递的各种教育模式开始受到极大地冲击，很多知识开始出现"逆向社会化"。这样的现象不仅仅出现在学校或生活中，在生产领域也表现突出，那些先进的生产技术与手段正不断地为年轻人所掌握，而年老一代在技术的日新月异中反而显得迟钝，甚至有一大部分人没有办法接受层出不穷的先进技术。比如智能手机的使用对于很大一部分老年人来说，就是一个巨大的挑战，很多老人不得不继续使用已经被淘汰的"老人机"。另外在交通领域，网络购票对于很多老人来说也是一大困难。由于跟不上时代的变化，很多老年人如果失去年轻一代的帮助，几乎寸步难行。而这样的事情同样出现在消费与支付领域，老年人不懂得使用支付宝和微信转账，他们还局限于使用现金或刷卡消费，这对他们的生活造成了一定的影响。在娱乐领域，网络使得现代人的娱乐方式有了很大的改变，人与人之间不再局限于熟人娱乐，通过网络，不同地域、地区的人可以匿名一起打牌、打麻将等。这样的娱乐方式省时省力，方便快捷。无论是生产领域还是生活领域的翻天覆地的变化，都需要年轻一代作为领航人物，然后再将这些知识逆向传达给自己的上一代，潜移默化地使他们接受新技术、新生活等。

当然，网络技术的发展带来的代际之间的差距也越来越明显。如周晓虹所描述的："对生活在世的所有父母们而言，在他们的成长旅途中所遭遇的真正人生滑铁卢是电子计算机的出现和普及。作为电子世界的'侏儒'，父母们不能不承认孩子们的'巨人'地位。只要能够做到心平气和，父母们对自己的失败都会口服心服。"[①] 也如另一位学者所指出的："人类

[①] 周晓虹：《文化反哺与器物文明的代际传承》，《中国社会科学》2011年第6期。

掌握计算机的能力同年龄成反比。"① 正因为如此，在同一个家庭中，年长一代和年轻一代之间存在鲜明的"数字鸿沟"，如尼葛洛庞帝所言，在信息技术社会里，"年轻人是富裕者，而年老人是匮乏者"②。代际之间的这种差异是造成道德反哺现象产生的最直接的动因，当年长一代越来越脱离社会现实，无法在社会上生存之际，他们开始寻求自身的进步与成长，通过自己的子代来增长自身的知识与技能是最简单、快捷的方式。这一点在城市家庭中尤为明显，无论是在职业领域，还是在生活、消费领域，年长一代越来越力不从心，那些对于年轻一代很简单的网络操作技术，需要的操作能力、专业知识和英文能力，对于年长一代来说，基本上都是空白。年轻一代在网络技术方面的优势以及网络带给他们的开放性，使得他们在价值观、生活态度、人生视野和社会参与能力等各个方面都更为积极与活跃，这些赋予年轻一代以年长一代无法比拟的优越性和"话语权"。正如周晓虹所总结的："正是这30年来的急速社会变迁和技术进步，带来了中国社会代际关系的逆转或颠覆。"③

可以说，网络技术的推广彻底地打破了传统社会的"父权主义"伦理关系，无论是从单个的家庭内部，还是从社会整体来看，以"父权主义"为中心的传统伦理关系越来越受到年轻一代的排斥，民主、平等的观念自然而然地在社会的每一个角落滋生。网络技术的推广以及由此而来的人与人之间伦理关系的改变，有人称之为"网络轮流关系"，指的是"以计算机、网络和数字符号为中介，在超文本和多媒体链接中人与人的互动关系及其理法"④。可以说，信息革命使得"时间与空间边缘化"，借助于数字化的信息符号，人与人之间形成了现代社会中固有的、特殊的新型互动模式。我们知道，传统的人与人之间的伦理关系来自人们共同的生活实践与物质性生产活动，但网络技术打破了这一传统模式，人们不需要通过实际性的接触和交往就能够通过网络建立一定的联系，甚至是很深的情感关

---

① 严峰、卜卫：《生活在网络中》，中国人民大学出版社1997年版，第27页。
② [美]尼葛洛庞帝：《数字化生存》，胡泳等译，海南出版社1997年版，第238页。
③ 周晓虹：《文化反哺与器物文明的代际传承》，《中国社会科学》2011年第6期。
④ 李锦峰：《刍议网络伦理关系的理性建构》，《思想政治教育研究》2002年第3期。

系，比如网恋、网友、网上社区、网上社群等，这些已经成为人们生活中必不可少的部分。年轻一代通过网络技术彻底地改变了传统的旧式伦理关系，如费孝通先生所提出的"熟人社会"已经彻底退场，取而代之的是完全体现个体自主需要和价值的网络圈子。

网络技术也促进了现代道德教育内容和形式的更新。传统的伦理道德教育局限于家庭伦理教育，社会伦理教育仅仅出现在社会的上层，身处社会基层的老百姓没有太多的机会真正地加入社会生活当中并参与公共事务的管理。因而，传统的道德教育在本质上是以个体"修身"为主的伦理道德教育范式，其范围也局限于"家庭"或"家族"。在缺乏社会道德教育平台的情况下，传统的道德教育依靠家庭或家族的"族规""族训"或"家训"等展开。在现代社会，经济的发展以及交通、网络通信技术等的发展，使得原来局限于一定空间地域的人际关系（主要表现为家庭关系、家族关系或地缘关系）扩展成为以个体为中心的宏观的社会关系（包括家庭关系、地缘关系、业缘关系和网络伦理关系）。在传统的伦理关系中，人与人之间的关系是稳定的、实体性质的，是通过一定的血缘和地缘关系而产生的"熟人伦理"。在现代伦理关系中，人与人之间的关系是不稳定的，属于实体性质和虚拟性质交互的关系类型，主要体现为通过业缘和网络而产生的"陌生人伦理"。在业缘关系中，人们通过职业与一定圈子的人建立起关系，但是这种关系仅限于工作这一公领域，不涉及个人的私事，因而人与人之间的伦理关系往往缺乏真实的情感，而是因工作而产生的新型的公共伦理关系。并且，工作是随时可以换的，当某一位个体更换了工作单位，之前所建立起来的伦理关系相应地变为零，需重新与新的团体建立起业缘关系。这样的关系也体现在家庭领域，传统的邻居是以一定的地缘关系为基础的，受很多因素的限制，人们一辈子都住在同一个地区或地域，较少地更换自己的住所。但是，在现代社会，人们想要更换自己的住所和环境变得异常简单，这使得原来支配人与人之间伦理关系的地缘关系变得异常薄弱。正因为如此，传统社会流行的"老乡见老乡，两眼泪汪汪"，在现代的年轻人中已经不再那么明显，一个显著的改变就是，年轻一代，尤其是身处城市生活中的年轻一代不再局限于地缘关系来建立可靠的人际关系，他们更趋向于寻找各种价值观相同、志趣相投或有共同工作目标的人交朋友。

而网络伦理关系是网络技术产生以来人际之间的新型伦理关系，这样的关系可以是实体性质的，也可以是完全虚拟性质的。比如原来受交通和信息技术的影响，人们一旦不在同一个生活圈子便失去了联系，很难再有机会联络和见面。但在现代社会，年轻的一代充分地享受到了网络带来的好处，微信朋友圈、QQ朋友圈等提供给年轻一代充分的机会与他人建立关系。各种各样的聚会与信息分享已经变得越来越简单，人与人之间的距离因为网络而被彻底拉近，随时都可以找老朋友、老同学交流信息，稳固和发展新的关系，即使身在异国他乡，也不妨碍微信、QQ等便利的网络通信手段带来的沟通与联络，人与人之间的真实距离不再是由空间产生的距离，而是由个体的知识水平、文化程度、经济水平、社会层级等区分出来的距离。

值得提出的是，现代网络技术应用的普及程度惊人，人们不会受太多的文化程度的影响，只要能够掌握基本的操作，就能够充分地利用网络为自身服务，这在很大程度上拉近了人与人之间的差距。在传统的社会里，人们的学习和信息来源渠道较少，人与人之间的互动与沟通也很贫乏，这导致人与人之间因为文化知识水平而产生的差距拉大。但在现代社会，年轻一代可以通过网络平台进行各种形式的再学习，早年在学校、家庭当中没有受到良好教育的个体，也可以再一次通过网络平台来弥补自身的缺憾或拓展自身的学习。因而，在现代社会，拉大人与人之间距离的，往往是人们对于网络技术的态度以及熟练掌握程度。可以说，网络不但影响了人们的日常生活，也影响了人们的职业生活。在职业领域，能否很好地利用互联网、人工智能等为自身服务，拓展自身的职业技能和宽度已经成为职场上是否能够胜出的重要筹码。出生和成长于新时代的年轻一代，他们有充分的机会去接触网络、利用网络，这正是他们日益拥有各个领域"话语权"的主要原因，那些仍然靠报纸、杂志、广播或电视来获取信息的老一代人越来越感觉到被社会隔离与抛弃，无法应对这瞬息万变的社会。这种与社会的隔离与断裂正是道德反哺教育产生的契机，在家庭伦理占据主导地位的传统伦理道德教育模式中，老一代人过多地局限于个体的修身或家庭建设来谈伦理、道德，他们缺乏较好的平台和渠道真正地参与到社会公共事务当中来，因而他们也相应地缺乏好的社会公共意识，而这正是造成代际之间隔阂与断裂的最主要的原因。

因而，在论述文化反哺发生的主要动因之时，周晓虹认为网络技术的发展及其带来的代际之间的"数字鸿沟"是老一代人和年轻一代人之间的主要差距。实际上，网络技术只是人们借以认识世界的工具，造成代际之间伦理差异的是他们对于伦理、道德本身的认知。毫无疑问，是以"家庭伦理"为本位，还是以"社会公共伦理"为本位，是代际之间最本质的差异。表面上看来，网络技术催生了文化反哺或道德反哺的需要，实际上，更为本质和深层的原因是年老一代对于伦理、道德本质的看法。如果年老一代仍然以"家庭伦理"为本位，丝毫不关心社会公共事务，也很少参与到社会公共领域的相关平台，那么他们的生活必然局限于"家庭伦理"之中，新型的社会伦理关系丝毫影响不到他们，更别谈通过道德反哺的方式来实现代际的平等沟通和进步。因而，网络技术是道德反哺教育产生的直接动因，但不是根本动因。道德反哺教育产生的根本动因是人们社会伦理生活的改变，也就是从家庭生活到社会公共生活的改变。年轻一代与年老一代之间的差异不局限于对网络技术的掌握，更体现为他们的伦理、道德观念意识的改变，社会的进步与网络技术的发展促进了人们的社会公共意识的产生，由此而产生了个体的公德意识，而不是传统意义上的私德。值得一提的是，虽然道德反哺教育的根本动因是代际之间伦理道德观念认知的改变，由社会网络技术的推广和普及而催生，具体表现为家庭伦理到社会公共伦理的改变。但是道德反哺教育的发生却在单个的家庭内部，是家庭内部下一代向上一代进行逆向道德教育的现象。这在根本上归因于社会并没有提供给年老一代以道德教育的平台和渠道，即使是网络技术本身的逆向传递，也仅仅局限于家庭内部子代与亲代之间的传递交流，很少有专门的学校或公共机构提供给老年一代以专门学习的平台，这大概是社会范围内产生道德反哺教育的重要原因之一。在传统的教育观念里面，我们认为，受教育只是年轻人的事情，而没有意识到，社会的发展与时代的巨变，使得年老一代在技艺与道德认知方面也需要有相应的学习平台，以促使他们的进步与提高。

综上所述，"道德反哺"现象有其政治、经济、文化和技术等方面深层次的原因。虽然这一现象并不一定发生在每一个人身上，但是作为一种不可逆转的社会现象，它已经深深地影响到了现代人的生活。并且在很多领域，道德反哺教育活动已成为推动社会文化与文明建设的中坚力量。这样的教育活动是无形的，它并不是以有形的形式存在于学校教育领域，而是以无形的形式存在于家庭领域。子女对父母的道德反哺活动，不仅推动了社会领域各个方面的发展，而且在重建民主、平等的亲子关系方面起到了很大的推动作用。全面、深入地挖掘道德教育的反哺模式在人际关系中所发挥的作用具有非常重要的时代意义。首先，对我们构建具有中国特色的社会主义先进文化具有重大价值。道德是人类文化的核心部分，道德反哺教育作为人类文化进程中的重要现象，须对其本质进行深入的研究，才能更好地推动当今文化的发展和进步。其次，道德反哺教育作为人类文化进程中势不可当的力量，对其做基础性的研究，不仅能让我们更好地把握人类社会中的这一现象，而且能促使我们发现许多其他相关问题。如作为教育模式的道德反哺与作为社会回馈的道德反哺，其在本质上有何差别，二者之间又存在何种联系？在共同的文化背景之中，这两者是否存在本质上的关联？最后，在社会分化日益剧烈的当今社会，人们在政治、经济、文化等各个领域都接受了前所未有的考验。道德反哺作为对社会的回馈，就个体而言，它体现了人性的完善；就群体而言，它体现了人类整体文明的进步。这种道德反哺行为有何教育学意义？我们所说的道德反哺教育，是否应该将社会回馈作为重点教育内容？对于这些问题的思考与解答将进一步拓宽我们的视角。总之，有关道德反哺教育的研究不仅需要从理论上对这一社会性的现象做出很好的论证，更需要从实践中寻找检验这些理论的数据和标准。在周晓虹等人的社会调查中，尽管很好地立足于中国社会的城市人口开展了一些相关性的调查，揭示出隐含在文化反哺教育现象中的本质，但这样的实践性调查仍然缺乏更为科学和可靠的依据。在农村人口占据更多比例的中国社会，我们的研究不能脱离中国的农村来谈结论。

并且，这样的研究如果仅仅局限于中国社会，而缺乏中国与西方国家的横向比较，那也很难具有雄厚的说服力。

二 道德反哺教育的社会价值

（一）正价值

毫无疑问，道德反哺现象作为社会发展到新型时期而产生的独有现象，在很大程度上反映了社会的进步与革新。由上一代对下一代进行的单向式的道德教育方式反映的是传统社会循序渐进的教育姿态。而在各方面都处在激进变革的现代社会，这种循序渐进的教育姿态受到前所未有的冲击。道德反哺正是在这样激进变革的社会环境中产生的新事物，它打破了原有的秩序与顺序，体现出一种违反常规、常态的逆向传递。这种逆向传递得益于突飞猛进的社会变革，可以说，正是日新月异的社会变革催生了道德反哺教育这一逆常规的模式，也只有在剧烈变革的社会中才能出现道德反哺这样的教育新姿态。与此同时，道德反哺在社会变革与进步方面又起到了巨大的推动作用，因而二者是相辅相成的。

周晓虹在谈到"文化反哺"教育的社会意义时提出两点："1.它提高了青年一代在家庭中及社会中的代际地位；2.它提高了年长一代适应变迁社会的能力。"[①] 但他认为，这只是文化反哺现象所拥有的表层意义。从深层意义来讲，文化反哺最重要的社会意义在于它改变了文化传承的方向，或者说铸就了一种全新的文化传承方式。接下来的问题是：从共时态来看，这样的传承方式是出现在中国的独特现象，还是其他国家也有这样的现象？从历时态来看，这样的反哺现象是中国即时的社会现象，还是在中国历史上曾经也有过类似的现象？经过分析，他认为这样的现象绝对不是中国仅有，也不是中国即时拥有，但是当前中国发生的文化反哺现象具有其特殊性。这种大规模的文化逆向传承运动，它的社会影响和意义是深远的。因此，周晓虹提出一个重要的概念——"中国体验"，用来说明文化

---

① 周晓虹：《文化反哺：生发动因与社会意义》，《青年探索》2017年第5期。

反哺现象的历史意义。他说："中国体验即中国人的价值观和社会心态在最近40年中所经历的微观嬗变，当然也应成为转型社会学所必须关照的主题之一，或者干脆说是一种转型社会心理学……生活在转型中国的这一代或数代人，在自己短短的生命周期中几乎以一种精神'填鸭'的方式，经历了和浓缩了几个世纪的嬗变，这种嬗变对这十三亿人的精神或心理重塑称得上是旷古未有。"① 这很好地说明了道德反哺教育不是一般意义上的社会产物，它是中国在实行改革开放政策之后出现的一种特殊的社会现象。它一方面是中国社会急剧变革的产物，另一方面又间接地推动和催生了中国社会的变革。改革开放之后的近四十年里，中国人不仅享受了物质文明的长足进步，在精神文明领域更是经历了一场前所未有的革新。每个人都身处其中、深知其味，因此被周晓虹称为"中国体验"。身处这一时代的几代人，他们之间的关系有着历史以来代际关系未曾拥有的新特点和新范式，尤其体现在文化和道德领域。中国人正以一种前所未有的速度革新自身的伦理模式与文化、道德观念，我们无法用"改良""推翻"或"革命"等词眼来简单地概括眼前的这场"断裂式"的巨变，年老一代从"在场"到彻底的"退场"只用了几十年时间，这样的伦理、道德革新不是任何其他时代所能比拟的，它所象征和隐含的是"脱胎换骨式"的取代，年轻一代及其拥有的伦理价值观念在推动社会进步和发展方面遥遥领先。总结起来，道德反哺教育对于社会的推动和进步作用具体体现在以下几个方面：

1. 社会民主思想方面

道德反哺教育促进了社会民主思想的发展与进步。显然，在"父权主义"伦理范式的主导下，上一代与下一代之间的教育传递代表了一种教育模式，同时也反映了代际之间的主导与被主导的社会地位。在传统的教育模式里，上一代人对下一代人的教育具有至高无上的权威地位，下一代人对上一代人的教育是没有任何反抗与异议的绝对服从。而道德反哺教育却打破了这种父权主义思维模式，将民主、平等思想很好地贯彻于代际之间。同时，在道德反哺教育的过程中，加强了亲子之间的互动与情感交

---

① 周晓虹：《文化反哺：生发动因与社会意义》，《青年探索》2017年第5期。

流。传统的、单向式的道德教育，由于局限于上一代的道德说教，往往会引发巨大的代际隔阂与道德冷漠，甚至是代际冲突。因为传统的道德教育模式给下一代造成的影响是：永远在遵从父辈们的道德教导，没有自身的道德自由与主体性。这样的例子在生活中无处不在，由于父母一味地强调将自身的道德价值观灌输给子代，子代不仅不感激和遵从，反而会对父代产生怨恨与逆反心理。

在讨论到"文化反哺"的社会意义的时候，周晓虹着重指出，文化反哺的重要社会意义在于亲子关系的颠覆与重构。在他们所做的城市家庭文化反哺教育情况调查当中，显示大部分父母是能接受子女的反哺教育的，但前提条件是：（1）子女的态度必须要好一点，否则，即使子女们说得对，父母在情感上也会难以接受，觉得孩子没有顾及自己的面子，尤其是那些有一定社会地位和声望的父母。（2）父母更乐意接受来自自己孩子的反哺教育，而不愿意接受来自其他晚辈的指点。可见，上一代人在接受下一代人教育的问题上，在乎的不是教育的内容问题，而是教育的方式或者态度。正因为如此，反哺教育的发生在本质上并不是父代与子代一时的情感或情绪所为，它包含了很多理性思考的内容。这样的内容很大程度上是基于社会民主程度的提高。在以"父权主义"为主导地位的传统文化中，父代的权威地位是不可打破的。而在反哺教育现象中，父代的地位之所以可以被颠覆，不仅仅是因为反哺的内容代表了一种时代发展的方向，更因为父代在社会民主化运动中所受到的影响和警示，因而，它实际上代表了社会整体民主程度的提高与进步。而对于整个社会的发展来说，这种将年轻人推向前线的文化潮流，势必是新时代中国发展的主流趋势。如周晓虹说："文化反哺这种新型的文化传承模式在赋予孩子们以自信、知识和力量的同时，也一样开阔了父母们的眼界，提高了他们对这个变得越来越陌生了的世界的应对能力。从这个意义上来说，文化反哺最终有利于实现两代人的共同成长，或者说它赋予两代人以一种更为和谐的共生方式。"[1]

---

[1] 周晓虹：《从颠覆、成长走向共生与契洽——文化反哺的代际影响与社会意义》，《河北学刊》2015年第3期。

当然，我们在这里所讲的"社会民主"重在强调人们参与社会公共事务管理的权利，如任中平提出的："所谓社会民主，也就是基层民主，是指广大人民群众直接行使民主权利，由人民群众直接参与基层公共事务的管理。……具体来说，在农村，主要是完善村民自治，加强和完善村民自治制度；在城市，主要是健全居民自治，建设管理有序、文明祥和的新型社区；在企业，主要是坚持和完善职工代表大会和其他形式的企事业民主管理制度，保障职工合法权益。"① 在传统的伦理治理模式当中，既没有民主的思想，也没有民主思想产生的基因。在真实的社会生活当中，民主只是管理层和少数精英分子们热衷谈论的事情，大多数人只是沉默地面对各种社会公共事务管理。从理论上讲，社会上的年轻人更应当成为社会与国家民主治理的中坚力量，更应该拥有话语权。但是，长时间以来，受传统伦理文化的影响，普通民众对于社会民主政治生活的参与热情并不高。然而，于当今的中国社会来讲，社会民主尤其重要，社会民主是实现社会主义民主的重要前提，如任中平指出的："在我国，广大的乡村、企业和城市社区等与人民群众生产生活直接相联的基层组织和单位，是社会主义制度和人民民主专政国家政权的根基。扩大基层民主，保证人民群众直接行使民主权利，依法管理自己的事情，创造自己的幸福生活，是发展社会主义民主、建设社会主义政治文明的基础性工作，是社会主义民主最广泛的实践。"② 因而，无论是农村的治理，还是城市社区的管理，都需要社会民主力量的广泛参与。社会民主所体现的是公民的个体主体性，作为社会成员一分子的每一个社会公民都有权利和责任参与到社会公共管理事务中来。

显然，道德反哺教育给社会民主发展提供了一个良好的契机与视角。一直以来，中国社会治理过程中发生的任何问题，政府都难辞其咎，但实际上，正如有学者所提出的，社会要实现真正的良性运行，必须实现"社会治理社会化"，这意味着"要发挥政府治理的保障作用。……社会的自

---

① 任中平：《党内民主与人民民主、国家民主与社会民主的关系辨析及发展走向》，《云南社会科学》2011年第2期。
② 同上。

我调节与自我修复的功能发挥得愈好，社会就愈是安全稳定，人民的生活愈是幸福美好。社会自治并不需要政府时时参与、处处介入，政府只是在社会治理失灵的时候，才具有独特的意义，它是社会得以良性运行的外在而必要的保障。政府是社会治理的制度设计者、积极协助者和秩序维护者，但是它并不代替任何一个主体参与社会生活，更不随意剥夺哪一个社会成员的社会权利"[1]。显然，道德反哺教育给社会民主思想的发展提供了非常重要的途径。现代中国的社会公共事务管理涉及各个方面，形式是多种多样的，比如我们居住的小区、公共场所的绿化、体育场所、晨练早操、广场舞蹈，甚至也包括婚姻、家庭、个体保健、财产、户籍、邻里关系、物业，等等。对于中国现代社会来讲，其中一个比较迫切的问题是社会的老龄化问题，老年人的管理问题成为一个重大的社会课题。那么，我们应该动用什么样的资源来管理我们的老年人呢？很显然，在中国传统伦理文化中的家庭养老模式越来越受到大家的质疑，但政府养老的模式却又很难在短时间达成一致的新旧文化交替之时，人们对于社会的养老模式仍然将信将疑。道德反哺教育可以说为我们的社会养老问题提供了一个全新的视角，在上一代与下一代之间的关系变得越来越民主、平等的前提下，养老问题将拥有更为开放和灵活的途径。

实际上，社会民主的本质不仅仅在于让年轻一代广泛地参与到社会公共事务的管理中来，更主要的是实现全民自治，这不仅是现代中国社会实现良好管理的一个重要途径，也是解决目前资源匮乏、人口众多的治理难题的一个现实途径。通过道德反哺教育让老年人实现自治，可以说是实现社会主义民主治理的一个重要奋战方向。我们知道，在中国的传统伦理文化当中，养老完全靠子代的"孝"，"孝"伦理中包含更多的是情感成分，而不是理性成分。在越来越现代化的中国社会，"孝"伦理也应该拥有更为广泛的含义和内涵，不仅仅意味着对父代的绝对遵从和恭敬，更包含共同参与事务决策的成分。这个意义上的亲子关系，亲代和子代是共同作战的"战友"，在面对社会公共事务的时候，亲代和子代为解决共同的问题

---

[1] 卓泽渊：《推动社会治理的社会化与法治化》，《中国司法》2017年第11期。

而奋斗，而不是强调一方对另一方的牺牲和奉献。

2. 代际和谐与文化交融方面

代际冲突在中国现代社会是一个不可忽视的社会学问题，屡屡发生的亲子之间的冲突事件，影响较轻的最终是子代与父代绝交，影响较大的甚至相互残杀或自杀。根据相关的研究，目前在部分农村地区，亲子之间的剧烈冲突，大部分都是以亲代的自杀为最终结局。如陈柏峰通过对湖北京山农村的调查发现：20世纪80年代以来，该地区老年人自杀率高得惊人，并且还在不断增高，其中因子女不孝引起的自杀较为普遍。他把老年人自杀分为甘愿型自杀、激愤型自杀、绝望型自杀和孤独型自杀四种类型。① 在这四种类型的自杀中，绝望型占比高达54.7%，位列第一；孤独型自杀占比14.1%。可见，农村地区的代际冲突尤为激烈，在老年人的生活得不到有效社会保障的情况下，代际冲突激化的结果往往是以年老一代自杀的悲剧出现。当然在代际冲突之中，也有因为无法承受亲子之间的矛盾而自杀的年轻一代，但相对来说，占比较小。由此可见，代际之间的冲突往往是复杂而多层面的，既涉及经济利益的冲突，也涉及文化认识的冲突。然而，代际冲突看似停留在生活的表层，实际又包含了深层次的社会学原因。

频频发生的代际冲突现象不得不让我们做出反思。可想而知，无论是中国的农村地区，还是中国的城市社区，代际和谐的问题是影响社会整体文明进步的重大课题。无可否认，改革开放后的中国社会，代际关系正在经历着一场重大的变革。年老一代和年轻一代在经济地位、社会地位和家庭地位等各个方面都相应地发生了变化，而这直接决定了亲代与子代之间的关系。正如吴帆所描述的："现代化、工业化、市场化正在深刻地改变着中国的社会结构，并通过各种途径影响着代际关系。生活方式、财富形式及其获得方式的变化，致使老年人逐渐失去了在家庭资源分配中的主体性和权威地位。在社会层面，市场经济同时也强化了一个潜在的伦理价值和行为准则，即在岗的年轻人的利益被优先考虑，老年人的利益常常被忽

---

① 陈柏峰：《代际关系变动与老年人自杀——对湖北京山农村的实证研究》，《社会学研究》2009第4期。

视。由于缺乏公平、有效的社会代际分配机制来保障老年人群体的利益，老年人家庭地位的失守进一步延伸至其社会地位的边缘化，制度层面上对社会代际关系中年轻人的资源配置偏好也反映出社会整体对老年人的歧视状况。"[1] 可以说，现代中国社会的各个层面的发展都在颠覆以往的亲子关系，年老一代不再能够因为自己是长辈而处处占据优势。当然，在这里，我们不旨在挖掘"老年歧视"问题，我们的重点在于讨论代际冲突以前所未有的形式存在于现代中国社会生活的方方面面，这种冲突不仅仅局限于个体层面的道德认知，更是社会整体的大势所趋。然而，这样的趋势是否与我们中国传统伦理文化中的"敬老"思想相冲突呢？这是我们需要进一步论证的问题。在吴帆所提出的论点里面，显然包含了否定的因素，"老年歧视"一词足以说明社会对于老年人的忽略与排斥。不得不承认，当今社会，年老一代的社会地位确实不及以前那么强势，很多时候，年老一代不得不让位于掌握更丰富、系统化知识和技术的年轻一代。这样的代际冲突是与社会的整体发展联系在一起的，年老一代与年轻一代之间的冲突，代表的是符合社会发展的潮流和趋势与不符合社会发展的潮流和趋势二者之间的交锋。

当然，代际冲突无论以何种形式存在，最终都会反映在现实生活当中。因而，代际冲突常常又会以一定的生活事件反映出来。比如曾经轰动一时的"虎妈事件"就说明了这样的道理：不同文化中的亲子关系正尖锐地反映了不同文化的价值取向，"虎妈事件"恰恰为中西方文化的交融与碰撞提供了真实和深刻的经典案例。这说明，除了经济和社会地位的改变带来的代际冲突外，文化价值观的冲突是代际冲突的另一种激烈形式。在改革开放近四十年之后，中国的文化价值观已经呈现出多元的、繁荣的景象，各种各样的文化交流活动使得年轻一代在文化价值观问题上拥有更多的选择权和主体性，他们所能够选择的范围越来越大，而不再是仅仅局限于一种文化价值观来谈遵从，他们所要做的是在众多的文化价值观中理性、智慧地辨别出更符合社

---

[1] 吴帆：《代际冲突与融合：老年歧视群体差异性分析与政策思考》，《广东社会科学》2013年第5期。

会发展和人性完善的文化价值观。然而，相较于从整个社会的大层面来谈文化冲突，代际之间的文化冲突却显得尤为真实。在一个社会中谈文化冲突，我们常常会采取更为中立和多元主义的倾向，当然也会更容易踏入相对主义的道德价值观"窠臼"。但发生在家庭中的代际冲突，绝不是我们主观虚拟的文化冲突，它会影响到家庭生活的方方面面，比如子代的婚嫁、家庭财产的分割、父代的养老、隔代教育等现实的问题，而这些问题正是目前中国社会所要解决的一些重大的社会性课题。

不得不承认，代际冲突中所产生的众多问题虽然是一些社会性的问题，却很难在社会范围内找到有利的对策，正所谓"家家有本难念的经""清官难断家务事"，亲代与子代之间的关系问题不得不回归到家庭，而这应该是道德反哺教育的重大意义所在。如果说，在现代的中国社会，亲代在家庭中的强势地位已经逐渐地让位给子代，那么在代际冲突问题上，我们不得不承认，子代是占据主导地位和支配权的。那些以极端和悲惨的手段来对待代际冲突的做法是不可取的，亲代与子代之间不存在根本利益的冲突，也不存在非此即彼的认知差异。可以说，道德反哺教育既是一种逆向式的道德传递，更是一种子代对父代的尊重和孝顺。在所有的现实生活问题上，之所以产生重大的冲突，很多时候都是因为亲代未能够得到子代充分的尊重和认可。因而，在强调子代的道德主体性的同时，我们也应该看到父代的道德主体性同样重要。在道德反哺教育中，正是通过这样的逆向式的教育活动来彰显两者共同的主体性，它更强调的是双方平等的沟通和交流，而不是一方以绝对的优势去强迫另一方。

如果说，代际冲突代表的是一种纵向的文化与道德冲突，那么，中西方文化的冲突则是一种横向上的文化和道德冲突。在中国改革开放近四十年的历程中，代际冲突与中西方文化之间的冲突尤为剧烈。周晓虹提出："代沟是工业社会或现代性的产物，正是传统社会向现代社会的急速变动导致了代际间的断裂性或非连续性，使得代际之间的矛盾和冲突作为一种突出的社会现实而凸显出来。"[①] 对于生活在世的三代人来说，1920—1940

---

① 周晓虹：《文化反哺——变迁社会中的代际革命》，商务印书馆 2015 年版，第 12—13 页。

年出生的第一代人都是在一个接一个的政治运动、短缺的计划经济模式以及以"蓝制服"为象征的整齐划一的生活方式中成长起来的。他们的记忆中充满了残酷的政治运动和匮乏贫穷的物质生活。1950—1970年出生的第二代人,他们是这个社会的中坚力量,虽然他们比父辈们多一些批判意识,因为这些年的改革开放有了一点全球观念,但是他们往往摆脱不了旧时代的痕迹,几乎是手忙脚乱地迎接新时代的改革与变化。而1980—2000年出生的第三代人,他们完全接受了新的文化类型,最具有全球意识,对计算机和网络技术等几乎无师自通。他们在价值观上纷乱复杂,行为模式上大胆出位,日常生活中没心没肺,不得不让前两代人刮目相看。因此,正是文化反哺"在传统的父与子、子与孙的社会化路径之外,以前所未有的同样可视为'现代性'的体验的反向路径,促进了两代人,甚至三代人之间的相互理解"①。

在"全球性"越来越成为年轻一代追逐的文化价值观的中国社会,年轻一代是不会盲目排斥任何一种形式的文化价值观的,他们正以一种前所未有的接纳性来对待各种文化价值观,这也决定了我们中国社会的转型还将面临更多元文化的冲突。总的来说,目前,中国社会的年轻一代正面临着中西方文化的冲突、传统与现代文化的冲突、个体与群体文化的冲突等多种形式的冲突。显然,代表了年长一代的中国式、传统的、群体的文化与代表了年轻一代的西方的、现代的与个体的文化之间常常会发生各式各样的冲突。在面临着社会急剧变革的同时,很多年长一代仍然顽固地坚守着自己的文化传统,不能正确地面对文化上的碰撞与交融。而年轻人以其独有的,更能接受新事物的特点,将新型的文化反哺教育给年长一代,这在加速社会整体的文化交融,化解文化冲突与矛盾方面起到不可估量的作用。可以说,没有激烈的文化冲突,就不可能产生对于每一种不同文化的深刻理解,正是在各式各样的文化与道德价值观的冲突过程中,年轻一代学会了以鉴别的方式去理性、睿智地对待每一种文化价值观,而这相对于

---

① 周晓虹:《从颠覆、成长走向共生与契洽——文化反哺的代际影响与社会意义》,《河北学刊》2015年第3期。

那些在自己的文化价值观里故步自封、止步不前的年老一代来说，实际上是一种巨大的进步。我们知道，真正引领社会进步的是主导一个社会的文化道德价值观，在当今社会，年轻一代正以一种更为开放、更为积极、更为特殊的方式来容纳中国传统文化和世界上其他的先进文化，这种兼收并蓄的文化特征正代表了中国未来发展应该拥有的方向。道德反哺教育正是彰显了中国社会年轻的一代以一种文化上的主体性和先进性去影响我们的年老一代，让他们真正地领略文化交融给社会带来的真实影响和优越性。在各种看似标新立异、特立独行的年轻人文化中，我们可以看到年轻一代在道德价值观上的更新与自主，他们正是以一种特有的方式向年老一代证明自身的力量，这是促进社会不断进步与发展的力量。

3. 促进新技术的应用和推广方面

新型技术的发明，其目的是用来惠及社会的全体民众。如果新型技术仅仅成为一个社会的年轻人的专利，那么，它就很难推动社会整体的文明进步。在社会老龄化趋势越来越强烈的情形下，老年人的社会教育更需要受到社会的关注。就目前的中国教育情况来看，越来越多的年轻人有机会接受高等教育。从1977年恢复高考之后，每年能够进入大学接受高等教育的人数在不断递增，从原来的不到30%的入学率，到现在的将近60%。在未来的中国，有可能实现全民高等教育。这意味着年轻一代在教育程度上越来越高出年长一代。而在新型技术的推广与应用方面，年轻一代更是因为自己所拥有的文化水平而独占鳌头。而由于年老一代不再有机会接受系统的、正规的学校教育，社会教育又未能给年老一代提供相应的平台与机会，故他们的继续教育将成为中国社会新时代的空缺。正因为如此，道德反哺现象弥补了这一社会教育的空缺，通过家庭中的代际反哺这种家庭式教育，在很大程度上弥补了社会在成年教育问题上的滞后与空缺。尤其是在新型技术的应用方面，很多先进的技术推广应用后产生的新型生活产品，比如现在流行的智能手机、平板电脑等，以及日益应用到医疗领域中的智能机器人和各种养老保健技术，促使老年人的日常照护和养老等问题被提上日程。那么如何使这些产品顺利进入各个家庭，就有赖于现代的年轻人将一些新的观念、产品一并搬回家，传达给他们的父代。

20世纪的人口问题是人口总数暴涨,而21世纪的人口问题主要是人口老龄化。根据联合国人口发展基金会的统计资料显示:全球60岁以上的人口将由2012年的8.1亿增加到2050年的20.3亿。那时,老年人口占总人口的比重将达到22%。预计到2025年全球60岁以上的人口占总人口比例将达到15.1%,2050年将达到21.7%,而65岁以上人口占总人口比例也将由2000年的6.9%上升到2025年的10.5%,2050年的16.1%。众所周知,中国人口的老龄化已经成为一个势不可挡的趋势,2015年,我国老龄人口(60岁及以上的老年人口)比重已占到15.44%。据预测,我国老年人口占总人口比重将在2020年、2040年分别达到18%、28%,到2050年这一比重甚至会超过30%。在这样的社会环境下,老龄人的教育与照护自然成为社会管理的重点问题。在老龄人口占比越来越大的情况下,老龄人是否能够积极有效地参与到社会建设中来,或者说,老龄人是否能够通过一些现代性的技术手段积极地照护自己,节约社会的卫生资源开支,都直接影响到一个社会整体的经济增长指数。

实际上,大部分学者都认为人口的老龄化会影响到社会经济的发展,如彭秀建对中国人口老龄化的宏观经济后果进行的量化分析显示:人口老龄化将通过劳动力的负增长以及由此导致的物质资本的低增长减缓中国经济增长的速度。[①] 于学军从生产、分配、交换、消费和社会保障等五个方面阐述了人口老龄化给社会经济带来的消极影响。[②] 杨雪、侯力等人发现人口老龄化在宏观方面将减少劳动力的有效供给,影响产业结构调整,带来储蓄率下降和加重社会养老保障负担等。[③] 齐传钧分析了人口老龄化对产出、劳动力供给、资本形成以及全要素生产力的影响后发现:人口老龄化对经济增长的不利影响是不容置疑的。[④] 有关学者总结:"从现有的实证研究看,人口老龄化对技术创新的显著影响主要体现在高科技行业,对非

---

① 彭秀建:《中国人口老龄化的宏观经济后果——应用一般均衡分析》,《人口研究》2006年第7期。
② 于学军:《中国人口老龄化的经济学研究》,中国人口出版社1995年版。
③ 杨雪、侯力:《我国人口老龄化对经济社会的宏观和微观影响研究》,《人口学刊》2011年第4期。
④ 齐传钧:《人口老龄化对经济增长的影响分析》,《中国人口科学》2010年第1期。

高科技行业的影响则没有那么显著。"① 不得不承认，高科技的应用越来越改变现代人的生活，随着人工智能等核心技术的应用，人类在军事、交通、医疗照护、日常娱乐、养老、健康管理等各个领域都将应用到高科技。不得不说，老龄人口对高科技的掌握程度与应用水平也直接影响了整个社会的科技应用水平进而影响到社会经济的整体发展水平。如有学者提出："很显然，随着人口年龄结构的变动，国民的认知能力和精力结构也会发生相应的变化。从而影响社会技术创新活动，进而影响经济增长。一般来说，老年人的认知能力和精力会下降，所以他们的创新意识和创新的动力也会下降。因而，老年人口比重增加不利于社会技术创新，也会阻碍经济增长。"② 由此可见，加强对老年人的科技转化普及教育，充分利用老年人的人力资本，有力地促进老龄人再就业，发挥老龄人口对于技术创新的积极作用进而发展老龄产业，是保障国民经济稳步前进和实现社会发展总体战略的一项势在必行的任务。道德反哺教育恰恰使得开发和利用老龄人人力资源成为可能，那些看似拒老年人于千里之外的技术应用，一旦被老年人掌握，将成为促进社会进步与发展的不可或缺的力量。我们知道，在传统的农耕时代，甚至是工业社会，体力劳动成为衡量人力资源的重要标准，老年人在传统社会仅仅意味着社会的累赘和包袱。实际上，在新型的信息时代，信息网络技术的应用是不限年龄的，老年人完全可以在退休之后利用对相关科学技术的掌握充分地加入到社会的各种服务和建设中去。

相对于老年人力资源的充分利用，老年人口本身的养老、照护问题更是迫在眉睫。在中国传统伦理文化中，"家庭养老"是主要的养老方式。但是，从目前的社会形势来看，"家庭养老"越来越不适应时代发展的需要。而新型的"社会养老"方式在短时间内又无法得到社会大众的认可。总的来说，当前中国社会传统的养老模式已基本失效，新型的养老模式尚

---

① 杨杰、罗云：《中国人口老龄化、技术创新与经济增长的动态影响分析》，《科技与经济》2015 年第 3 期。

② 刘艺容、尹有：《中国人口年龄结构变动对经济增长的影响研究》，《消费经济》2016 年第 2 期。

未建立，中国的养老模式还处于零散的，随机的，欠缺稳定性和系统性的状态，老年人的照护面临着前所未有的巨大风险。尤其是农村老年人频频自杀的问题，更是引起社会的普遍关注。在这样的情况下，如何通过信息网络和相关的智能技术来实现"智慧养老"成为很多学者们的研究热点。"智慧养老"模式就其概念来说，大致上是指"一方面通过各种传感器和网络，使老人的日常生活处于远程监控状态，另一方面就是通过网络传递各种信息、能源与物质以满足老年人的养老需求，实现老年照护服务的智慧化。其核心在于以老年人群体性的需求为导向，通过整合先进的管理和信息技术，调动各种养老资源（包括人力、物力、财力等），协调各类养老相关方（老人、家庭、亲属、政府、社区、医疗机构、医护人员等）的行动，从而系统化、智慧化、人性化地提高社区居家养老服务的能力和水平"①。可见，"智慧养老"模式本身离不开网络技术等的应用，是以网络和信息技术等为载体的养老方式。道德反哺教育活动恰恰使得"智慧养老"成为可能，传统的"家庭养老"模式之所以产生，皆因为社会缺乏一种更为科学完善、可靠程度更高、更省钱省力的人性化社会养老模式。网络和智能技术的参与使得"智慧养老"成为可能，同时也推动了老年人使用科学技术为自身服务的进程。

4. 促进"精神养老"或"文化养老"

可以说，道德反哺是一种本质意义上的"精神养老"或"文化养老"。在老龄化趋势越来越明显的现代中国社会，怎么养老成了一个重大的社会课题。在中国几千年来的文明历史中所强调的"孝"文化里面，包含了各种各样的内容。传统的孝道既包含物质上对父母的满足，也包括态度上对父母的恭敬。如《论语》中云："子夏问孝，子曰：'色难。有事，弟子服其劳；有酒食，先生馔，曾是以为孝乎？'"（《论语·为政》）但在现代亲子关系中，遵从传统孝道的行为不难，难的是再也不可能遵从父母的主张办事。因为上一代的认知水平已经达不到能够指导下一代的要求。正因为

---

① 朱海龙：《智慧养老：中国老年照护模式的革新与思考》，《湖南师范大学社会科学学报》2016年第3期。

如此，周晓虹提出"'孝'易'顺'难"[①]这一社会现象。简单地说，在现代中国社会，是下一代在教上一代该怎么做，教化的模式与方向实现了逆转。在这样的孝道模式里面，"孝"所强调的不仅仅是物质上、情感上的回馈，更是知识、文化与精神的回馈。而我们知道，在现代老年人的生活中，其最大的困惑并不是来自经济上的依赖性，抑或儿女们的态度不好，而是来自自身在社会上的价值感的丧失。也就是说，老年人养老的困惑更多地来自感觉自己一无是处，为社会所抛弃。以"道德反哺"为主的孝道模式恰恰体现了"精神养老"或"文化养老"。年轻一代正是通过逆向传递各种先进的技术与文化知识，使得老年一代重新获得社会的认同与身份感。

显然，在现代中国社会，物质养老已经成为过去式，在全民实现了温饱并且奔小康的社会里，衣食住行这些基本的养老需求不再存在社会性的贫乏。但精神性的养老却成为现代人日益关注的问题。显然，在传统的家庭养老模式中，老人更容易获得来自家庭的亲情温暖，但随着现代中国社会"四二一"结构家庭的涌现，家庭养老模式已经越来越不能满足老年人的精神需求。一定的社区养老模式，让老年人从众多的社区活动中寻找精神上的满足与愉悦是可行的，但是，这种来自社会活动的精神上的满足和来自家庭中的亲情和爱是不一样的。正因为如此，"精神养老"或"文化养老"成为现代中国社会的一个时事热点，众多的研究者们甚至认为应该将其变为一项社会性的服务产业，如有学者认为："当养老产业的发展体现出多样化和注重精神养老时，就是产业进一步升级的最佳时机。从一般的养老产业跃升为更带综合性的'银发产业'，将从提供老人生活、卫生的服务内容，逐步拓展为提供休闲、娱乐、健身、美容、教育于一体的养老服务。"[②]可见，这样的养老型服务产业是一种综合性的事业，涉及社会支持、文化认同、伦理基础和价值导向等众多方面。

[①] 周晓虹：《代际关系的一个重要迹象："孝"易"顺"难——亲子关系中"文化反哺"现象的调查分析》，《北京日报》2015年9月14日第18版。

[②] 梁义柱：《养老产业化的发展路径选择——从物质养老到精神养老》，《东岳论丛》2013年第3期。

我们在提出"精神养老"和"文化养老"等概念时，必须先厘清它们的本质性内涵。就目前的相关研究来看，有关它们的定义却是众说纷纭的，两者之间的界限也非常模糊，几乎可以当作是同一个词语来使用。如钟春洋认为："文化养老是一种能体现传统文化与当代人文关怀的养老方式。它是以社会文明与发展为前提，以满足精神需求为基础，以沟通情感、交流思想、拥有健康体魄与心态为基本内容，以张扬个性、崇尚独立、享受快乐、愉悦精神为目的的养老方式。"① 其他的学者基本上都沿袭了这一概念。显然，"文化养老"和"精神养老"的概念是相对于"物质养老"这一概念而提出的，它在本质上反映了社会对于养老问题的新需求和新思考。相对于纯粹强调物质上满足的"物质养老"来说，"精神养老"和"文化养老"显然提升了养老的档次和追求。正因为如此，有学者总结："文化养老是在充分肯定物质养老基础保障的前提下，在社会经济发展到较高水平时，更加注重对老年人的精神关爱、情感慰藉和道德支持的养老理念，这一理念既体现了我国优秀传统文化，又彰显了当代人文关怀精神。"② 可见，这一概念更注重养老问题的伦理道德内涵。"文化养老"和"精神养老"不仅包含物质意义上的"养"，而且包含"爱""敬"等以尊重老年人为基础的"孝道"内涵。从这个意义上来说，这两者本身更注重代际之间的关系与道德，这在本质上与我们传统伦理文化中的"孝道"是一致的。

不得不承认，"精神养老"和"文化养老"的提出也是基于一定的社会现实的思考而产生的。现代中国社会里，在中国传统的孝道文化弱化的情况下，代际之间的不平衡问题也日益突显，如有学者就提出了"老年歧视"这一概念，用以描述现存的一些社会现象及其危害："老年歧视直接损害了社会代际关系的和谐和积极老龄化的实现，一方面，老年歧视所暗含的针对老年人的偏见、污名化和消极刻板印象破坏了代际之间建立理解和合作关系的基础，老年歧视的持续存在会导致社会将老年人的边缘化视

---

① 钟春洋：《社区文化养老的发展路径探析》，《四川行政学院学报》2012 年第 1 期。
② 方爱清、王昊：《文化养老的基本内涵、当代价值及其可依路径》，《江汉大学学报》（社会科学版）2015 年第 4 期。

为正常老龄化过程的一部分;另一方面,与种族歧视和性别歧视一样,老年歧视是掌握资源和权利的群体对其他群体实现控制的一种手段。"① 实际上,在前文中我们就探讨了代际之间的很多不平衡现象,比如经济地位、对于现代新型技术尤其是网络技术的掌握,进而导致社会地位的不平衡问题,这些其实都反映了年老一代在社会中地位的改变。当这样的趋势不仅仅发生在某一个家庭或某一些家庭当中,而是成为一种势不可挡的社会发展趋势的时候,我们不得不去反思其中存在的问题。毫无疑问,从研究的角度,"老年歧视"是一个多层次的、综合性的概念,包含很多的维度。但究其根本,无非是代际之间伦理、道德上的偏差。于整个社会来说,"老年歧视"不能反映社会文明和道德水平的进步。在频频爆发的农村老年人自杀的惨案当中,所隐含的是社会对老年人的忽视,而这应该也是"文化养老"和"精神养老"概念提出的意义所在。显然,就其概念来看,它们所涵括的主要意义在于尊重或敬重老年人,是关注老年人存在的一种养老哲学。

当然,有学者通过文献调查发现,当前以"文化养老"和"精神养老"为主题的大部分论文"局限在理论研究方面而缺少精细化实践方面的研究,其原因主要是我国刚刚进入老龄化国家,对于银发经济还没有足够可取的实际经验去进一步研究"②。这在一定程度上表明,"文化养老"和"精神养老"在目前只是一个概念性的东西,社会仍然缺乏客观有效的平台以实现新型的养老形式。关于这一点,又有学者提出了不同的观点,在他看来,精神重在强调个体的内在心理需求,是因人而异的,其最根本的途径依赖个体内在精神境界的提升,而这一点,光靠外在的文化培育和社会支持这样的"他养"方式是不够的,更需要个体内在的"自养",如他所指出的,精神养老研究延续了传统研究中的这种"他养"取向:"研究者侧重分析影响老年人精神生活的外部社会支持,主张从外部给予老年人

---

① 吴帆:《代际冲突与融合:老年歧视群体差异性分析与政策思考》,《广东社会科学》2013年第5期。
② 杨盛菁、高思梦:《国内老年人口精神养老研究文献的调查分析》,《郑州航空工业管理学院学报》(社会科学版)2017年第5期。

所需的精神支持与情感抚慰，而对培养老年人精神自立的内在因素强调不够。比如众多研究通常集中于描述老年人的各种精神危机与心理问题，探讨满足老年人精神需求的养老模式、资源分配与制度保障等，强调'他者'而非老年人自身在精神养老中的责任与义务；……对精神养老的概念界定也体现了明显的'他养'倾向。"① 显然，当前意义上的"精神养老"和"文化养老"与传统意义上的"物质养老"方式一样存在外在性，其极端形式便是一种精神和文化的灌输，这种形式和意义下的"精神养老"最终也只能成为毫无生命力和主体性的老年文化侵略。

实际上，道德反哺教育恰恰是实现"精神养老"和"文化养老"的切实有力的途径。因为道德反哺教育不强调文化或精神上的灌输和侵略，而是基于自主需求基础上而产生的对等交流。更为确切地说，道德反哺教育是一种促进年老一代精神"自养"的有利方式。无论社会如何去设置年老一代的文化需求方式，都只代表社会对于年老一代的期望，并不能代表年老一代自身的需求。社会的养老机构和养老模式通过一定的情感慰藉来满足老年人的心理需求，恰恰从另一个角度割裂了年老一代与其子代之间的亲密情感关系。可以说，以此来满足的心理需求只能是一种虚假的、短暂的需求，并没有从心理上彻底解决老年人的社会孤独感和社会价值感缺失等问题。换句话说，社会养老模式只是提供给年老一代一个事先设定的"老年世界"来制造年老一代被满足的假象，而实际上，年老一代在这个"老年世界"里仍然无法找到与年轻一代平起平坐的价值感，他们仍然是被排斥在以年轻一代为主流的现代文化世界之外。道德反哺教育恰恰构成了"老年世界"与"青年世界"沟通的桥梁，它不旨在为老年一代构建一个独特的、专门的"老年世界"，而旨在为年老一代"搭桥"，让年老一代通过道德反哺教育直接融入年轻一代的生活和世界里，它的最终目的在于实现年老一代的主体性和社会价值感。

（二）负价值

我们在评价道德反哺教育现象的社会意义时，也不能完全站在肯定的

---

① 徐连明：《精神养老研究取向及其实践逻辑分析》，《中州学刊》2016 年第 12 期。

角度去看待它。作为新生事物的"文化反哺"或"道德反哺"教育,毕竟只是在特定的社会时期催生的社会现象,它本身并不是经受过一定社会理论指导的系统的、组织有序的科学教育模式,因而必然在带来正面价值的同时,也带来了一些负面的社会影响。综合起来,有以下几个方面:

1. 造成年轻一代盲目的道德优越感

在中国现代社会的转型时期,随着东西方文化的交流与碰撞,以及中国传统与现代伦理道德观念的冲突与融合,多元化的价值导向冲击着年轻一代的伦理价值观。其中最为激烈的莫过于技术和经济的发展对于年轻一代价值观的冲击,并产生了唯技术论和唯经济论两种明显的价值取向。这意味着在伦理道德评判的标准里面,年轻一代很容易趋向于使用技术或经济进步的指数或指标来谈道德上的进步,并产生相应的道德优越感。毫无疑问,在中国改革开放近四十年的时间当中,技术对于社会经济的推动作用,以及对社会整体发展产生的推动作用都是不可小觑的,不得不承认,高新技术正在改变着社会的方方面面。对于那些掌握了高新科学技术并因此占据社会主流地位的年轻一代来说,由此产生道德上的盲目优越感是很容易被理解的。在道德反哺教育的过程中,一方面我们可以将其理解为对传统代际关系的颠覆,打破了年老一代绝对性的专制地位,实现代际之间的民主和平等;另一方面,我们也要防止年轻一代相对于年老一代的绝对优势地位。实际上,在代际关系中,任何一方以其绝对的优势地位对另一方实施侵略与控制,都不能算是正常的代际关系,也无法体现真正的代际正义,更无从推进社会的整体进步。

实际上,技术和经济上的进步并非必然带来道德上的进步,代际之间的伦理、道德关系更应该体现在如何使用高新技术来推动经济的发展问题上,因而,所谓的道德与不道德,与技术本身关系不大,更应该体现在如何利用技术为人类服务方面。中国现代社会的年轻一代在利用高新技术为自身服务方面无疑取得了前所未有的巨大成就,但是也产生了很多负面效应,这是我们必须正视的一个方面。并且,在高新技术应用的问题上,年老一代与年轻一代是平等的,作为社会共同成员的一分子,年老一代也拥有享受现代高新技术应用带来的便利和乐趣的权利。年轻一代不能因为自身在技术上的绝对优势地位而对年老一代实施代际歧视，如果这样，技术就会变成阻碍代际正义的手段。事实上，代际之间的道德是平等的，道德观念的更替有其发展规律，由于技术的进步带来的道德观念的更新是历史发展的必然，道德反哺教育是中国社会发展到特定时期而产生的特殊现象，这样的现象在中国社会历史的其他时期也未必不存在，只是在这一时期体现得尤为明显，其中最主要的原因是技术的突飞猛进。但是技术进步与道德进步是不能互为因果的，技术进步只是促进道德观念转变的原因之一，道德的进步还有赖于其他很多社会因素。虽然在前文中我们探讨了道德反哺教育产生的技术原因，以及道德反哺教育本身对于高新技术的应用所带来的促进作用。但我们不能因此而证明下一代在道德观念上的绝对优势地位，我们只能证明代际之间的道德传递方向发生了改变，由原来上一代对下一代的单向传递转变成代际之间的双向传递，并且以下一代向上一代的逆向传递为主要特征。这说明，技术的进步正在促进代际之间的正义和平等。

如果过分夸大道德反哺教育的社会功能和作用势必导致年轻一代在道德问题上的盲目优越感，这种"不是东风压倒西风，就是西风压倒东风"的价值取向实际上从另一个方面体现了代际之间的不平等。尽管表面上看来，主导年轻人的价值观念多元化、现代化，但实际上，这并不能证明年轻一代的道德价值观念就一定优越于年老一代的道德价值观。社会整体的道德价值观的进步与革新是在各种冲突和交融中实现的，代际之间的道德价值观的冲突和传递方式的改变正从一个侧面反映了社会整体道德价值观的革新。在多元价值观碰撞、交融之时，年轻人更需要接受时间的考验与上一代人的指导。比如在生育问题上，上一代人由于受农耕文化的影响，大多数还持"重男轻女"的传统观念，而年轻一代，受西方文化的影响以及现实生活所需，出现了"丁克"家庭的价值选择，甚至出现同性结婚等现象。但实际上，我们并不能说明年轻一代的这些价值选择就代表了社会的进步，只能说，现代多元道德价值观并存的中国社会对于个体在道德价值观选择方面的包容性更大了，而不能说明下一代人在道德价值观上优越于上一代人。"重男轻女"的伦理价值观在中国现代社会是一个不符合时代需求的价值观念，但是在农耕时代，它确实是符合当时社会发展需求和生产力需要的价值理念。

因而，道德反哺教育的现实意义是促进代际之间对于道德观念的理性反思和平等交流，而不是一方相对于另一方的绝对优势或主导地位，否则就会从一个极端陷入另一个极端，在促进代际道德平等、实现代际和谐关系方面就不能发挥其正常的社会功能和作用。除了对高新技术的掌握而产生的优越地位之外，在经济上的绝对优势地位也是改变代际关系的一个主要因素。在改革开放之前，代际之间的经济地位很难在短时间内被颠覆，上一代与下一代之间的经济地位主要以上一代的原始积累为主要方式。但在中国实行改革开放政策和市场经济体制之后，年轻一代以各种各样的形式迅速掌握了社会的各种资本，他们在经济地位上以几倍甚至几十倍的速度迅速超越同一时代的上一代人。这种经济地位的改变冲击着上一代的社会地位和家庭地位，财富正以一种特殊的组合方式实现重新分配，生活在现代中国社会的年轻一代可以利用自身的各种聪明才智来创造属于自身的财富，并因此改变自身在社会中的地位。

由于经济上的绝对优势地位而产生的道德优越感同样是阻碍代际平等的重要原因，如果说原来代际之间的不平等是基于上一代人经济上的优越感而产生，那么现代基于下一代人经济上的优越感而产生的不平等同样是不利于代际关系发展的。在家庭中，抑或在社会中，人们往往以经济上的绝对优势地位而掌握发言权和主导权。实际上，经济上的进步虽然是社会进步的决定性因素，但我们同样不能将经济的进步代替社会整体文明的进步，它只是衡量一个社会进步的重要指标，而不是唯一指标。尤其是在代际正义问题上，如果只看到经济上的飞速发展，看不到与此同时产生的资源浪费、环境污染和全球生态危机等突出的社会问题，那么我们就无法理性地面对代际之间的平等问题。正因为如此，罗尔斯提出了与前人完全不同的正义观点——代际正义，他认为必须要超越几千年来的传统正义观念，赋予正义以新的内涵。换句话说，在社会的财富和资源问题上，如果我们只看到人类所创造与获得的财富和经济上的进步，而看不到这一代人正以一种强取豪夺的方式占用着下一代的各种资源，那么这种代际之间的财富分配就是不符合正义的，因而在考虑代际正义的时候，我们必须考虑

"代际储备"，如他所说的："每一代人不仅必须保持文化和文明的成果，完整地维持已建立的正义制度，而且也必须在每一代的时间里，储备适当数量的实际资金积累。"①

虽然道德反哺教育是在社会经济以非比寻常的速度向前发展的过程中产生的特殊现象，但是中国社会中的年轻一代不能只站在当下的代际关系中来看待代际之间的社会地位及道德价值观念，更应该把自身放在整个人类社会发展的历史长河中来对待代际关系。也就是说，道德反哺教育所要反思的不仅是当下的代际关系，而且是未来发展中的代际正义。在中国改革开放后发展起来的这一代人，更要看到社会经济单方面的进步不代表社会道德发展的正确方向，更应该以社会的可持续发展为社会发展的伦理价值导向，正如有学者所提出的："代际正义追求的是人类活动的完整善性……在我们的先辈们为人类完整活动做出贡献后就把进一步发展的任务留给了我们，这些影响着我们的努力方向和目标基于人类社会整体善的活动，可持续发展既是对前代人的尊重和回报，也是人类时间链条上的必须承担责任的一环，更是对后代人的善的表现。……代际正义正是这一更富内涵和更高境界的伦理表达：从与道德实践者利益密切相关的同代人的伦理关系升华到与其利益几乎没有现实关联的后代人的伦理关系上，这既是对当代人尘世生活的超越，更为可持续发展增加了质的规定性。"正因为如此，道德反哺教育更应该体现为年轻一代对于代际正义的深刻反思，而不应该体现为盲目的道德优越感。

2. 导致功利主义价值观占据社会主导地位

中国现代社会市场经济体制的建立，导致社会功利主义的出现。在道德反哺教育过程中，年轻一代逆向传递的道德价值观——社会功利主义思想正严重地影响着年老一代并进而影响到中国现代社会整体的道德价值观。在现实生活中，经常出现这样的观点：（1）凡是能促进经济发展的都是道德的；（2）凡是有用的都是道德的；（3）凡是能促进人们幸福的都是道德的。第一种观点集中体现为"白猫黑猫，只要抓到老鼠就是好猫"。

---

① ［美］罗尔斯：《正义论》，何怀宏等译，中国社会科学出版社1998年版，第276页。

我们知道，在社会主义市场经济体制建立之初，邓小平确实在有关会议上发表过这样的言论，但是这样的观点在日常生活中经过世俗的翻译自然而然地变成"一切以经济利益为目标"或"一切向钱看"的道德价值观。第二种观点则直接导致道德评价中的后果主义，在社会现实生活中影响到人们行为的方方面面，个体的职业选择和社会的总体规划，都将不同程度地受到影响。如在个体的职业选择中，越来越多的年轻人将是否对个人和社会有用看作是选择的目标，而不考虑专业本身的性质及个体的兴趣、特长，这严重地导致了整个社会范围内的"重理轻文"的职业价值取向。第三种观点则更能迷惑人们的视线，虽然"有德即有福"，抑或"有福即有德"的哲学观点的碰撞在哲学、伦理学领域成为众多专家们关注的热点，但是，在世俗生活领域，人们受自然主义欲望的驱使，合情合理地选择了"有福即有德"的道德价值观念。尤其是在现代中国社会，改革开放的政策充分地打开了人们的思想门户，充分地调动了人们的各种自然欲望，人们对于个体欲望的满足和个体幸福的追求成为一切行为的合理目标。这样的道德价值观经由年轻一代到年老一代，已经深刻地影响了不同年龄层次人们的思想领域。

周晓虹在划分现代中国青年类型时，提出："中国青年经历了激进青年、革命青年、造反青年和世俗青年四大阶段的历史蜕变。"① 其中的"世俗青年"是1992年邓小平在"南方讲话"中提出的，它指的是中国的"70后""80后"和"90后"这些青年人。尽管在这30年间，中国社会涌现了无数重大的历史事件，但不可否认的是，这一阶段社会的主要改变是社会生活的去政治化，市场化或泛经济化开始成为时代的主题。这样的文化潮流使得中国人尤其是中国的年轻一代，对社会的关注焦点日益从政治领域转向经济领域，中国社会也开始从一个政治化的社会转化为世俗化的社会，并在1992年后日渐成为一个带有鲜明的重商主义色彩的社会。在道德反哺教育行为中，社会功利主义道德价值观无疑也影

---

① 周晓虹：《中国青年的历史蜕变：国家与社会关系的视角》，《江苏社会科学》2015年第6期。

响了上一代人，在以"经济利益"为评价体系中的重中之重因素的年代里，上一代人的价值评价体系无疑遭受重击，并日益失去话语权。显然，我们不能回避对社会功利主义本身的分析来反思今日的道德反哺教育，任何一种社会道德价值观的出现必然有其深刻的社会基础和历史原因，正如有学者这样概括：

> 有两个方面的原因，使得现代人无法避免功利主义，进而使得现代道德哲学无法避免功利主义"以福论德"的道德推理。一方面，由于功利主义诉诸道德现实性原则，在出发点上，从人类大致追求相同的东西（或者人们大致希望自己的孩子们能够拥有某种相同的生活）并称之为"幸福"，来权衡道德或论证道德，因而它在致力于使道德概念契合于人性欲求方面比道义论推理（"以德论福"）更贴近现代人的道德经验和道德生活直觉。另一方面，由于功利主义承诺了一种道德探究的开放性原则，即从非道德因素论证道德，这使得它不可能像道义论推理（而不是从道德因素论证道德）那样提供某种完备的道德理论，从而使得诸种"反对"和诸种"辩护"伴随着功利主义道德理论的不断改进和开放探索……①

依照他的观点，功利主义道德价值观本身具有更为广泛的社会接纳性，这不代表功利主义本身的理论缺陷，相反，恰恰证明了社会功利主义道德价值观具有更广泛的现实性和实践性。在道德义务论占据中国传统社会长达几千年的历史中，中国人的道德价值观中有着根深蒂固的"有德即有福"的基因。道德反哺教育无疑正在以一种势不可挡的趋势撼动着这一道德理论。无疑，作为当代中国人，在进行道德选择和评价的时候，是遵从历史的传统，还是遵从社会的现实，抑或在二者之间做出更为有利、有效的权衡，是现在中国社会共存的几代人需要共同面对的重大道德难题。

---

① 田海平：《人为何要"以福论德"而不"以德论福"——论功利主义的"福—德"趋向问题》，《学术研究》2014年第11期。

第四章

道德反哺教育与现代家庭伦理

周晓虹在讨论"文化反哺"的社会意义时,强烈肯定的是"文化反哺"之于中国现代社会代际关系转型的重大现实意义,如他所说的:"文化反哺是对传统代际关系的一次前所未有的颠覆,它将我们社会中原本的教化者与被教化者的关系整个颠倒了。在整个社会开始关注文化反哺对传统代际关系改造的革命性意义的同时,我们还应意识到,文化反哺已是在我们这个变化迅疾的时代,重构积极和谐的代际关系的路径,甚至是唯一路径。"[①] 无可否认,在现代中国社会各个方面急剧变革的情况下,很多社会现象是互为因果的,比如道德反哺教育现象的出现与中国现代家庭伦理转型之间就存在这样的关系,我们很难在二者之间清楚界定彼此的先后,这样的社会现象几乎同时产生,但又互为因果。我们知道,中国传统文化中以"孝"为核心的家庭伦理,既是维持和发展和谐稳定家庭关系的伦理基础,又是实现国家稳定有序的伦理基础。"家国同构"的伦理纲常秩序对于中国传统社会来说无疑具有非常重要的现实意义,如周晓虹认为,中国古代社会的宗法制度"辨血缘关系以定尊卑贵贱,是家族制度在国家制度中的反映,实行的自然也是'家天下'的统治。……作为当时的最高统治者的夏王、商王和周王……他们作为国家最高统治者的身份,归根结底来源于他们在自己所统治的族中的宗法地位。……君权导源于父权通过宗

---

① 周晓虹:《代际关系中的一个重要迹象:"孝"易"顺"难——亲子关系中"文化反哺"现象的调查分析》,《北京日报》2015年9月14日第18版。

法伦理关系引入政治领域的自然结果。……无数个宗族借助他们与王室的血缘关系,形成了政治上的隶属关系。……在每一个血缘性集团中,统治权也和父权密切相联,……因为统治权与父权的自然联系,年长者当然成为本集团的统治者"①。因而,"孝"所具有的伦理意义不局限于家庭,而更体现为从家庭中亲子之间所隐含的伦理关系中推衍出合理的君臣关系,并将其作为古代统治者论证其政治合理性的基础。

随着中华人民共和国的成立,尤其是改革开放政策实施之后,中国社会的家庭关系及其伦理范式发生了重要的改变,如有学者所指出的:"当代中国的家庭格局同传统相比,最大的变化就是从封闭的社会组织结构转变为开放的市场经济单位,这使得家庭结构、家庭功能和家庭观念都发生了根本性变化。……传统家庭观念随着市场经济的个体化演进不断失落,个体生命的幸福与生活质量成为家庭观念主流,传统父权主宰的家长制观念逐渐发展成家庭成员平等自由的家庭观念。"②

可以说,"父本位"或"父权主义"家庭伦理的解体是现代中国社会的一个重大转型,作为社会结构中的基本单位——家庭,对于个体来说,拥有了全新的社会意义。道德反哺教育现象既是家庭伦理从传统到现代转型过程中的产物,又是推动家庭伦理实现现代转型的根本动因,在这个意义上,我们认为二者是互为因果、相辅相成的。正如周晓虹所总结的,现代家庭伦理中出现了"孝"易"顺"难的"文化反哺"现象,其根本原因在于传统的家庭伦理及其隐含的亲子关系已经不再适应当前社会的需要和发展,急剧变革的中国现代社会急需一种新型的家庭伦理来维持和谐的代际关系,并因此影响到整个社会的文化变革,如有学者指出的:"父子关系的更新诠释不只带来家庭伦理观念的变化,其背后还关联着深刻的文化变革。因此,这场论争背后隐含着当代中国文化未来向何处的思考,直接牵涉到中华文化在当代伟大复兴的关键问题。由此,家庭伦理问题在中

---

① 周晓红:《孝悌传统与长幼尊卑:传统中国社会的代际关系》,《浙江社会科学》2008年第5期。
② 刘鹤丹、罗兴刚:《传统父子关系的论争与家庭伦理的当代重构》,《苏州大学学报》2015年第4期。

国未来的文化建构中正成为一个相当重要的问题。"① 由此可见，如何实现传统以"孝"为核心的伦理价值的现代转换是当前中国社会的一个重要议题，它不仅关系到代际关系的和谐，而且关涉到现代中国社会先进文化发展的指向。

显然，亲子关系是中国传统家庭伦理中的核心。同时，在以家庭为基本构成单位的社会形态里，亲子关系之于家庭、社会的重要功能是毋庸置疑的。正因为如此，代际关系及其正义成为现代学者们的研究热点。然而，在任何一种文明类型的社会里，家庭对于个体的成长及其道德品质的形成一直都承担着重要角色，如有学者形容的，"对于每一个人来说，家庭是最古老的、最深刻的情感激动的源泉，是他的体魄和个性形成的场所"，"没有家庭就没有社会"②。这说明，现代家庭伦理的建构是中国社会发展的当务之急。换句话说，没有良好的家庭伦理，就很难实现社会整体的和谐发展。如有学者总结的："家庭伦理秩序是构建社会整体秩序的重要一环，一旦原有家庭伦理秩序遭到破坏，那么由家庭所承担的生育、教化以及社会经济政治秩序也将受到破坏，进而带来社会整体秩序的某些混乱。因此，家庭伦理建构是当代中国极为重要和紧迫的任务。"③ 正因为如此，道德反哺教育中的亲子关系及其伦理本质对于构建现代新型家庭伦理有着现实的社会意义。以亲子关系为视角，如何实现中国传统伦理文化中的"孝"与西方伦理文化中的"爱"相结合的"孝爱并重"的现代家庭伦理是道德反哺教育的重要价值体现，以此作为社会整体代际正义实现的伦理基础，对于现代中国社会新型家庭伦理的构建，无疑具有非凡的指导价值。

一 传统家庭伦理中的核心价值——孝

毫无疑问，在现代中国社会的新形势下，"孝"作为中国传统家庭伦

---

① 刘鹤丹、罗兴刚：《传统父子关系的论争与家庭伦理的当代重构》，《苏州大学学报》2015年第4期。
② [法]安·比尔基埃：《家庭史：现代化的冲击》，袁树仁等译，生活·读书·新知三联书店1998年版，第337页。
③ 刘鹤丹、罗兴刚：《传统父子关系的论争与家庭伦理的当代重构》，《苏州大学学报》2015年第4期。

理中的核心价值，需要我们对其做出多重、深刻的分析，将其所包含的伦理价值及其现实社会意义挖掘出来，为我们建构现代中国社会新型家庭伦理提供必要的理论基础。

（一）以"孝"为核心的亲子关系

可以说，"孝"是中国社会最为古老的道德概念之一，根据有关学者的考察：

> "孝"之为文，始见于《尚书·虞书·尧典》；"孝"之为义，亦见于此。如果此记不误，"孝"作为一个人类学中的文化概念在原始社会晚期已经具备了比较完整的语义系统。①

可见，"孝"最开始产生于人类的生物性关系，是一种血缘从属性关系，并不具有太多的社会性意义。随着社会的发展和社会形态的更替，"孝"也随着社会历史文化的发展而具备了不同的含义和社会功能。可以说，血缘依存关系是"孝"伦理产生和形成的最为原始的条件，是联结人与人之间关系的最为重要的纽带。中国远古社会的人类正是根据人与人之间的血缘关系来建立和开拓其他的人际关系。因而"孝"实际上代表的是人际之间的秩序，它是个体、家庭乃至人类社会得以延续的非常重要的伦理定律。在这个意义上，我们甚至可以说，"孝"是人类社会其他道德纲目得以产生的基础，中华民族的祖先正是基于对"孝"及其伦理意义的思考而开发出其他一系列的伦理道德要求的。

"孝"常见于先秦儒家的道德规范中，此时的"孝"伦理已经不局限为个体或家庭，而是包含个体、家庭及社会于一体的道德总纲目。如《论语》中云："孝悌也者，其为仁之本与！"（《论语·学而》）孟子也云："尧舜之道，孝悌而已矣"（《孟子·告子下》）。在中国古代典籍中，即使不是专门地阐述孝伦理，如《二十四孝》《孝经》等，也会把"孝"伦理

---

① 周延良：《"孝"义考原——兼论先秦儒家"孝"的伦理观》，《孔子研究》2011 年第 2 期。

当作重点阐述的内容，并由此而开发出其他的伦理道德纲目。可以说，最为全面而系统地阐发儒家孝道思想的莫过于儒家经典的《孝经》，其中阐述孝道思想的语句主要包括：

1. 夫孝，德之本也，教之所由生也。(《孝经·开宗明义》)

2. 身体发肤，受之父母，不敢毁伤，孝之始也。立身行道，扬名于后世，以显父母，孝之终也。夫孝，始于事亲，中于忠君，终于立身。(《孝经·开宗明义》)

3. 孝子之事亲也，居则致其敬，养则致其乐，病则致其忧，丧则致其哀，祭则致其严，五者备矣，然后能事亲。事亲者，居上不骄，为下不乱，在丑不争。(《孝经·纪孝行章》)

4. 教民亲爱，莫善于孝。教民礼顺，莫善于悌。(《孝经·广要道章》)

5. 教以孝，所以敬天下之为人父者。教以悌，所以敬天下之为人兄者也。教以忠，所以敬天下之为人君者也。(《孝经·广德章》)

6. 君子之事亲孝，故忠可移于君；事兄悌，故顺可移于长；居家理，故治可移于官。是以行成于内，而名立于后世矣。(《孝经·广扬名章》)

7. 孝悌之至通于神明，光于四海，无所不通。(《孝经·感应章》)

从以上可以看出，《孝经》这本典籍集中地阐述"孝"之于个体、家庭和社会的作用和意义，其中涉及"孝"的定义、本质，"孝"的种类，即天子、诸侯、卿大夫、士、庶人各有不同的孝道。可见，"孝"不局限于家庭伦理，庶民之"孝"在于父母；君子之"孝"在于效忠国君；天子之"孝"是"爱敬尽于事亲，而德教加于百姓，刑于四海"。因而"孝"因个体身份的不同而从家庭伦理推向社会伦理，孝道在不同的社会角色那里体现为不同的道德类型，实现"孝"——"忠"——"仁"的转化。"孝"在亲子关系中到底是一种什么样的道德要求呢？在现代学者批判的父权主义伦理中，大多数人把"孝"看作是亲子关系中以下对上的绝对的不平等主义。那么，在传统社会的亲子关系中，"孝"伦理存在的合理性体现在哪里？在自然的血缘关系的基础上，古人是如何来规定亲子之间的道德关系的？

在先秦儒家，"孝"已经脱离了它的自然形态，而成为人类为社会寻求道德规范的依据，如《孝经》中又记载："曾子曰：甚哉，孝之大也！子曰：夫孝，天之经也，地之义也，民之行也。"（《孝经·三才章》）唐玄宗注："经，常也。利物为义。孝为百行之首，人之常德，若三辰运天而有常，五土分地而为义也。"① 由上可知，古人把"孝"作为社会通行的道德标准，是因为它是天经地义的，此时，"孝"作为人类存在于社会、自然之界的道德标准与"天地"的存在、运行规律是相提并论的。根据相关学者的考察，唐玄宗李隆基的这一注解应该来自于《孔安国传》，《古文孝经·三才章》孔氏传中有："经，常也。谊，宜也。行，所由也，亦皆谓常也。夫天有常节，地有常宜，人有常行，一设而不变，此谓三常，孝其本也。"在天、地、人三者之间，各有各的运行规律："天有常节""地有常宜""人有常行"——三者运行的规律是固然不变的，相较之下，"孝"是更为本原的自然法则（"孝其本也"）。正是基于以上文献考察，周延良认为：

> 春秋时期及之前，以孔子为代表的思想家们已经充分认识到人类基于血缘关系的"报本"行为或本能亦即"孝行"原是一种动物性的社会化表现。这种以血缘关系为前提的"报本"行为或本能被抽象成"孝行"，是基于对人类动物性的自然本体认知。"孝"是人类动物血缘依存关系"报本"行为或本能的进化或曰"文化"，"孝"是"报本"的实施，"孝"实施的心理动因是不忘本原。②

可见，在天、地、人构成的人类社会中，人处在第一位，亲子关系是

---

① （清）阮元：《孝经注疏》，载《十三经注疏》，中华书局1980年影印本，第2549页。
② 周延良：《"孝"义考原——兼论先秦儒家"孝"的伦理观》，《孔子研究》2011年第2期。

人认识人类社会的开始，也是人之所以为人的开始。以血缘依存关系为基础的孝伦理以及由此而产生的其他社会伦理规范都离不开对人、对亲子关系的理解和诠释，因为亲子关系是人之始、人之本。人之为人的道德观念，首先基于对作为人之根本的亲子关系的认知。如《礼记·祭义》载："君子反古复始，不忘其所由生也，是以致其敬，发其情，竭力从事，以报其亲，不敢弗尽也。"孝伦理最开始体现的为"报本"，也即"报其亲"，它所针对的是最初为人之本的亲子关系。人之所以为人，其道德水平首先体现在亲子关系中，无论后天身处何种社会关系中，亲子关系是个体社会关系产生的开始，只有不忘记这个根本，以自然的亲子关系为基础来生发其他的道德观念，人才能真正地穷尽道德之理。也正因为如此，《孝经》中云："孝悌之至通于神明，光于四海，无所不通。"（《孝经·感应章》）人如果能够把"孝道"悟尽、悟透，也就可以达到"无所不通"的境界了。在这个意义上，"孝"之于人类社会伦理、道德关系的架构有着极其重要的社会意义，"孝"与作为人之初始伦理关系的"亲子关系"有着同样的根本意义。而体现在"孝"中的道德观念是人处理亲子关系的模本，这一模本与人从亲子关系中拓展的其他社会关系同源同流。换句话说，人之社会的关系始于亲子关系，亲子关系作为人之伦理关系、社会关系之始，是产生一切其他关系（如夫妻关系、兄弟关系、亲属关系和朋友关系等）的开始。可以说，亲子关系才是一切社会关系之本，而不是夫妻关系。从这一点来看，所以夫妻关系是附属于亲子关系的，在两性之间，因为产生了亲子关系，夫妻关系才成为真实有效的关系，否则仅仅是两性关系。正因为如此，亲子关系仍然先于夫妻关系。人的一切社会关系都基于亲子关系，个体以"亲子关系"为核心产生出其他的社会关系，并在此基础上建构整个社会的伦理关系。因而，"孝"作为亲子关系中的道德规范，自然而然地也成为构建其他社会伦理道德规范的基础。也正是在这个意义上，我们认为，"孝"在根本上与"仁""义""礼""智""信"等道德纲目都有着根源性关系，如周延良总结的：

"孝"是高级动物血缘依存关系的引申，当然首先是人类进化的结果，是基于自然本体延义到社会秩序（伦理）的前提条件……"礼"作为社会秩序的抽象，最基本的认识对象就是"动物人类"血缘依存关系的"报本"，同变为有秩序的"孝"，不仅最终区别于动物血缘依存关系的"报本"（非"动物人类"血缘关系的"报本"），而且也为人类礼法的诞生确立了最基本、最原始的前提。①

虽然，亲子关系中的"孝"是人类制定其他一切道德纲常的基础，但是作为社会意义上的"孝"与亲子关系中的"孝"显然是不同的。在自然的亲子关系中，以"报本""报亲"为"孝"的主要内容，而在社会关系中的"孝"必然不同于亲子之"孝"，正因为如此，人类须在宗法血缘关系的基础上衍生和建构其他的纲常伦理道德，以维护亲子关系以外的社会关系秩序。如儒家道德纲目的总称——"仁"与"孝"之间就有着千丝万缕的关系，孝是仁的基础，但仁不等于孝，如《论语》中所云："君子务本，本立而道生，孝悌也者，其为仁之本与！"（《论语·学而》）"孝悌"本是基于自然亲情而产生的伦理之爱，但又是"仁"之基础。作为社会道德规范总纲的"仁"，它本身泛指用来处理人与人之间关系的道德规范，这一规范以"孝悌"等"亲亲之情"作为发端。从这里可以看出，儒家之"仁"离不开"亲亲之孝"，但又不止于"亲亲之孝"，如有学者提出："《论语》讲忠恕行仁之道，尚未直接把忠恕与孝道相联系。孔子后学论人的德性成就，更注重孝道。由曾子到思孟学派的发展，其言忠恕，特别凸出以'亲亲'之情作为忠恕行仁之发端的意义。"②"亲亲之孝"是基于血缘关系的自然情感，这种情感是先天的、自然的和真挚的，对于社会来说，这种"亲亲之孝"必须推广至天下，成为"亲亲之仁"。如孟子所说的："亲亲仁也，敬长义也。"（《孟子·尽心上》）只有将"亲亲之孝"推广至他人，实现人我、内外的一体相通，达到一种普遍的爱和敬，"仁"和"义"的价值才得以体现，因而，孟子又说："亲亲而仁民，仁民而爱

---

① 周延良：《"孝"义考原——兼论先秦儒家"孝"的伦理观》，《孔子研究》2011 年第 2 期。
② 李景林：《论孝与仁》，《江南大学学报》2014 年第 3 期。

物。"(《孟子·尽心上》)由人及物,"仁"体现为一种以生命为本体的宇宙观,而这一宇宙观离不开人对自身生命之始的反观。换句话说,人对于他人、世界或宇宙的认识,皆是基于对自己生命发端的认识,而人之生命的发端正是代表道德之本始的亲子关系,故"孝悌者也,其为仁之本与"(《论语·学而》)。

正如前文中所说,"孝"是"仁"之始,但"仁"不止于"孝"。在建构人类社会的伦理道德纲常的时候,古人强调"孝"之于社会伦理道德规范之发端的社会意义,但在论证的过程中,"仁"与"孝"是完全不同层面的道德范畴。相对来说,"亲亲之孝"更加侧重于自然的情感,是油然而生的,无论是父对子,还是子对父,它是一种基于血缘关系的、不假思索的道德情感。"亲亲之仁"虽是"亲亲之孝"的推广,却不止于"亲亲之孝"的自然之情,而是在此基础上产生的理性情感,如李景林指出的:"儒家讲忠恕行仁之方,强调差异实现前提下的通性。由此,仁作为一种普遍的'爱',亦非一种抽象的普遍性,其内在地包含有等差性的规定。"① 从整个社会范围来讲,"亲亲之仁"与"亲亲之孝"的差别在于它的差等性,如孟子说:"圣王不作,诸侯放恣,处士横议,杨朱墨翟之言盈天下。天下之言,不归杨,则归墨。杨氏为我,是无君也;墨氏兼爱,是无父也。无父无君,是禽兽也……杨墨之道不息,孔子之道不著。是邪说诬民,充塞仁义也。"(《孟子·滕文公下》)在孟子看来,杨子的"为我"和墨家的"兼爱"代表的是人我关系的两个极端:一个是极端的个人主义;另一个则抹杀了个体存在的现实情感关系。这两者都不利于建立良好的社会伦理关系,它们是不真实、不符合人性的"悖德"。关于这一点,《孝经》中也云:"不爱其亲而爱他人者,谓之悖德;不敬其亲而敬他人者,谓之悖礼。"(《孝经·圣治章》)这实际上是承认了人与人之间的亲疏、远近关系,很明显,在爱亲人和爱他人之间,必然是将爱亲人放在更为优先的位置,由此而体现的爱的等差性,正是"亲亲之仁"的本质。它源于自然的"亲亲之孝",但又拥有不同于"亲亲之孝"的内涵,这是作

---

① 李景林:《论孝与仁》,《江南大学学报》2014年第3期。

为社会伦理道德规范之"仁"和作为家庭伦理道德规范之"孝"的最本质性的差别。

(二)"孝"伦理对于家庭的作用

毫无疑问,家是以血缘关系为纽带的。而人类的血缘关系可以划分三个系列:父子、兄弟、夫妻,它涵盖了一个家族"纵向""横向""外延"的主要方面。个体所拥有的社会伦理关系,是以家庭血缘关系为基础,然后通过婚姻关系和其他的社会活动来扩展的,如有学者将人之社会伦理关系归纳为"三大伦理系统":1. 以血缘为纽带的家族系统;2. 以政体为纽带的君臣系统;3. 以教育为纽带的师承系统。这三大伦理系统涵盖了十类人物群体,即父子、兄弟、夫妇、君臣(含君民)、师生(含师徒),并提出:"这是人类社会中最具广泛性的十类人物群体,凡是自然人,没有人能够游离上述社会群体而独立存在。"[①] 相比较而言,家庭关系是血缘性的,是个体无法选择的天然性关系。而君臣关系和师生关系却是后天建立起来的社会关系。因而,家庭关系从一开始就具有与其他社会关系不同的属性。

在家庭关系中,父子、兄弟、夫妻和婆媳构成了主要的伦理关系构架,而在这些关系中,父子关系又处在第一位。在上文中,我们已经探讨过父子关系与夫妻关系的先后问题,在《周易·序卦传》中有这样的记述:"有男女,然后有夫妇;有夫妇,然后有父子;有父子,然后有君臣;有君臣,然后有上下;有上下,然后礼义有所错。"[②] 尽管这里承认了夫妇关系先于父子关系,但是相比较而言,父子关系是更为根本、更为重要的关系。在传统的家庭伦理当中,将后代的延续置于最为重要的位置,传宗接代成为个体必须履行的道德义务。夫妇关系则是隐于父子关系之后的,父子关系才是家庭中最为重要的伦理关系。由父子关系推衍出来的君臣关系和社会中存在的一切上下等级关系,以及用以规范社会上下等级关系的

[①] 周怀宇:《〈管子〉孝论:中国孝文化的理论起源》,《安徽大学学报》(哲学社会科学版) 2013 年第 1 期。

[②] 唐明邦:《周易评注》,中华书局 1995 年版,第 261—262 页。

礼义制度等，都以父子关系为本体性的理论参照，如张分田所提出的："亲子关系是人类社会最具普遍性的血缘关系与最具基础性的社会关系。……没有亲子关系，人类社会就不会存续，其他各种社会关系也就无从谈起。因此，无论任何时代、任何地域、任何族群，都必然设定规范亲子关系的行为准则及评判尺度。换言之，亲子关系的普遍性和基础性决定了'孝'必然蕴含对人类社会具有普遍意义的内容，这些内容适用于古今中外一切人类社会的个体。"① 正因为亲子关系决定了人类自身的延续，所以亲子关系才是第一位的。从某种意义上讲，没有亲子关系，就无从谈人类社会，人类社会的发展和延续必须是以亲子关系的产生为基础的。正是在这个意义上，儒家提出了"不孝有三，无后为大"的伦理观念，也就是把人类自身的延续当作是根本性的道德义务。因而，"亲子关系"不仅仅关乎某一个体的发展和命运，从社会整体来讲，亲子关系及其带来的人类繁衍性意义是超于个体之外的。作为"类"存在的人，正是通过天然性亲子关系来生发出各种其他的社会关系，由此，个体的存在才具有了真正的社会意义。正因为如此，"孝"伦理也具备了社会性的意义，如张分田所总结的：

  "孝"是人类的生物性与社会性相结合的产物。亲子关系是生物繁衍的必要条件，这就决定了亲子关系的普遍意义，人类并不例外。但是，人类靠生产劳动而生存，必须结成社会并依托社会组织生活与繁衍，这就与其他生物有本质的差异。为了维系人类的生存与发展，亲长有必要以某种方式长期养育血缘晚辈，而晚辈也有必要以某种方式长期反哺血缘亲长，这是由人类的社会性所决定的。亲子关系在生物界的普遍意义与在人类社会的特殊意义，共同决定了亲子规范与人类社会相始终。因此，"孝"为人类社会所不可或缺。②

---

① 张分田：《价值重建时代传统"孝"文化之再检视》，《天津社会科学》2015年第1期。
② 同上。

在前文中，我们探讨到，"亲亲之孝"与"亲亲之仁"的主要差别在于"仁"爱的差等性，这是亲子关系与其他社会关系的根本差别。那么，在家庭伦理关系中亲子、兄弟、夫妇和婆媳等又有着怎样的关系？他们之间是否也存在等级差别？"孝"伦理在家庭中的作用体现在哪些方面？无疑，传统家庭伦理也为家庭设计了不同的等级关系，在父子、夫妇之间就有明确的等级差别，"父为子纲""夫为妻纲"在本质上将父与夫置于更为重要的位置。正因为如此，很多学者批判传统的家庭伦理制度缺乏民主精神，是一种"父者，子之天也"（《春秋繁露·顺命》）的绝对不平等的"父本位伦理"。并且将这种不平等的伦理机制推衍到社会的伦理管理机制中，产生"君要臣死，臣不得不死"的绝对不平等的社会等级差别。

然而，家庭伦理中的各种关系虽然也体现为不平等的尊卑、差等关系，但是这种尊卑、差等不是一成不变的，它是一种随着家庭关系的变化而变化的伦理关系。在家庭的自然延续中，父和子、婆婆和媳妇之间的关系不是永恒不变的，今日之"子"会成为明日之"父"，多年的媳妇也会熬成婆。所以，家庭伦理关系中的尊卑和差等显然与社会伦理中的差等关系存在本质的区别。在我们承认家庭伦理中的差等原则的时候，我们更要看到传统家庭伦理通过各种不同的关系来实现家庭的分工与合作，并在此基础上实现家族成员的各种利益补偿，以实现家庭伦理中的民主和平等，而不是绝对的、以上对下的不平等关系。相对来说，在家庭中，个体进入家庭的时间越长，其拥有的身份就会越多，其在家庭中的地位就越难以做出简单的界定。但毫无疑问的是，在家庭延续的过程中，个体的地位是"由卑到尊"实现转化，这样的发展趋势对于每一位个体来说都是平等的、相同的，这就会造成在不停发展中的家庭关系里的复杂性、重叠性和制约性等特点。在夫妻关系上，"男尊女卑"和"夫为妻纲"是重叠的；而在母子关系上，"男尊女卑"则与"母尊子卑"的等级关系是相互制约的。那么，为何要产生这样的等级关系？显然，在一个正常发展和传递的家庭中，每位个体的一生都拥有自然性的平等：获得几乎同样多的身份；有着几乎一样的经历；有着平等的人格。因而，家庭中身份尊卑的划分不是以一部分人对另一部分人的奴役为目的的，而是出于家庭本身的发展需要而做出的安排。在家庭中，也存在各种资源和利益的分配问题，这样的资源和利益存在一定的有限性，因而家庭的发展与延续也必须合理地管理各种关系，使得家庭成员能够做到分工合作，形成一个有利发展的共同整体。正因为如此，家庭中的伦理机制显得尤为重要，在传统的家庭伦理设计中，为人们制定了各种各样的规范，如《礼记·礼运》中所云："父慈、子孝、兄良、弟悌、夫义、妇听、长惠、幼顺、君仁、臣忠，十者谓之人义。"而"父慈子孝"等总条目下面，又分别包含许多具体的条目。如父母"慈"的本分下面包括养护、教育、为子女的婚嫁操劳等，子女"孝"的本分下面包括"供养""敬顺""立业""几谏""继志""全身""祭祀""有后"等。如黄义英总结的："父母之于子女，不仅仅是生养关系而已，父母对于子女的成家立业，乃至于成才成人、善始善终等各项，都负有不可推卸的责任。反过来，子女对于父母，也不仅仅是反哺关系而已，他们同样必须在一生中尽到多种本分，甚至是表面上矛盾的本分，如敬顺和谏争。子女在赡养父母之外，不但要敬顺父母，以有别于对动物的养，还要对父母的道德完善负责。"①

因而，传统家庭伦理中的差等伦理原则更讲究各个不同家庭成员之间的分工合作，比如，自古以来，"男主外、女主内"的思想就体现了家庭中的不同分工，这种分工是根据男女不同的生理特点来决定的，不存在自然性别上的不平等，而是出于分工的需要而产生的差别。由此而产生的男女经济地位上的不平等受到众多伦理学家的批判，但实际上，在中国传统家庭伦理中，除了强调分工的差别，还强调利益的补偿，家庭中各个成员之间更是一种依赖和平衡关系，今日的付出意味着明日的获得，如父母年轻时生、养、育子女，必在年老时获得子女的赡养这样的补偿。媳妇在年轻的时候对公婆尽孝，等到自己"熬成婆"的时候，就可以从身份的改变中得到补偿，如黄义英所论述的：

---

① 黄义英：《等级、本分与补偿：中国传统家庭伦理设计的结构与功能探析》，《孔子研究》2009年第4期。

> 在家庭等级结构中……尊卑关系中的卑者也并非永远固定在某个层次里是卑者。今日的尊者原是昨日的卑者今日的卑者又是明日的尊者。为人子者，娶妻生子后自然为人父；为人媳者，有朝一日也成为婆婆。随着时间的推移和家庭人口的变化，每个人在等级结构中的位置都不断上升，机会是均等的。这就是自然补偿。自然补偿通过延时实现的方式，成为调节父子、婆媳间紧张关系的有力手段。①

从这里可以看出，中国传统家庭伦理所讲的平等不表现为共时态的即时实现的平等，而体现为历时态的延时实现的平等。前者遵循的是民主原则，而后者遵循的是补偿原则。在一个家庭的发展过程中，不过分地强调个体的短期利益，而强调家庭作为整体的长期利益，从而实现整个家庭的和谐。因而，家庭虽然只是作为社会最小的集体而存在，但其家庭成员必须依赖这样的集体来发展自身，个体必须能够在与其他家庭成员的合作共进中来实现自己的利益，而不是脱离任何其他家庭成员来谈自身的利益。因此，在父与子、夫与妇等关系中存在着这样的利益制衡关系，彼此之间存在着相对等的权利和义务，任何一方都需要明确自身的权利、义务，才能构建融洽的家庭关系。从这个意义上来讲，"孝"伦理之于家庭的意义体现为整个家庭的发展与和谐，任何家庭中的成员都有义务担当起应该担当的角色，承担相应的义务，并因此而享受自己应该享受的权利。"孝"伦理不仅体现为个体承担起对家庭或家族的自然繁衍的责任，即生育的责任，更要负责起家庭或家族成员之间的经济利益的实现与制衡，即家庭或家族的兴旺与发达。因而"孝"在实质上不仅仅是针对亲子之间的报偿而提出的，而是调整整个家庭关系的伦理原则。在亲子之间、夫妇之间、兄弟之间、婆媳之间，各种各样的家庭成员之间的关系如果要得到和谐的发展，就需要先明确各自的身份与职责，承担起相应的义务，在此基础上才能谈个体的权利以及利益的补偿。

---

① 黄义英：《等级、本分与补偿：中国传统家庭伦理设计的结构与功能探析》，《孔子研究》2009 年第 4 期。

(三)"家国同构"的伦理意义

"家国同构"是中国传统社会的基本特征。有学者认为,在传统社会,"家"是缩小的"国","国"是扩大化的"家",治理国家的伦理政治方针都是由家庭伦理推出的,由"孝"及"忠",因而"家"与"国"具有伦理上的同构性,由此可见"家"存在的社会意义。虽然,"家"是社会中存在的最小的单位,但"家"所承载的社会责任却不局限于"家"本身。显然,在中国传统社会中的"家"与我们现代意义上的"家"存在巨大的差别。更确切一点,传统社会中的"家"更体现为"家族"。以亲子关系为主轴而展开的血缘、亲缘、地缘关系等,构成了家族关系中的主要关系类型。因而,这样的"家"在本质上是以血缘宗族为单位的,如陈忠实撰写的《白鹿原》这部小说中勾勒的白家和鹿家两大家族,他们依靠自己所挑选出来的族长、所创造的"乡约"等来管理着族人。

显然,在传统社会,任何一个家庭或家族的发展和延续既是以血缘关系为脉络的,也是以地缘关系为脉络的。在经济、交通、信息不发达的年代,人与人之间的关系相对来说较为稳定,正如费孝通先生所描述的"熟人社会"。因而,在传统社会的政治治理模式当中,以宗法、氏族、血缘关系为国家治理的基础,是有其产生的依据的。中国古代的统治者们利用宗法、血缘、氏族关系来治理国家,寻求家与国的通理性,在本质上是一种伦理政治,或者以"家文化"治国的理念。无可否认,在中国传统社会几千年的历史中,"家"作为社会的一个单位,其发展和演变必然承载了厚重的伦理文化。从历时态来看,一个家族从产生到发展必然经历长时间的变化;但从共时态来看,一个家族在世的成员最多只能容纳上下两代,所以"四世同堂"或"五世同堂"的家庭结构是传统社会主要的家庭形态。然而,在中国传统伦理文化中,"家"之意义却不局限于眼前的几代人,更加强调要从本体性的家族渊源中寻求"齐家""治国"的伦理基础。

在上文中,我们讨论到,"孝"产生于自然的亲子血缘关系,"孝"伦理是一种基于自然而又高于自然的道德情感,它不局限为亲子之间的报偿,而更强调个体之于家或家族发展的义务与责任,既包括传宗接代的义务(生育义务),也包括光宗耀祖的义务(家族兴旺发达的义务)。这说明，从个体的家庭来说，"孝"自始至终不是发生在个体之间的权利和义务，它更着眼于家或家族这个集体，是个体对于整个族人的生存与发展应当肩负的责任和义务。但是，"孝"不仅仅着眼于眼前的几代人，"孝"伦理更在于懂得"人从哪里来"这样的问题，是基于对人生命的本体之思。于个体而言，父母是其生命的来源，故有子云："孝悌也者，其为仁之本与。"（《论语·学而》）于家或家族而言，先祖是其生命的来源，故曾子曰："慎终追远，则民德归厚矣。"（《论语·学而》）在本质上，已经讲明了"修身""齐家"与"治国"之间的同理性，"家"与"国"有着共同的自然血缘基础。

个体之为人，先要懂得自己生命的本源并在此基础上发展自身的德性，以己推人，因而，人同此心，心同此理。于人而言，家或家族是一样的；于国而言，不过是千千万万个不同的家。若追溯到最初的生命本源，人类的祖先都是一样的，故"君子敬而无失，与人恭而有礼，四海之内，皆兄弟也"（《论语·颜渊》）。因而，在此基础上产生的"家国同构"的政治理念，其本身来自于人对自己的生命之思。在这个意义上，"家"与"国"有着共同的自然血缘基础。从眼前来看，"国"是不同的"家"；从历史的发展源流来看，"国"就是同一个"家"，人类的祖先有着共同的先天基因和血缘基础，如果失去这个根本性的认识，就无从谈及个体的德性。因而，从个体的"修身"，到"齐家、治国、平天下"，看似不同的道德层次，在其本质上又存在同理性。个体只有明了自身与家、国、天下的本源性关系，才能真正地懂得自身存在的意义和义务。由己及人，由近及远，个体的道德与家、国之间就构成了这样一种逻辑性关系，故孟子曰"老吾老，以及人之老；幼吾幼，以及人之幼"（《孟子·梁惠王上》），个体是与天下他人共命运的。作为个体存在的人与作为"类"存在的人都只是历史发展源流中的一粒子，未能有脱离群体或集体而存在的个体。因而，个体、家与国之间存在天然性的依存关系。

同时，个体与家、家与国之间在依存性关系之外并不抹杀个体、家与国之间的利益的差等性，毕竟，由己及人的亲疏远近的伦理中已经明确了人与人之间关系的"差序格局"。尤其是在个体与家、国之间产生利益冲突，"忠孝不能两全"的情况下，"尽孝"还是"尽忠"便成为更为复杂的道德议题。在中国思想发展史上，很容易找到"家国同构"的伦理性渊源。但是，对于"孝"与"忠"的关系，却常常是彼此矛盾的，如任玥所梳理的：

> 早期儒家却也并不回避"孝"与"忠"这两种价值在现实中可能遭遇的冲突。……孔孟二人在情感上都倾向于选择"孝"……事实上，"孝重于忠"的观念在先秦儒家的其他著作中也有体现。譬如战国初期的儒家文献《郭店楚墓竹简》中有《六德》一篇。……提出处理这三大关系的原则是："为父绝君，不为君绝父；为昆弟绝妻，不为妻绝昆弟。为宗族杀朋友，不为朋友杀宗族。"① 这突出反映了早期儒家把血缘宗族关系置于比社会政治关系更重要的地位。②

因而，先秦时期的思想家们不仅承认"忠孝"之间的矛盾，而且选择重心偏向于"孝"。据记载，唐以后，大一统帝国对臣子"尽忠"的道德义务大大提高。武则天亲撰《臣轨》一书作为臣僚之鉴，极言"忠"的重要性："臣之事君，犹子之事父，父子虽至亲，犹未若君臣之同体也。"③ 依照这样的逻辑，"君臣同体"比"父子之亲"还要来得更为天经地义，这极大地冲击了儒家长期以来所持的"父子天性，爱由自然；君臣之交，出自义合"（《晋书·庾纯传》）观念。唐玄宗即位后，大力倡导"移孝作忠"，教化天下百姓及四方诸侯要"以顺移忠"，此后便有模仿《孝经》体例的《忠经》④ 面世。《忠经》将"忠"提升到无以复加的高度，认为："天之所覆，地之所载，人之所履，莫大乎忠。"（《忠经·天地神明章第

---

① 陈鼓应主编：《道家文化研究》（第十七辑，郭店楚简专号），生活·读书·新知三联书店1999年版，第518页。
② 任玥：《"孝"与"忠"的双重变奏——从忠孝关系的演变看儒学传统的历史实践》，《政治思想史》2016年第4期。
③ 武则天：《臣轨》，载《丛书集成初编》（第893册），中华书局1985年版，第1页。
④ 《忠经》托名东汉马融，成书的具体年代难有定论，但基本可判断是在唐以后。清代学者丁晏根据避讳旧俗判断为唐人马雄所写，清代四库馆臣则认定是宋代之书，理由参见《四库全书提要·忠经》。（参见任玥《"孝"与"忠"的双重变奏——从忠孝关系的演变看儒学传统的历史实践》，《政治思想史》2016年第4期。）

一》）在处理"忠孝"关系问题上,主张:"夫惟孝者必贵于忠,忠苟不行,所率犹非其道,是以忠不及之而失其守,匪惟危身,辱及亲也。故君子行其孝必先以忠。"(《忠经·保孝行章第十》)其"君子行其孝必先以忠"的表述,便巧妙地将对"忠"的强调建立在了对"孝"的重新解释之上。然而,"忠"的地位愈是提高,就愈增加了"忠孝"抉择的艰难。直到宋明理学家们将"天理"作为自然的本原,也将其作为道德的本原和社会生活的最高准则,故"孝"和"忠"经由"理"而消弭了两者的差异。[①]

实际上,无论是"家国同构"理念的论证,还是"移孝于忠"的政治伦理的构建,在本质上都反映了古代政治哲学家们对于个体与群体关系的认识。在儒家格物、致知、诚意、正心、修身、齐家、治国、平天下的"八条目"中,前面五条强调的都是个体的德性。这意味着,个体的德性修养是齐家、治国、平天下的伦理基础。个体只有充分地完成了自身的德性修养,才能真正地明了个体与家、国之间的利益关系。虽然,在群己关系问题上,思想家们一致认为,中国传统的伦理思想文化更多地强调群体或集体的利益,在家、国利益发生冲突,"忠孝不能两全"的情况下,个体必然要以国、天下的大局为重,而不因个体、家族的私利影响到国家的利益。但在具体的实现途径上,正统儒家伦理并不将个体置于次要的位置,而更加强调个体利益的满足及其德性修养之于家、国的基础性作用。"百善孝为先"的伦理理念更是突出地体现了个体只有明了家庭伦理的重要性,才能在此基础上培育出其他的社会德性以维护社会稳定发展的秩序。正是在这个意义上,"孝"伦理最终发展为"小孝孝家,大孝孝国"的理念。其中的"大孝"就是"忠",在本质上将"忠孝"连为一体,以实现中国封建社会"家长制"的君主专制统治。

二 现代家庭伦理的变迁

不可否认的是,随着社会结构的变化和时代的变迁,中国现代社会

[①] 任玥:《"孝"与"忠"的双重变奏——从忠孝关系的演变看儒学传统的历史实践》,《政治思想史》2016年第4期。

的家庭伦理正在实现从传统到现代的转变。传统的以"父本位"为主要特征的家庭伦理已经接近退场，但新型的家庭伦理关系却处在各种价值形态的冲击和矛盾当中。如周晓虹所提出的中国现代家庭中"孝易顺难"的现象就切中了现代家庭伦理构建中的要害。显然，传统的"孝"伦理要及时地实现现代转化，才能成为符合和推动当前社会发展的先进伦理文化。

（一）"父本位"家庭伦理的解构

在前文中，我们已经讨论了中国传统家庭伦理体现为以"父子关系"为主轴的"父本位"家庭伦理，以自然的宗法血缘关系为纽带的"孝"伦理成为中国传统社会用以处理群己关系的主要伦理准则。无疑，中国现代社会已经打破了这种以自然的血缘关系、地缘关系为基础的"熟人伦理"机制，正在建立起符合现代家庭结构、特征的新型家庭伦理关系。如朱贻庭所阐述的，中国传统家庭向现代家庭的转型首先表现为宗法型家庭结构的瓦解，这一变革已基本完成。正在进行着的是"由主干家庭向核心家庭转变"的第二轮家庭结构变革。这一变革的直接结果就是家庭中心由"父子关系"向"夫妻关系"偏移，而生育制度的政策性规范使独生子女逐渐普遍化，又造成了家庭重心的下移。如他总结和描述道：

> 这一结构性的变革，必然造成原来那种纵向伦理关系的移位，出现了"代际"关系的危机——亲子关系的疏远和"孝亲"观念的淡化。上海市妇联 1996 年所进行的有效率达 80% 的 1400 份问卷调查结果，认同"百善孝为先"的仅为 25.55%，就是一个明证。必须承认，在这场家庭结构的变革中，受影响最大的是已经和将要进入老龄期的父母，"娶了媳妇忘了娘"成为结构性的现象，老人在子、媳面前，已深感自己地位的失落，一种被冷落的孤独感油然而生。①

---

① 朱贻庭：《现代家庭伦理与传统亲子、夫妻伦理的现代价值》，《华东师范大学学报》（哲学社会科学版）1998 年第 2 期。

显然，传统家庭伦理中的父子关系模式已经改变，主要体现为两个方面：一方面，父子关系不再是家庭中的主轴关系，夫妻关系成为主导现代家庭模式的主轴；另一方面，父子关系中父代的权威性地位受到影响，子代可以完全脱离原生家庭建立自己的家庭，开始自己的生活。由此而造成父代在家庭中的各种心理问题，影响到父代与子代之间的关系。

传统家庭模式的结构性变化直接影响了"孝道"在日常生活中的运用。首先，在家庭关系中，父代与子代之间的孝道观念日益淡化和模糊。在上海市妇联所做的相关调查中，对于"百善孝为先"的伦理观念，其认同率不高的原因在于现代家庭中的关系已经不是以父子关系为主轴。在计划生育政策实施之后，现代家庭的结构多为父母和独生子女形成的"小家庭"，甚至是放弃生育的"丁克家庭"，这与传统社会的"大家庭"存在本质的区别。在家庭的经济或生活来源方面，父代与子代之间虽然也存在相应的权利和义务关系，但是更多的是彼此的经济独立。尤其是城市中的父代与子代，父辈基本上能享受优厚的社会福利和保障，无须依靠子代来实现养老。这更加促进了父代与子代之间的独立，而不是相互依存。其次，父子关系的改变直接带来夫妻关系的改变，在传统的家庭伦理当中，由于父子关系是主轴，以"传宗接代"为主要任务的自然血缘关系的传递成为衡量家庭是否能够维持和延续的主要意义指标。并且，传统家庭不是以单个的家庭存在，而是以家族或宗族的方式存在。而在现代家庭关系中，夫妻之间是否能够生活幸福成为衡量家庭是否能够维持和延续的主要意义指标。现代家庭以单个的小家庭为主要存在单位，家庭与家庭之间彼此独立，不再依靠家族和宗族来实现个体的家庭利益，而更多地依靠自身所处的单位或国家。即使是在农村地区，家族与宗族的概念也日益淡化，子代在建立起自己的家庭之后，成为另一个完全独立的家庭，与原生家庭之间可以相互不干涉，独立生活。正因为如此，现代家庭等于是将个体从家族或宗族中解放出来，个体在家庭中所扮演的角色相对单纯和简单，而在社会中所扮演的角色则更为复杂和重要。在传统家庭伦理中，个体存在的价值和意义体现为家族或国家利益的实现；在现代家庭伦理中，个体自身存在的价值和意义更为重要。

随着家族和宗族的解体、家庭关系结构性的变化,"孝"与"家国同构"的伦理观念也日益受到冲击。在中国传统伦理文化中,"孝道"是基于人们对于自身生命本源性的思考。在前文中,我们已经讨论到,"孝"不局限于亲子之间的报偿,而更体现为个体之于家、国的延续和发展的责任或义务。"孝"不仅体现为个体作为家族的一员,在自然血缘关系上的延续所需承担的责任,也体现在为实现家族社会地位、家族利益方面承担相应的责任。因而,"孝"看似是父子之间的关系,其实质却超越了父子之间的养育报恩,而更着重于家族本身的发展。这样的观念延伸到国家的治理上,个体为国家牺牲自己的利益就成为顺理成章的事情了。在群己关系问题上,传统的伦理文化强调的是集体的利益,而不是个体的利益。在现代家庭结构中,个体、家与国之间虽然也存在密切的利益关系,但是彼此之间的独立性也日益增强。个体不必为了实现家族或国家的利益而一味地放弃自己的利益,在现代家庭伦理中,个体的幸福处在更为重要的位置。

毫无疑问,在现代家庭模式中,父代的权威性地位受到冲击。这也是造成现代父子关系紧张的一个重要原因。在传统家庭伦理中,父代的权威性地位决定了子代在家庭中的次要地位、从属地位,他们甚至连个人的婚姻大事都没有太多的决定权,"父母之命,媒妁之言"成为传统家庭伦理中的一个重要特点。在现代家庭模式中,父代的权威地位下降,子代可以自由地选择和决定自己的婚姻和职业。由于整个社会的结构性变化,子代不再局限于继承父代的事业来谋生,而是可以完全脱离家庭生活,依靠单位和国家来谋生。因而,传统和现代社会中个体、家庭和国家的关系呈现出不同的模式,对比如下图所示:

在传统社会中,个体、家和国呈现出单纯性的垂直型关系,传统家庭伦理中的家,在更多意义上指的是家族、宗族。个体首先隶属于自己的家庭,然后隶属于所属的家族、宗族。传统社会的个体依靠在宗族、家族中获得身份和地位来实现自身的利益。因而,家族、宗族对于个体来说具有绝对的权威性意义。在以家族统治为主要治理方式的政治模式下,个体存在的意义就是通过服从家族、宗族的权威性指导来实现自身的价值。在现

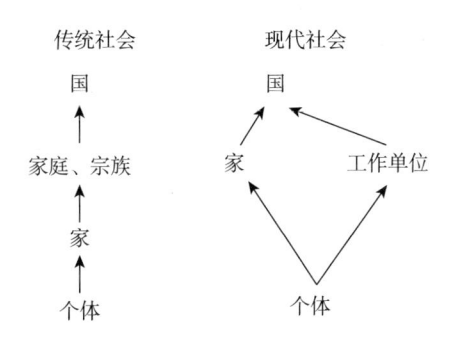

```
    传统社会          现代社会
      国               国
      ↑              ↗   ↖
   家庭、宗族         家    工作单位
      ↑              ↖   ↗
      家              个体
      ↑
     个体
```

个体、家、国关系图

代社会，家族主义的治理模式被打破，家族、宗族式的政治格局逐渐退出历史舞台，取而代之的是各种各样的工作单位。现代意义上的工作单位与家庭处在水平位置，分别代表个体的不同生活领域。家庭成为个体生活的私人领域，工作单位成为个体生活的公共领域。个体通过服务自己的工作单位来获得生活上的来源和支持，因而，个体不再与家庭中的长辈形成垂直性的主宰关系，而是与所属的工作单位形成归属关系。正因为如此，有人批判中国传统伦理文化中缺少公共领域道德，只强调家庭生活中的私人道德。实际上，这与传统社会的结构存在密切的关系。根据费孝通的理论，传统中国社会是一种"熟人社会"，实行的是"熟人伦理"。传统社会经济水平不发达，交通、信息和传播等方面存在障碍，人们依靠血缘关系和地缘关系组建家族、宗族或氏族等团体来生存。虽然，传统社会也存在家、国之间的差别，但在现实生活领域，却并没有形成真正的公共生活，人与人之间的关系是一种熟人关系，是靠彼此的血缘关系和情感关系来维持秩序的。现代中国社会结构发生了重大改变，交通、信息和传播等加速了"熟人社会"的解体，以城市生活为主要形式的"陌生人社会"形成了，主导人与人之间关系的是"陌生人伦理"。这样的伦理模式是以公共生活为主要领域的生活模式，个体的私生活与公共领域的生活存在本质的差别。在私人生活领域，情感成为人与人之间联系的纽带；在公共生活领域，需要一系列的规章、制度和法律来协调秩序。

由于社会结构的变化，社会伦理生活的改变，父代在家庭中的权威性日渐淡化，由此造成父代在家庭中的地位下移，并因此而产生心理上的孤独感、寂寞感和缺位感,这些都是现代社会发展过程中的必然趋势。一方面,父代由于年龄原因,不再有充分的机会和能力加入社会的公共生活领域,只能选择退回到家庭生活;另一方面,父代与子代之间不再是垂直性的主宰关系,父代除了养育子女,有可能与子代的公共生活领域不存在任何交集。而子代除了赡养父母,也很少有机会深入了解自己的父母。因而在父子之间会产生情感上的无法共鸣与缺位,血缘关系虽然还在,但彼此之间可能成为完全的"陌生人"。而在个体的工作单位中,"父权主义"伦理却能够以另一种姿态出现在个体的生活中,即工作单位的领导者或主导者,依赖自己的社会地位权力或专业权威性,成为主宰年轻一代成长和发展的"父权主义者"。相比较而言,传统家庭中的"父本位"伦理是基于自然血缘关系而产生的伦理关系,而现代社会中的"父本位"伦理是基于社会性工作关系而产生的伦理关系,两者在本质上是存在差别的。传统家庭中的父权伦理,父代对子代的主宰地位,体现为义务和权利的对等。父代与子代之间虽然不局限于报偿性关系,但报偿却是排在第一位的。父代在子代年幼的时候养育子代,子代在父代年老的时候赡养父代,这种对等的互补性关系,一方面实现了二者权利和义务的对等;另一方面,也通过报偿性的活动来达到二者的平衡。但现代社会生活中出现的"父权伦理",其产生的根基是居上位者对于居下位者的压制与强迫,无对等的义务和权利,也不体现为彼此之间的报偿性关系,二者之间是极度不平衡的。

(二)"孝易顺难"现象的伦理解释

在谈到传统家庭伦理向现代家庭伦理转化过程中的主要特点之时,周晓虹提出,现代社会亲子关系中一个重要的现象就是"孝"易"顺"难。他提出:"虽然在孝道传统的继承上,现在的年轻人普遍感受到'孝'易'顺'难,但多数人都意识到观点或意见上的'不顺'不应该影响自己在情感或态度上对父母的尊敬或孝敬。"① 显然,这样的概括有其道理,但是我们仍然需要对这里所指的"孝"和"顺"等概念做出学理上的分析。无

---

① 周晓虹:《代际关系的一个重要迹象:"孝"易"顺"难——亲子关系中"文化反哺"现象的调查分析》,《北京日报》2015 年 9 月 14 日第 18 版。

可否认，这里的"孝"已经不再是传统意义上的孝道，它肯定了亲子之间的情感关系。换句话说，在传统"孝道"的现代转化中，"孝道"中所包含的亲子之间的情感是不变的，但是其他的内容已经发生了本质性的改变。在前文中，我们已经探讨到，传统的"孝道"是以亲子之间的情感关系为纽带的，但不局限于情感。传统的孝道更强调个体、家与国家之间关系的平衡，个体的"尽孝"不局限为对父代做出有效的报偿，更重在承担起延续和发展家与国的责任和义务。从这个意义上来说，个体的存在意义从一开始就与家、国的命运连在一起。"孝"是个体基于自身生命本源性思考而产生的道德情感，在具体的实践过程中，"孝"着重于个体、家与国之间的利益平衡。在传统家庭伦理中，以家、国等集体为主要特征的群体利益要高于个体的利益，个体存在的意义和价值在更大程度上是以实现家、国的利益为主要衡量指标的。显然，现代意义上的"孝道"已经脱离了个体为家、国牺牲自身利益的层面。

在现代家庭伦理当中，"孝"仍然是平衡亲子关系的主要道德标准，但是"孝"的内涵已经发生了实质性的变化。即使是"孝道"中所包含的亲子之间的情感关系，也发生了重要的改变。无疑，在传统家庭伦理中的"孝道"，虽然不局限于亲子之间的报偿，但亲子之间的报偿是必不可少的，如《论语》中论及"孝道"，就是这样说的：

子游问孝，子曰："今之孝者，是谓能养。"（《论语·为政》）

子夏问孝，子曰："色难。有事弟子服其劳，有酒食先生馔，曾是以为孝乎？"（《论语·为政》）

因而，"孝"的最基本的体现为"能养"，这是对父代养育之恩的报答。继而"老有所养""养儿防老"等观念的产生，都表达了亲子关系中的报偿性原则。父代在子代年幼时付出了养育的辛勤劳动，那么在父代变老之时，理应受到子代的报答和补偿。但是，这样的补偿不局限为物质方面的补偿，亲子之间不是一场物质交易，而更应该体现为情感上的补偿。在"孝道"方面，"色难"所表达的就是子代对父代的情感补偿，"能养"

所体现的只是衣、食方面的满足，"色难"则强调精神上的愉悦和安慰。"孝道"思想到孟子那里就发展为"事亲""尊亲"和"顺亲"三个层次，其中"顺亲"是最高级别的"孝"，主要体现为"无违"，如《论语》云：

> 孟懿子问孝，子曰："无违。"樊迟御，子告之曰："孟孙问孝于我，我对曰'无违'。"樊迟曰："何谓也？"子曰："生，事之以礼；死，葬之以礼，祭之以礼。"（《论语·为政》）

罗安宪认为，这里的"无违"指的是无违于"礼"①，无论是生之事，还是死之事，都要依照"礼"来事亲、尽孝，即自觉地按照一定的社会规范来"事亲"。从这里可以看出，"孝道"不仅体现为父子之间的私人恩情，更要依照整个社会的行为规范来处理父子关系。子代对父代的尽孝不只是个人层面的行为，也是社会层面的行为，更体现为一种应尽的社会义务。总而言之，"顺亲"和"无违"表达了传统"孝道"的核心思想，无论是作为亲子之间的情感之孝，还是作为社会责任的义务之孝，其中都彰显了父代相对于子代的权威性地位，以及子代对于父代的顺从、听从的义务，如孟子说："不得乎亲，不可以为人；不顺乎亲，不可以为子。"② 从这里可以进一步看出，"孝道"也不局限为情感上的报偿，更强调的是子代对于父代的无条件的服从、顺从关系。儒家进而将这样的"顺从"观念植入君臣关系当中，由此强化了"三纲五常"的封建主义君主专制政治，子对父的义务、臣对君的义务、妻对夫的义务都处在彼此关系当中的最高位置，形成最高形态的父子、君臣和夫妇伦理。

传统家庭伦理当中将子代对父代的"顺从""无违"等当作一种义务，以此来维持家庭乃至整个社会的稳定，这样的伦理规范有其产生的社会基础。在传统社会，代际之间赖以生存的社会结构、生产方式、生活习俗等都不会发生太大的改变，亲代与子代之间的继承关系显得尤为重要，"无

---

① 罗安宪：《孔子"孝"论的三个维度》，《黑龙江社会科学》2013 年第 5 期。
② 朱熹：《四书集注》，岳麓书社 1987 年版，第 395 页。

改""无违"亲代的权力意志，成为子代应该尽到的最大的"孝道"，如周晓虹所描述的：

> 对家族或地缘群体的每一个成员来说，礼俗是当然的……是一种被神圣化了的传统。这种被神圣化了的传统之所以不会被轻易抛弃，是因为乡土中国是一个变化极其缓慢的社会。……变化的缓慢赋予传统以有效性，年轻人完全可以凭借礼俗这种神圣化了的传统应付他们遇见的和他们的前辈曾经遇见的没什么两样的生活问题。这些生活问题的相同性自然也造就了两代或数代人之间处理方式的一致性。①

显然，传统社会的亲代与子代之间不存在根本上的意识形态的差异，他们共处在被神圣化了的传统之中，他们的差异仅仅是父代的愿望与子代的现实之间的差异，"成全"父代的愿望可以说是子代存在的义务和责任，因而，古有父代"望子成龙""望女成凤"这样的愿望，子代是不能违背父代的愿望的。因为，父代的愿望与子代的期望之间不存在本质意义上的冲突，不存在现代意义上的代际冲突，他们在意识形态上达成一致，即传承父代遗留下来的一切知识传统和价值理念。

周晓虹所提出的"孝"易"顺"难的社会现象无疑具有极其重要的研究意义。在父代与子代的关系问题上，现代与传统之间到底发生了什么样的变化？尽管在现代家庭伦理中，"孝"仍然是一个非常重要的伦理，"孝"伦理中既包括赡养父母的物质报偿，也包含了子代对于父代的情感报偿。但是，现代家庭伦理中的"孝道"与传统意义上的"孝道"存在根本性的差别。首先，在物质报偿方面，传统社会的亲子关系，由于没有相应的社会保障和养老制度，亲代的养老完全依靠子代，因而子代对于父代的赡养义务显得尤其重要。在现代社会，社会保障和养老制度日趋完善，除了农村地区目前还不能完全地实现社会养老，城市地区已经基本上实现

---

① 周晓虹：《孝悌传统与长幼尊卑：传统中国社会的代际关系》，《浙江社会科学》2008年第5期。

社会养老，生活在城市中的父代，依靠他们的退休金来养老。因而，父代与子代之间的物质性的报偿不再居于重要地位。其次，父代与子代之间的情感关系。传统社会中的父代与子代虽然也主要体现为情感关系，但是这种情感是以子代对父代尽到"顺从""无违"的义务之后而产生的，重在强调父代的权威地位，子代的顺从义务。而在现代社会中，这样的代际义务显然已经不适应社会的需求了。虽然周晓虹也强调了，在文化反哺过程中，子代对于父代的反哺态度、方式很重要，委婉的劝说取得的效果会更好。但实际上，这只反映了父代与亲代之间情感关系的表象。父代与亲代之间是否真的存在情感上的共鸣，这才是真正意义上的情感关系。传统社会的父代与子代之间，其所处的文化传统往往不存在太多的变化，因而在情感上更容易取得共鸣。现代社会处在各种文化价值观的冲击之下，传统与现代之间的碰撞，中西方之间的碰撞，各种文化形态的交融与冲突，父代与子代之间的意识形态无法达成统一，并产生巨大的代沟。因而，现代社会中的父代与子代之间的情感关系，更容易陷入一种"陌生人"的境地，即父代和子代之间存在价值观上的巨大差异。

因而，"孝"易"顺"难在本质上表达的是父代与子代之间价值观的不一致。从理论上讲，父代与子代之间由于血缘关系和长期的生活经历而产生的情感关系应该是非常牢固的，但是父代和子代之间的情感关系不局限为情感，更体现为价值观的一致。在传统社会，由于不存在太多的价值上的冲突，父代与子代之间的情感关系显得尤其稳定。但在现代社会，"顺"难所表达的就是子代再难以在价值观上保持与父代一致的状态。尤其是在社会发生急剧变迁的中国现代社会，子代所能接受到的学校教育、社会教育远远多于从父辈那里得来的传统教育，在价值观上很容易与父代产生冲突。从这个意义上，现代意义上的"孝"应该完全有别于传统意义上的"孝"，尽管二者都强调父代与子代之间的情感和义务关系，但是在本质上又发生了根本性的变化。

（三）"孝"伦理的现代转化

在现代社会生活中，如果再拿传统社会的"孝道"来要求子代，必然会造成父代与子代之间的紧张关系。因而，对于传统的"孝道"，我们必须对其进行理性的分析并实现其向现代的转化。正如张分田所提出的："在诸多历史因素的影响下，亲子规范的属性、内容及形式不断演化，'孝'的核心价值、具体规范及适用范围不断演化，'孝'字的内涵与外延也随之不断演化。因此，同是一个'孝'字，同是亲子规范，不同时代、不同人群的设定和诠释会有所不同，甚至可以有本质属性的差异。"① 由此可见，"孝"是一个历史性的概念。现代社会中的"孝"必须具有不同于传统社会之"孝道"的新内容。

在实现传统"孝道"的现代转化的过程中，学者们普遍认同的是里面包含的感恩、养老、报答、反哺等成分，普遍反对的是里面包含的"顺从""无违"等道德义务。如魏英敏提出："孝作为今日家庭生活中的道德规范可以从古代孝的道德范畴中吸取感恩、敬爱、赡养的合理成分，即在概念的表述上，不称'孝顺'，而称'孝敬'为好。一则'孝顺'不容易与'三纲'划清界限，'顺'有服从或盲从的意蕴；而'孝敬'则能够体现中国传统道德孝范畴的合理性，又符合我国宪法中关于父母与子女关系的权利与义务对应的平等的规定。"② 可见，主要的改变体现在一个"顺"字上面，"盲目地顺从"被视为传统"孝道"中最不合理的成分。实际上，这样的"愚孝"精神在历史上也是备受批判的，比如，当鲁哀公问孔子："子从父命，孝乎？臣从君命，贞乎？"孔子没有直面回答，出来告诉他的学生子贡说："子从父，奚子孝？臣从君，奚臣贞？审其所以从之之谓孝、之谓贞也。"（《荀子·子道》）由此可以看出，在先秦儒家的思想中，"子从父""臣从君"并不是毫无条件的顺从，要根据具体情况来定。战国后期的大儒荀子更是认为："从道不从君，从义不从父，人之大行也。"（《荀子·子道》）这意味着，比君与父更为重要的是"道""义"等法则，如果君与父是"不道""不义"的，那就没有必要盲目地遵从和追随。实际上，"愚孝""愚忠"等思想在法家和宋明理学那里体现得尤为突出，历史上记载的众多关于"愚孝""愚忠"的故事里包含了移"愚孝"至"愚

---

① 张分田：《价值重建时代传统"孝"文化之再检视》，《天津社会科学》2015 年第 1 期。
② 魏英敏：《论"孝"的古代意义与现代价值》，《江苏社会科学》2005 年第 4 期。

忠"的政治目的，其在本质上是为加强封建专制统治提供伦理上的合理依据。

显然，现代的"孝"伦理不能完全抛弃传统"孝道"中的精华部分，如前文中论述的，"孝"于中国人而言不局限于父子之间的报偿，而更体现为作为"类"存在的人的生生不息的发展伦理。个体之"孝"不仅体现为从自然血缘性关系上发展自身，更体现为从社会性关系上壮大自身。因而，"孝"在本质上承载着个体对于家、国应该担当的义务与责任，它从一开始就是与家、国联系在一起的。个体存在的意义就是将自身融入家、国的建构之中，这不但是个体存在的需要，也是个体发展的需要。从这个意义上讲，"孝"及其蕴含的伦理精神从一开始就是集体的、群体的，个体只有在集体、群体当中发展自己，不忘自己的本始，才能真正地实现自身存在的价值。这不仅体现为对自身生命的发源性思考，更是对自身生命的发展性思考，因而，"孝"从一开始就是一种基于传统而产生的生命哲学精神，继承传统是"孝"伦理根本性的特征，"无违""顺从"等在本质上体现为不改父代的传统，所强调的是父代与子代之间的继承性关系。这样的继承不仅是自然性血缘关系的，更是社会价值性关系的。传统承载的就是父代所秉承的价值理念，"孝道"就是"无改父之道"，如《论语》中云："父在观其志，父没观其行，三年无改于父之道，可谓孝矣。"（《论语·学而》）"孝道"不是表面上的"顺从""无违"，而体现为内在的价值认同，父死之后仍然能够继承父之志，实际上代表的是价值上的深刻认同。因而，"孝"更强调的是价值观的认同、传承和发扬。在父代与子代之间，自然血缘性的继承关系是毋庸置疑的，传宗接代既是个体对家庭应该承担的义务和责任，也是个体发展自身血脉关系的重要途径。但价值观的认同却不是一件容易的事情，在传统社会，代际之间的价值观念并不存在根本上的差异，社会的生产方式与形态结构等未能发生根本意义上的变化，代际之间的知识传统在根本上存在一致性。

虽然从社会角度来讲，传统社会的代与代之间的价值观念不存在根本性的变化与差异，但从个体来讲，仍然会存在一些差异。正因为如此，先秦儒家在谈论到父子、君臣之间意见不合问题的时候，提出了"谏诤"

"谏亲""几谏"等思想，以弥补"愚孝""愚忠"带来的危害。作为个体而存在的父代很有可能在道德上产生过错，从而产生这样的问题：父母有过，子代是否还需要无条件地顺从？曾子就曾经请教过孔子这个问题，孔子是这样说的："父有争子，则身不陷于不义。故当不义，则子不可以不争于父，臣不可以不争于君。故当不义，则争之。从父之令又焉得为孝乎？"（《孝经·卷十五》）父子之间、君臣之间，如果其争论是符合道义发展方向的，是合乎道的，那么子代、臣子的"谏净"实际上是帮助父代和君主避免陷入不仁不义的境地，这在本质上是符合孝道的。然而，更为棘手的问题是：父代不听从子代的"谏净"之时，应该怎么办？针对这个问题，孔子说："事父母几谏，见志不从，又敬不违，劳而不怨。"（《论语·里仁》）孔子的意思是，如果父母不听从劝告，那么子代应该反复婉言相劝，并且不能因此而产生怨恨之心，要一如既往地孝敬父母。关于这一点，曾子又说："父母之行若中道则从，若不中道则谏，谏而不用，行之如由己。从而不谏，非孝也；谏而不从，亦非孝也。"（《大戴礼记·曾子事父母》）"孝"不意味着盲目地服从父母，如果父母之行符合道，那么"无违""顺从"是自然的事情；如果父母之行不符合道，子代就要学会"谏净"，帮助父母改正自己的错误。因而一味地"顺从"而不懂"谏净"，不是孝道的本质；一味地"谏净"不懂得"顺从"，也是不孝的表现。所以，传统的"孝道"既包含"顺从"之意，也包含"谏净"之意，是"顺从"与"谏净"的合二为一。

然而，在中国传统社会，无论是"顺从"，还是"谏净"，都未触及传统伦理的根本，子代与父代共处于相同的传统之中，他们在价值观上不存在根本性的差异，只是在个别的行为上存在一些差异，这样的差异是个体性的。现代社会的"孝道"却面临着价值观上的根本性差异，子代与父代之间不局限为个体性的差异，而是作为一代人或几代人存在的群体性差异。传统的"孝道"中所包含的继承性内容受到了质疑，子代和亲代之间面临着完全的、彻底的"改朝换代"。从中国近代的新民主主义革命运动开始，亲代与子代之间的价值观念就开始"断裂"，源自西方的科学、民主等观念与旧传统中的保守、父本位等思想发生了剧烈的碰撞。子代与父代之间的关系面临着新的考验，尤其是在民主思想不停发展、进步的情况下，原本主导父子关系的"权威主义"思想无法继续发挥作用，子代所遵从的"道""义"等在本质上不同于父代所遵从的"道""义"。这意味着子代作为一代人或几代人在道德认识上发生了本质性的改变。正因为如此，子代和父代之间可能成为完全的"陌生人"，自然的血缘关系纽带所联结的仅仅是彼此的亲情，而内在的灵魂却是迥异的。在这样的基调下，很难再用传统的"孝道"精神来主导父代与子代之间的关系。父代与子代之间的关系必然随着整个社会的生产方式、社会结构、形态的变化而发生变化。

综合以上认识，子代与父代之间的"孝"伦理必然发生根本性的改变，实现传统向现代的转化。然而，这种改变不是全盘否定，而是批判性的继承。无可否认，自近代鸦片战争以来，在否定封建专制主义政治的过程中，无数的仁人志士提出，要否定封建专制主义政治，就必须彻底否定封建专制主义赖以存在的孔门儒学；要否定孔门儒学，就必须彻底否定其赖以存在的"孝"伦理及其推衍而成的"三纲五常"等道德准则。因此，对旧传统进行彻底的批判是近代新文化运动的开始，陈独秀、胡适、吴虞、鲁迅等革命先驱纷纷著书立说，对维护封建专制的"孝道"思想进行了深刻批判。在他们看来，"忠""孝""节"这样的旧道德、旧传统，在本质上否定了个体的独立人格，过分强调个体对群体、集体的义务和责任，严重阻碍着中国社会的进步。要改变这种状况，就必须摧毁以"孝"为核心的传统家族主义，并以西方的"个人主义"取代中国传统的"家族主义"。如胡适曾经说道："孝的弊病是很多很大的了……儒家以孝弟二字为二千年来专制政治与家族制度联结之根干，而不可动摇……徒令宗法社会牵掣军国社会，使不克完全发达，其流毒诚不减于洪水猛兽矣。"① 足以证明，近代社会的新民主义对于传统"孝道"的否定。即使是鲁迅先生，也在《二十四孝图》中直言不讳地表白："对于父母，倒是极愿意孝顺的。"然而，覆巢之下，安有完卵？在这种否定一切、打倒一切的激流中，

---

① 吴虞：《家庭制度为专制主义之根据论》，《新青年》1917年第2期。

"孝亲""养亲"思想都不可避免地受到冲击。因而，近代的新民主主义革命运动将传统"孝道"思想当作封建专制主义政治的根基全盘否定，这种否定是不留余地的，"孝道"与儒家思想被视为封建主义的流毒，需要彻底地被清除出去。

然而，近代新民主主义革命运动毕竟还只是停留在文化层面，这样的冲击力量是比较小的。新民主主义革命运动带来的思想上的革命是深刻的，但是，并未引起"孝道"思想的彻底解构，正因为如此，有学者总结：

> 如果说五四新文化运动对传统"孝"观念的批判还只是停留在观念层面的话，真正在实践操作层面与社会活动层面"孝"观念的全面冲击与解构应该说发生在随后的历次战争、革命、运动以及晚近的改革开放年代，这些持续的巨变进一步导致人们对传统孝意识的模糊、淡漠乃至厌恶。①

显然，新民主主义革命运动的先驱们只看到了"孝"作为一定历史时期的观念形态，如代表了极端专制主义的"三纲五常"伦理思想，而未能将"孝"放在中国发展的历史长河中去做根源性的考察。这样的全盘否定显然给社会带来了极大的负面影响，在从传统走向现代的转化中，"孝"伦理的解构与重构无疑是现代社会亟待解决的一个重大课题。中华人民共和国的成立以及20世纪80年代开始的改革开放，极大地改变了社会的生产方式和经济发展模式，为我们建构新型的"孝"伦理提供了"土壤"。现代社会的"孝"伦理必然是以适应现代社会与经济发展为前提的道德观念，它彰显的是现代社会父代与子代之间的新型代际关系。

然而，传统"孝道"的解构若成为不可挽回的趋势，那么现代社会"孝"伦理的建构必然不可回避的一个问题就是：子代如何看待和继承父

---

① 陈治国：《儒家"孝"观念的原始意义及其近代以来的多重命运》，《孔子研究》2005年第6期。

代们的传统。中国社会历来是一个尊重传统的社会，传统的"孝道"中所蕴含的核心思想就是继承父代的传统。然而，现代社会由于经济水平的突飞猛进和科学技术的日新月异，正在以前所未有的速度打破各式各样的传统，正如周晓虹所总结的：

> 文化传承尤其是物质文化传承都是由父及子，由上代传至下代；……在器物的制作尤其是使用上，"手把手"教导是父及子、师及徒、上代及下代最为常见的传承方式。……我们所称的"文化反哺"即那种由年轻一代将文化及其意义传递给其生活在世的年长一代的新传承方式，传统代际关系发生断裂，原有教化者（亲代）与被教化者（子代）关系颠覆成为这个特定时代最令人困惑的叙事议题。①

传统的本质含义就是由上一代向下一代传递的东西，包括生产方式、生活方式、价值理念、教育理念、代际传递等各个方面。然而，这样的由上及下的正向传递性关系显然正在被解构，取而代之的是由下及上的反向传递关系。显然，传统"孝道"中的"顺从""无违"等思想完全不能适应现代社会发展的要求。现代社会的父代与子代之间可能存在不能逾越的"技术鸿沟"。这首先取决于社会的生产技术发展水平，其次与社会的教育方式有关。毫无疑问，从生产技术水平上来讲，现代中国社会在科学发展方面已经以势不可挡的速度超越了世界上很多国家，它是作为整个社会的潮流向前发展的，个体在社会科学力量发展的影响下发生了巨大的改变，尤其是作为社会中坚或新生力量的中国现代青年，他们所能接触到的新型技术和现代教育，把他们与自身所处的家庭、家族传统等彻底割裂。现代的社会教育加速了家、家族传统的解体，个体完全可以脱离家庭、家族接受全新的社会、学校教育，这样的教育方式无疑是对传统的最大冲击。现代中国的社会、学校教育正在以一种滚滚向前的态势不停地发展西学，即使是社会意识形态领域，也以产生于西方的马克思主义为主流意识形态。

---

① 周晓虹：《文化反哺与器物文明的代际传承》，《中国社会科学》2011年第6期。

现代中国社会的"孝"伦理必然在这样的基调下来进行重构,科学与民主的这两大思想永远是时代不变的主题,而"孝"伦理必然也不能脱离这两个方面来实现转化。

显然,过分地强调子代对父代的"顺从",那是传统"孝道"发展到一定的历史阶段才有的事情,封建专制主义政治利用传统的"孝道"来为自身找到存在的根基,极端地体现为"三纲五常"等伦理道德规范的政治化。然而,在传统"孝道"实现现代转化的过程中,一方面,我们不能完全抹杀它本来就有的价值和意义,"孝"伦理作为植根于中国传统文化几千年的观念,其产生的根基是祖先对于人的生生之本的思考,其价值和意义在于个体对家、国承担的义务和责任,是联结个体、家和国的先天的自然血缘纽带。因而,在处理群己关系上,"孝"伦理仍然是伟大的中国伦理文化的原发性基础。传统"孝道"除却亲子之间的报偿关系之外,更着重强调个体之于族、群的发展和壮大所应承担的义务,这样的精神对于现代中国社会的青年教育仍然是非常重要的。另一方面,现代"孝"伦理应该增加更多的科学与民主的内容,使得传统的"孝道"拥有更多的适应现代社会发展的内容。科学与民主精神作为自近代以来引自西方文化的先进理念,在近百年的历史里,指导着中华民族日益摆脱封建专制主义的思想钳制,日益走向一个和谐、民主的现代社会。这样的精神于个体、于家、于国都有前所未有的现实意义,因而,将科学与民主的精神融入传统的"孝"伦理,是实现传统"孝道"现代转化的必由之路。

科学和民主的思想更应该体现在现代的亲子关系里。亲子关系作为先天的自然性血缘关系,无论社会、时代如何变迁,都是不会发生改变的。传统的"孝道"以先天的血缘关系生发出社会性的伦理道德纲常,具有非常深刻的社会意义。虽然现代的社会结构、形态、生产方式、生活方式等都发生了翻天覆地的变化,但是以血缘关系为基础的亲子关系仍然是主导个体、家庭和国家伦理道德发展的生生之本。如杨明辉所阐述的:

> 血脉亲情仍然是人们最重要的情感关系。……具有超越时间和空间界限的普遍意义与内在价值,因而是不可能完全替代与彻底解构

的。……作为孝观念基础的家庭主义或集体主义的影响依然十分强大。……家天下的观念一直以来主导着传统文化的传承与变迁……为父母的福祉而努力是一个人在社会中获得尊重最基本的条件。因此，孝养父母依然是重要的美德或价值。①

可见，处理好亲子关系、实现亲子之间的平衡发展是每一个时代都关心的主题。摈弃传统"孝道"中那些不利于亲子关系发展的内容，增加科学和民主的思想成分，是实现传统"孝道"现代转化的切实有效的途径。

三 道德反哺教育中的家庭伦理

道德反哺教育在实现传统家庭伦理转化为现代家庭伦理的过程中无疑具有非常重要的社会意义。在上文中，我们已经阐述了传统的个体、家、国之间的关系：个体、家、家族和宗族、国等呈现垂直性关系；而在现代社会，家族、宗族已经解体，取而代之的是工作单位。实际上，在传统社会的伦理范式中"家国同构"是主要形态；而在现代社会的伦理范式中，家、国分属个体不同的生活领域，前者是私生活领域，后者是公共生活领域。显然，在现代社会的伦理道德教育中，社会教育和学校教育的重点与核心都在公共生活领域，而有关亲子关系、家庭伦理方面的教育仍然局限于私人生活领域。正因为如此，亲子关系的紧张、代际之间的失衡、家庭伦理的失范等都成为影响现代社会发展的重要社会问题。尤其是改革开放政策实施以来，社会结构和经济水平的急速变化，更是加速了传统中国社会各种伦理道德范式的解体。在由传统走向现代的发展过程中，亲子关系作为人际关系的最为本始的血缘关系，以及以亲子关系为根基的"孝"伦理等，正处在各种价值观的冲击之下，传统家庭伦理日益被解构。道德反哺教育是中国社会在特定时期产生的一种特殊现象，它对于重构现代家庭伦理、实现社会代际正义等具有重要的现实意义。

---

① 杨明辉：《新三纲五常：中国传统孝养思想的现代转化》，《江苏大学学报》（社会科学版）2013 年第 2 期。

（一）道德反哺教育中的亲子关系

毫无疑问，亲子关系是一种人际关系，但又不同于一般意义上的人际关系。

在传统社会的伦理范式中，亲子关系成为社会伦理道德纲常产生的基础。传统伦理文化强调亲子关系中子代对于父代的无条件的顺从、服从，因为子代在亲子关系当中处于一种被决定、被支配的地位，而父代处于绝对的优势地位。父代的优势地位产生的根基在于当时落后的生产方式和经济水平，父代和子代之间的关系以子代继承父代的知识传统和产业为主要特征。在子代不可能过多地超越父代的情况下，子代依靠从父代那里的继承来实现自身的社会价值和地位。传统社会中的亲子关系既是社会伦理道德纲常产生的基础，又是考察个体道德发展的重要标准。因而，在个体、家和国之间不存在独立存在的道德规范，社会的道德规范就是个体修身养性的道德规范，个体的修身养性亦是齐家、治国的道德基础。正因为如此，儒家在论证道德发展层次的时候提出"八条目"说：格物、致知、诚意、正心、修身、齐家、治国、平天下。在这"八条目"中，前面五条都是强调个体修身的，足见个体的德性之于家、国的非凡伦理意义。个体的"孝道"成为个体是否能够成人、成才的标准亦顺理成章。正因为如此，在中国历史上的特定时期，"孝道"成为国家选拔人才的重要标准。

社会伦理道德范式的改变必然带来亲子之间关系的改变。在现代社会，亲子之间的自然血缘性关系没有发生改变，但是主宰亲子关系的不再是传统的家族主义伦理范式，而是现代的社会伦理范式。虽然，家庭伦理与社会伦理分属个体的不同生活领域，但是作为社会伦理主打精神的民主与科学思想等也日益渗透到现代家庭伦理当中。因而，现代社会的亲子关系是随着社会民主、科学等思想的兴起而发展起来的新型的亲情关系。道德反哺教育的发生正是基于亲子之间的民主意识的增强而产生的，它本身就代表了亲子之间基于民主、平等的基础之上而产生的社会现象。显然，在传统社会，父代的权威性地位并不是自己赋予的，而是由父代所拥有的知识传统、社会技能、经济地位等方面的绝对优势而获得的。传统社会的子代只能从父代那里接受教化并传承父代所掌握的技能、经验等。在现代社会，子代不再局限于从父代那里获得各种技能和经验，相反，他们通过接受各种学校、社会教育成为真正能够立足于社会中的"出家人"。因此，亲子之间的血缘关系没有改变，社会性关系却完全变了。传统家庭中的亲子关系和现代亲子关系不再是同一个层面上的关系，如下图所示：

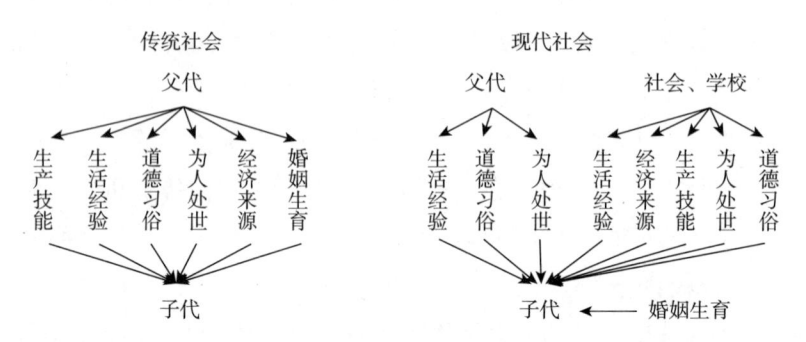

```
            传统社会                              现代社会
             父代                         父代           社会、学校
   ┌──┬──┬──┼──┬──┐                 ┌──┬──┐       ┌──┬──┬──┬──┐
  生  生  道  为  经  婚              生  道  为      生  经  生  为  道
  产  活  德  人  济  姻              活  德  人      活  济  产  人  德
  技  经  习  处  来  生              经  习  处      经  来  技  处  习
  能  验  俗  世  源  育              验  俗  世      验  源  能  世  俗
   └──┴──┴──┼──┴──┘                 └──┴──┘       └──┴──┴──┼──┴──┘
            子代                        子代  ←── 婚姻生育
```

传统社会的亲子关系，父代作为绝对的权威者掌管了子代的全部生活，包括生产技能、生活经验、道德习俗、为人处世、经济来源、结婚生育等各种事务。其中生产技能和经济来源等决定了子代只能依靠父代来谋取自己的生存和发展，"子承父业"成为传统父子关系的主打模式。而其他的生活经验、道德习俗、为人处世和婚姻生育等都是通过父母做主，或者效仿父母的做法来获得。子代并不存在个体独立的人格和选择、辨别的权利，尤其是个人的婚姻生育，往往不是由子代自己来决定，而是由父母做主来决定。因而，传统社会的亲子关系，子代是无法超越家庭而独立生活的，家族主义是传统家庭伦理的主要范式，父代与子代之间的关系是支配与被支配的关系。个体、家和国之间不存在明显的差别，个体、家和国是浑然一体的。个体无法离开家、国谈自身的诉求，个体与家、国之间是垂直性的主宰关系。在现代社会的父子关系中，父代不再作为子代的主要经济来源和生活生产技能的获得来源。个体通过学校、社会教育接受正规的各项技能训练，并依靠从社会中获得某个职位来谋生。因而，个体的社会生活与家庭生活实现了分离。在家庭生活中，父代仍然掌管子代早期的生活经验、道德习俗、为人处世等方面的教育，但子代的晚期教育，也就是说，在子代进入学校、社会之后，会接受更多的来自社会各方面的教育。子代在婚姻、生育等问题上享受充分的自主权利，成为完全的个体私

人生活领域。

从以上的对比可以看出，父子关系之所以发生根本性的改变，主要归因于社会、学校的教育。在传统社会，父代负责了子代的全部教育活动，即使有私塾、学堂等，其教育的内容也是作为社会主流意识形态的儒家思想，局限在道德教育，主要以个体德性修养为基础来谈齐家、治国方略，而较少涉及自然科学技术方面的内容。这也是造成近代中国落后挨打的主要原因。近代中国社会的新民主主义革命运动中，"德先生"和"赛先生"彻底颠覆了传统中国社会的教育模式，一方面，要彻底改变传统中国的道德教育模式，引进西方的民主、平等思想；另一方面，要大力引进西方科学思想，大力发展能够推动生产力进步的科学技术。这样的思想自近代产生以来，首先为中国迎来了自身的独立和解放，继而在改革开放政策实行之后，彻底迎来了当今中国的新时代。无可否认，这些都是大力提倡学校教育、社会教育的成果。周晓虹在描述"文化反哺"这一现象之时，反复强调改革开放之后这一历史时期亲子传承中的巨大改变，他将其归因于社会的急剧变革与子代对于新事物的接受能力，如他所描述的：

> 子代向双亲进行"文化反哺"的能力主要得自于他们对新事物具有较高的敏锐性和接受能力，他们受旧有的价值观和行为模式的束缚较少，以及他们凭借语言和器物（如电视、报刊和互联网）接触的优势而获得的从媒体、市场及生活本身获取社会信息的便利性，对生活意义进行解释的权威性。①

实际上，我们不得不承认，改革开放之后的四十年，也是中国恢复高考的四十年，冲击亲子关系的因素里面，除了社会的急剧变革，最主要的是来自大力发展的高等教育。现代社会的子代除了从父代那里接受早期的启蒙教育外，在进入学校之后，基本上不再受太多家庭教育的影响。因而，在父代与子代之间极其容易产生代际隔阂。子代由于享受了优越的学

---

① 周晓虹：《文化反哺：变迁社会中的亲子传承》，《社会学研究》2000年第2期。

校教育、社会教育等，非常容易在知识水平、生产技能方面超越父代，而成为具有专业知识的技术人员。由于社会的分工越来越精细化，各种各样的专业、技术知识成为现代高等教育的主打曲，是否接受高等教育成为区分父代与子代之间社会地位和经济能力的主要坐标。

文化反哺、道德反哺等社会现象正是基于子代在知识水平、生产技能方面的优势而产生的。在众多的文化反哺现象中，周晓虹将父代与子代之间的"技术鸿沟""数字鸿沟"当作是这场文化变革的主要特点。良好的学校教育、社会教育使得子代们迅速超越自己的父代，并以一种前所未有的速度向前发展。这样的教育带来的道德认识领域的变革也是深刻的，社会的生产方式和经济基础发生了改变，反映在人们的道德生活领域的变革也随即产生。各种各样的价值观念随着社会的变革应运而生，传统社会的道德观念成为现代生活的束缚。道德反哺教育随着社会科技水平的发展而发展，无论是在生产领域，还是在生活领域，科学技术成为主导现代社会各种生活潮流的根本性力量。传统社会父子之间垂直性的主宰关系必然为水平性的民主关系所取代，道德反哺教育正是反映了亲子之间的民主、平等精神。父代与子代之间不存在谁主宰谁，而是以发展社会、变革社会为主要目的来促进彼此之间的交流与平等。这种父子之间的民主关系不仅是社会发展的需要，也是促进父子关系和谐发展的需要。

（二）道德反哺教育中"孝爱并重"的现代家庭伦理

在上文中，我们已经讨论到，传统"孝道"在实现现代转化的过程中，最主要地体现为亲子关系的改变，即亲子之间垂直性的主宰关系转化为水平性的民主关系，即父代与子代之间不再存在主宰与被主宰的关系，而各自是社会中相互独立的主体。在传统的家庭伦理当中，尊崇传统是其主要特点，传统的"孝道"在本质上体现为个体、家、国的利益的统一，个体在对生生之本的哲学思考中体会自身与家、国的关系。因而，在群己关系问题上，传统的家庭伦理常常将个体存在的意义置于家、国的发展和壮大之中。传统"孝道"中所包含的精华部分是现代家庭伦理建构过程中应该继承的。无可否认，任何时代的个体都不能超越自身所处的家、国去谋求发展，只有将自身置于家、国的责任和义务当中，才能真正地实现个体存在的意义。新型的家庭伦理在强调个体的独立性的同时，也不能完全抛弃传统"孝道"的有利价值，应该在批判继承的基础上吸取传统"孝道"中的有利成分。毫无疑问，重视现代家庭伦理建设是新时期中国共产党先进文化建设的重要组成部分，如习近平指出的："家庭道德建设是弘扬我国优秀传统文化的重要部分。"他在 2015 年的团拜会上又说："家庭是社会的细胞，是人生的第一所学校。我们要注重家庭建设，这才能充分发扬中华民族传统的美德。"总之，"家庭是社会的细胞，家风影响社会的整个风气"①。

传统家庭伦理的现代化必然不能完全脱离传统，在实现现代转化的过程中，我们更要理性地分析和批判地继承传统家庭伦理文化中的积极因素。其中一个比较关键的问题是：家庭成员关系与角色的变化。在传统家庭伦理当中，亲子关系是主轴，夫妻关系、婆媳关系都是隐藏在亲子关系背后的附属关系，相对于亲子关系来说，它们是更为次要的家庭成员关系。然而，在现代社会的家庭伦理中，强调家庭成员各自的主体性和主体人格，所以，更强调在亲子之间、夫妻之间、婆媳之间建立起平等、民主的新型关系模式。在上文中，我们已经探讨了亲子关系在传统家庭伦理中体现为垂直型的主宰关系，亲子之间共处于相同的伦理传统之中，传统伦理文化以亲子之间的历时性的报偿为基础来谈代际之间正义，"多年的媳妇熬成婆"说明的就是亲子之间义务与权利的对等通过历时性的补偿来实现。因而，从历时态来看，亲子之间的主宰与被主宰并不存在不平等或不民主，因为，亲子之间的关系与角色是通过代际繁衍和传递来实现更替的，此时的子代会变成彼时的父代，在父与子的角色更替当中，每一个个体都获得了对等的义务与权利的补偿。但是，在现代家庭伦理当中，父子关系、夫妻关系、婆媳关系体现出即时性的平等关系，个体更加追求彼此的独立与平等。虽然，有众多的学者提出夫妻关系成为现代家庭伦理的主轴，如龚群所提出的："传统的家庭伦理关系是有差序的关系，男性家长

---

① 辛华：《中共中央国务院举行春节团拜会，习近平发表重要讲话》，《台声》2015 年 3 月 15 日。

处于这一差序结构的中心地位。男女平等原则的确立使现代家庭伦理发生了结构性转换，夫妻关系取代父子关系成为家庭中的主导关系，从而，代际伦理（孝）从家庭伦理的中心地位降至边缘地位，以爱情为基本尺度的夫妇伦理取代了孝伦理。"① 实际上，尽管在现代家庭伦理中亲子关系的地位下降，但这并不意味着亲子关系、婆媳关系等成为夫妻关系之外的附属关系，而是三者之间体现出均等性的重要性。亲子关系、婆媳关系和夫妻关系是构成现代家庭的主要人际关系类型，个体在这三个关系中可以同时扮演多重角色，可以说，三者是共同交织的关系，共同组成现代新型的家庭关系。在这样的角色重叠的家庭关系中，个体的角色多样决定了个体在家庭中必须能够恰当地扮演好自己的角色，明确不同角色需要承担的义务与责任，并且有效地平衡自身的不同角色与家庭中其他成员的关系。正因为如此，在现代家庭伦理关系中，也体现出个体性与整体性的对立统一。尊重个体的独立人格是前提，保证家庭的整体性是目的，实现个体性与整体性的和谐发展是现代家庭伦理应该发展的方向。

　　现代家庭伦理的建构必然不能脱离传统"孝道"文化这一理论的根基，如朱贻庭所指出的："今天的家庭是传统家庭的延续，要建设有中国特色的现代家庭伦理，不可能抛开既有的传统。科学的态度是：从现实出发，基于时代的要求，着力发掘蕴涵于传统家庭伦理中的人文资源，对之进行现代价值的再创造，从而实现传统与时代的整合。"② 他继而指出社会道德体系形成过程中的"源原之辨"，强调在现代家庭伦理建构的过程中，必然不能照搬照抄，也不能全盘否定，而应该达到"源原整合"，即"对传统家庭伦理进行现代价值再创造。"③ 如在亲子关系中，"父慈子孝"是传统家庭伦理关系的轴心，规定了父子之间的尊卑地位，"孝"伦理成为家庭伦理规范体系的核心。但传统的"孝"伦理，除了包含"尊尊"，还

---

　　① 吴俊、郭志民：《家庭伦理传统的嬗变与当代价值——第4届海峡两岸伦理学研讨会综述》，《伦理学研究》2005年第1期。
　　② 朱贻庭：《现代家庭伦理与传统亲子、夫妻伦理的现代价值》，《华东师范大学学报》（哲学社会科学版）1998年第2期。
　　③ 同上。

包含"亲亲"之意。在传统社会,"尊尊"之孝处于更为重要的地位,即强调宗法等级制;而在现代,"亲亲"之孝更为重要,即强调亲子之间的真实无私的爱。如他所描述的:

> 由于传统家庭宗法结构体系的瓦解,现代家庭父子之间的人格平等关系已基本确立,"孝"的"尊尊"这一层含义丧失了现实的根据,"亲亲"这一层含义于是就突出起来,并成为"孝"文化历史积淀的主要传统。虽然父子关系在现代家庭结构中的地位逐渐让位于夫妻关系,但"父子一体"和"亲子之爱"依然如故,作子女的仍有一个报答父母养育之恩的"应当"要求,这是古今之"共理"。①

实际上,"亲亲"之孝更加强调的是亲子之间的爱,是一种"孝爱并重"的新型家庭伦理。可以说,现代新型的家庭伦理是建立在父子人格平等基础之上的,更强调亲子之间的"双向义务",是实现家庭成员义务与权利对等的伦理体系。

然而,正如朱贻庭所提出的"源原之辨",一方面,我们不能忽略现代家庭伦理与传统家庭伦理之间的渊源关系;另一方面,又不能忽视现代家庭伦理的新型特点。毫无疑问,亲子关系发生了重要的改变,个体在家庭中的角色和地位也发生了重要改变。在传统社会,由于个体、家与国之间统一于相同的伦理传统之下,个体自始至终都处在家、国伦理体系之下。但是,在现代社会,个体在家、国之中角色的重要性不停地发生改变,可以说,个体的一生要经历从家到国再从国到家的伦理角色的改变。如下图所示:

$$个体\begin{cases}早期(家)\\中期(国/社会)\\晚期(家)\end{cases}$$

---

① 朱贻庭:《现代家庭伦理与传统亲子、夫妻伦理的现代价值》,《华东师范大学学报》(哲学社会科学版)1998年第2期。

显然，生活在现代社会中的个体，其早期生活必然接受自身所处的原生家庭的伦理影响，此时的个体依靠家庭生存和发展，直到个体能够在社会中独立生存，实现经济来源和人格上的独立。因而，此时的个体主要作为家庭伦理的"受影响者"而存在。个体中期所接受的伦理影响和教育主要来自社会和国家，这一时期，个体仍然处在社会和家庭两个体系当中，但是，相比较而言，社会影响比家庭影响更为重要。并且，处在人生中期的个体，家庭角色实现从子到父的转变，并同时接受父代的影响，在家庭伦理中作为"影响者"和"受影响者"双重角色而存在。但是，相比较而言，"影响者"的角色更为主要。直到个体退休，完成了个体社会角色向家庭角色的转变，个体再次退回到家庭。此时的个体，虽然退回到家庭生活，以家庭伦理为主导，但是其角色和身份往往很复杂，要根据个体所拥有的社会地位和知识水平以及他或她所处的社会整体发展水平来决定。从个体来说，如果个体在中期是一个社会生活中的佼佼者和成功者，那么，他对道德的认知一般更容易处在较高的水平；相反，如果个体在中期是一个社会生活中的失败者和平庸者，那么，他对道德认知更容易落入较低的水平。从社会整体来说，上一代人和下一代人的道德认知就受到社会经济发展水平的严重制约。改革开放所带来的道德领域的革命就非常显著，从计划经济时代走向市场经济时代，中国人的道德观念发生了翻天覆地的变化。受中国传统伦理文化中的义务论影响几千年的中国人，开始接受功利主义伦理价值观的影响。在社会发展中的较多领域，功利主义成为主要的价值衡量标准。并且，功利主义思想在中国现代社会发展的各领域的应用还体现出不同的姿态。这样的变化影响着共处于中国新时代的几代人的思想价值观，也是造成父代与子代之间，甚至是同代之间价值差异的主要原因。可以说，那些仍然生活在中国新时代，但是已经退出主要社会生活领域，回归家庭生活的父代们，他们的道德认知极易受到不停变化着的社会结构、社会观念和家庭形态的影响，甚至被抛弃而造成"断代"，成为与新时代格格不入的群体。

无可否认，在传统伦理文化价值观的现代转化过程中，个体持何种道德认知和价值观是很难确定的。比如在理论领域的研究中，义务论与功利主义的较量始终未能产生结果，导致最后理论研究者们提出"功利—义务论"来调和两者。在生活领域，人们的价值观就更加无法确定了。现代化的过程中，东西方文化交融中的集体主义和个人主义之争，传统与现代交融中的功利主义与义务论之争，其实都反映了人们在价值领域的混乱和迷惑，这样的混乱会造成代际和人际之间的双重冲突。在现实的生活领域，有可能对己是功利主义，对他是义务论；也有可能是极端的功利主义。当然，义务论也并未因为功利主义、个人主义等新思想的产生而退场。因而，以传统的"孝道"为基础的家庭伦理势必无法协调现代家庭中的代际关系，代际之间和人际之间，既要凸显出个体的主体性和独立性，又要实现彼此共存共生的整体性。而在实现这一个目标的过程中，各种不同的价值观会直接影响到不同个体的选择，从而产生代际和人际之间的冲突。道德反哺教育是中国新时代催生的新型教育现象，同时，又是推动中国新时代变革进程的重要力量。道德反哺教育既是子代回馈父代的一种新型方式，又是代际之间通过交流来消除彼此冲突和差异的最好方式。

  虽然在传统的亲子关系当中，也强调子女在父母有错的时候需要积极"谏诤"，但这种"谏诤"是有限的，父代的权威地位是绝对不可动摇的，子代只能在有限的基础上劝说父母，并且要注意"谏诤"过程中的语气和态度，要使得父代能够愉快地接受子代的意见。值得一提的是，"谏诤"并不针对父代与子代之间的强烈的价值观冲突，仅仅指行为上的不当。因此，"谏诤"思想与现代中国社会的道德反哺教育存在本质上的差别。道德反哺教育体现的是父代与子代之间的完全平等，彼此可以在保留自身价值观的基础上求同存异。道德反哺教育更强调的是将子代与父代之间对新时代的一些事物和价值观的差异通过交流拉近子代与父代之间的距离，积极地消除。因而，正如前文中我们所讨论的，传统社会的家庭伦理，更强调"亲亲之尊"，而现代社会的家庭伦理，更强调"亲亲之情"，体现在亲子之"孝道"上，更体现为亲子之间的真情、真爱，不局限于物质上的反哺与回馈，更注重在精神上是否能达成一致，彼此共生共长。父代不因为自身与时代产生了隔阂而永远停留在"不进步"的地步，可以通过子代的反哺之"孝"拉近自身与社会的距离，也更加促进亲子之间的情感交流和爱护。这样的思想在近代就已经产生了，如钱穆先生对孔子"谏诤"思想的评论：

> 父子家人相处，情义当兼尽。为子女者，尤不当自处于义，而伤对父母之情。若对父母无情，则先自陷于大不义，故必一本于至情以冀父母之终归于义。如此，操心甚劳，然求至情大义兼尽，则亦惟有如此。①

在家庭中，父代与子代之间不能因为"谏诤"而伤及感情，父子之间情要大于义，如果子代不顾及父代的情感，便是更大的"不义"，是"不孝"兼"不义"，因而，亲子之情、亲子之爱是最为重要的。父代与子代之间的关系有别于任何其他的关系，自然的血缘关系使得彼此之间不能完全用规范、制度等来调解，而更应该在彼此之间建立起"亲亲之爱"。在这个意义上，我们讲，现代家庭伦理中，父代与子代之间更应该是"孝爱并重"的家庭伦理关系。古代的"谏诤"所要达到的目的仍然是为了更好地维护父权、君权，仅仅是极度父权、君权之下的补充和有限限制，其所包含的民主思想还较少，如有学者这样提出的："先秦儒家'谏诤'思想的实质，虽然是父权和君权的补充物，虽然其思想产生的原初动因是为了更好地维护父权、君权的统治，但其表现出的极权框架下的有限民主性质，对于传统社会里的父权、君权起到了一定的抑制作用。"② 道德反哺教育的不同之处就是它要达到的目的不是限制，而是充分地发挥科学、民主思想的力量来实现代际之间的正义。父代与子代之间的限制不是身份、地位的限制，而是道德认知本身的限制。只有父代和子代之间打破身份的隔阂，真正地达到平等交流，实现共生共长，才能真正地建立起立足于科学、民主的等先进思想的家庭伦理；才能促进个体、家庭和国家三者的齐头并进、共同发展；才能最终超越自身的极限来发展个体与社会的道德

---

① 钱穆：《论语新解》，生活·读书·新知三联书店2002年版，第102页。
② 柴洪全、石晓玉：《论先秦儒家"孝忠"观中的"谏诤"思想》，《理论学刊》2008年第7期。

认知。

(三) 代际正义的可能性与社会意义

显然，如果我们仅仅在单个家庭内部来谈道德反哺教育，它本身的价值和意义并不突出。父代与子代之间的关系常常不仅仅涉及某两代人，而是共同生活在世的好几代人，因而，道德反哺教育势必是代与代之间的道德问题，也是当今社会比较热门讨论的代际问题。自中国近代以来，科学与民主的思想彻底打破了传统社会以儒家家族主义伦理为主流的局面，无论是父子之间、人际之间还是代际之间的关系都发生了急剧的变化。我们所讲的道德反哺教育显然不能局限于父子二代，而是在更宽泛的意义上来谈的代际关系。正如周晓虹所描述的，文化反哺不是发生在个别或少数家庭，而是以一种社会潮流的形式出现，这意味着，代际之间的文化反哺在现代社会体现为势不可挡的整体趋势，这是时代发展的趋势，也是社会发展的趋势，父代和子代之间在道德认知方面的共进共赢才是其最终目的，如周晓虹所描述的："文化反哺这种新型的文化传承模式在赋予孩子们以自信、知识和力量的同时，也一样开阔了父母们的眼界，提高了他们对这个变得越来越陌生了的世界的应对能力。从这个意义上说，文化反哺最终有利于实现两代人的共同成长，或者说它赋予两代人以一种更为和谐的共生方式。"[①]

在第一章我们讨论"道德反哺"概念的时候，就谈到这一概念的科学性。如果"道德反哺"在前提上首先承认了子代相对于父代道德上的优越感，这实际上会造成另一种单项式的传递，那就是子代向父代进行道德逆向式的单向传递。而在前文中，关于"道德反哺"一词，我们更着重于它所体现的子代与父代之间道德认知传递的交互性。也就是说，父代与子代互为独立的主体，彼此不存在一方为另一方的主宰者这样的关系，而是相互平等的。在此基础上所探讨的"道德反哺"教育，实质上体现为一种发生在主体与主体之间的道德教育活动，或者称之为主体间性的道德教育活

[①] 周晓虹：《从颠覆、成长走向共生与契洽——文化反哺的代际影响与社会意义》，《河北学刊》2015年第3期。

动。显然，在传统家庭伦理的框架下谈父代与子代，他们的社会地位不平等，但是他们又确实共处于同一种道德价值体系当中，他们之间不存在本质上的个体差别，更强调集体的等同。而在现代家庭伦理中，个体的主体性被放置于更重要的位置，个体与个体之间存在本质上的差别，父代与子代很难再共处于同一个价值体系当中，他们之间的差异是各种各样的，更强调个体的独立。

但是，道德反哺教育的目的不是消除个体之间本质上的独立与差异，即不是以子代看似占优势的、咄咄逼人的现代道德观念去同化父代们，而是以一种平等的态度促进代际之间的"相通"。因而，父代与子代之间的等同是传统家庭伦理的特点，现代社会更强调代际之间在价值观上的"相通"，即彼此虽然存在差异，或彼此可以共存于不同的价值体系当中，但是彼此又是相互了解、相互承认的，能够实现"求同存异"。如当代学者张世英在改革开放之初就提出"万有相通"的观点，他说"如果我们懂得不同者亦能相通的道理，则庄子之知鱼乐和惠施之知庄子之知鱼乐，都是可以成立的，因为庄子与鱼之间，庄子与惠施之间，虽不相同，而又是彼此相通的"①。若干年之后，他再次写道：

> "万有相通"中人与人之间的关系，不再是原始"天人合一""万物一体"形态下的那种互不相通——互不理解的关系，而是相反：互相理解——互相融通……每个个人，既有其是某一交叉点的特点、个性，又与其他个人——其他交叉点息息相关：互联网、手机、计算机不过是此种"息息相关"中的一种具体表现方式；人们由此而产生的经济生活方面的"相互理解"，则更是深层的。……这种相互理解，既是虚拟的，又是现实的。②

---

① 张世英：《相同与相通——兼论哲学的任务》，《北京大学学报》（哲学社会科学版）1995年第4期。
② 张世英：《从"万物一体"到"万有相通"：构建之中的中国文化新形态》，载《南国学术》2015年第4期。

我们不得不承认，自近代以来，科学与民主等思想渗透到社会改革的方方面面，尤其是社会大众的道德意识形态领域，深刻地影响着中国现代社会的子代们，他们在接受西方思想熏陶的同时，也滋长了个体的个人主义，消弭了集体主义精神；他们在接受功利主义价值观的同时，也消弭了传统伦理中的义务论精神。伴随着全球化的环境问题的诞生，面对现代的科学发展和科学技术的力量，代与代之间的道德认知再一次面临着严峻的考验。生活在当今社会的父代与子代们，都需要重新审视我们曾经拥有过的各种价值观念和体系。不仅是同一社会的父代和子代们，不同社会和国家的父代和子代们都需要针对这一问题做出深刻的思考。这意味着人与人之间，不同的文化价值观之间都需要实现彼此的"相通"。实际上，现代哲学家们已经着手于这些问题的思考。如文贤庆所提出的，随着全球化和现代化的进程，环境问题在人们忙于实现自我的进程中不断突显，"气候变暖、臭氧空洞和海平面上升等问题表明环境问题已经威胁到了人类族群的延续……导致环境问题产生的现代西方文明，在面对代际正义问题时在根本上呈现出了很多理论上的困境。在这种背景下，反观其他文明就是我们面对挑战的必然选择"①。文化与文化之间的对话与沟通已经成为不可避免的发展趋势，在人际之间、代际之间、国际之间，不同文化价值观的"相通"将成为解决现代全球性问题的必由之路。

无疑，科学与民主思想的传播与应用，高度改变了当今社会的道德观念，子代们一方面享受着它们带来的实际效益，尤其是科学技术的发展所带来的实际效益；另一方面也带来新型的道德难题。因而，代与代之间因自身所持有的道德价值观念的不同，最终可能导致各执其端、无法调和。正应为如此，当今的代际正义理论在哲学上面临着一个重要挑战：非同一性问题。这一挑战最先由牛津大学著名哲学家帕菲特（Derek Parfit）提出，他的基本结论如下："无论我们对未来人采取什么样的政策，我们都没有伤害到他们，他们也就没有理由抱怨，哪怕我们留给他们的是一个受到严重污染、高风险的世界，因此我们面对未来人而产生的一些环境问题的争

---

① 文贤庆：《儒家家庭本位伦理与代际正义》，《南京社会科学》2014年第11期。

论只不过是浪费时间。"① 1987 年，世界环境与发展委员会出版了《我们共同的未来》报告，挪威的首位女首相布伦特兰（Brundtland）在这份报告中提出了"可持续发展"的概念，要求不要以牺牲后代人的利益为代价满足当代人的利益，在本质上表达的是代际之间如何实现正义的问题。可见，代与代之间的道德问题，既涉及彼此之间道德价值观的异同问题，也涉及代际之间的实际利益问题。显然，当代人所享受的科学技术发展带来的繁荣，如果意味着下一代人将承受资源枯竭、环境污染等问题并付出沉重代价，这本身就是一个严重的道德问题。正因为如此，代际之间的正义问题不仅涉及在世的几代人，更涉及在世的或未来的世世代代人之间的利益。但现实的问题是，我们无法和未来暂时还不存在的人沟通，而只能在现世的代际之间达成道德价值观念的一致。正因为如此，有人批判这实际上并非是一个虚拟的问题，如郭琰所阐述的：

> 许多学者在看待代际正义问题的时候，首先就已经预设了未来人不存在，对未来人做了一种完全抽象的、形而上学式的理解，然而，事实上，世代之间并不是完全断裂的，而是重叠的。我们对未来人的理解应当采取一种历史的、具体的态度，注重世代之间的重叠与相继，以这种一种辩证的态度来看待代际关系，或许我们可以更加合理、更加直观地领悟到对未来人的责任。②

正是基于这样的思考，"正义共同体"的概念应运而生，它指人们在谈论社会正义时所默认或公开地设想着形成分配领域的人们的一个相互联系的共同体。③ 问题是，这样的共同体是否存在？从共同体的特征入手，现代哲学家德里夏（Avner de-Shalit）认为，虽然日常生活中的互动在代际之间无法实现，但文化上的交流和道德价值观上的共识是完全能够在代际之间实现重叠和承继的，他称之为"道德相似性"，即"为大多数共同体

---

① 郭琰：《非同一性问题：代际正义论的哲学挑战》，《自然辩证法研究》2013 年第 6 期。
② 同上。
③ [美] 戴维·米勒：《社会正义原则》，应奇译，江苏人民出版社 2001 年版，第 6 页。

成员所接受、分享并视为个人认同组成部分的态度、价值和规范"①。他把这一"道德相似性"的形成分成三个阶段：首先，是代内共同体道德相似性的逐渐形成和相对稳定阶段；其次，随着共同体成员子女的成长，这些共同体新生代会在价值和行为规范等方面与父辈所持有的价值理念发生冲突和碰撞，促使原有的道德共识不断调整并最终达成新的共识；最后，随着社会环境、条件的变化和新技术的出现，人们又对新形成的道德相似性进行反思和革新，这种跨越时间的连续性反思将引导"道德相似性"沿着时间的维度走向未来。②

显然，以"道德相似性"为基础的"正义共同体"的形成离不开代与代之间的文化与道德上的"相通"，正因为如此，德里夏又称之为"道德与文化的共同体"。这是实现代际正义的基础，代与代之间只有在道德价值观上达成真正的共识，才能真正地实现在世几代人与未来人之间的利益平衡。实际上，代际正义由环境污染与可持续发展问题引出，但几经论证之后，"道德共同体"成为实现代际正义的必然基础。现代学者们所疑惑的是，在现世科学技术及其发展就能代表道德发展方向的社会，我们如何才能在道德上达到代与代的共识？正如罗尔斯提出"代际正义"问题时就遇到的诘难——代际正义缺乏代际关系中的相互性便无从谈起，如他所描述的："各代分布在时间中，而它们之间的实际交换仅仅按一个方向发生，这是一个自然的事实。我们可以为后代做事，但后代不能为我们做事。这种状况是不可改变的。"③ 约翰·奥内尔（John O'Neill）反对道："未来世代可以给我们带来好处或伤害；我们生活的成功或失败依赖于他们，因为只有他们才能完成我们的目标。"④ 可见，未来的人虽然此时是不存在的，

---

① Avner de-Shalit, *Why Posterity Matters: Environmental Policies and Future Generations*, London: Routledge, 1995, p. 28.
② 王韬洋：《正义的共同体与未来世代——代际正义的可能性及其限度》，《华东师范大学学报》（哲学社会科学版）2010 年第 5 期。
③ [美] 约翰·罗尔斯：《正义论》，何怀宏等译，中国社会科学出版社 1988 年版，第 292 页。
④ John O'Neill, *Ecology, Policy and Politics: Human Well-being and the Natural World*, London: Routledge, 1993, p. 34.

但他们是必然存在的。换句话说，只要人类存在，人类的繁衍就是必然的。而代与代之间的关系虽然看似虚拟，却实际存在于人类发展的历史当中，上一代人所做的任何事情都与下一代人息息相关，他们于人类发展的历史中建立起现实的联系，而不是与现世的某一些个体或某几代人之间谈论代际正义。如文贤庆所揭示的：

> 人类是一个活生生延续的族群，人类是通过历史的具体形态而不断展现自身的，因此，未来的世代与当代人的关系，甚至当代人与上一代人的关系并不是一个断裂的链条，毋宁说，从一种整体观来看，未来的世代、当代人和上一代人是在具体的历史中相继发展的。这充分表明，一种注重历史和传统的美德理论可以为我们解决非同一性问题提供一种可能的新视野。而儒家家庭本位的思想突出地表现了这一点。[①]

从他看来，儒家家庭伦理立足于家庭关系，立足于传统，这正好为代际正义提供了一个美德伦理的框架，是不同于立足于个体来探讨代际正义的新视角。如他说的，家庭本位的美德理论中，"个人的发展和自我实现不是首先关注个体的利益、权利或义务，而是首先在于把自己放置于一个共同体，放置到一个民族整体，放置到人类整体的视野来成就自己，那么，基于个体利益、权利或义务来探讨个人道德的代际正义问题就可以转化为有关共同体、民族整体和人类整体的发展问题"[②]。因而，代际正义的问题在儒家家庭本位的思想中并不存在"非同一性问题"，因为"以家庭为本位"从一开始就把个体和他人捆绑在一起：一方面，个人的自我价值和自我认同是通过一种利他的思想来成就的；另一方面，这种利他的思想既不是被迫的，也不是基于对外在利益的诉求，而是基于血亲关系的自觉内化，无论是对于个体来说，还是对于家庭或家族来说，利他都是一种内在利益的实现。在儒家家族主义伦理框架下，家庭作为一个整体，其存在的价值是高于

---

① 文贤庆：《儒家家庭本位伦理与代际正义》，《南京社会科学》2014 年第 11 期。
② 同上。

个体的，国家的基本道德规范是家庭的基本道德规范的扩展，家庭的基本道德规范是国家基本道德规范的基础，如果缺失家庭本位，也就缺乏呈现出家人之间的各种伦理关系的基础。因而儒家强调以"孝悌"关系为基础的"仁义礼智"，落脚点在于家庭，而不是个人。依照他的观点来看，基于现代性环境问题而产生的"代际正义"不得不回归儒家家庭伦理的传统来寻找解决方案，必然从看似"断代"的代际之间寻找出他们存在的根基作为答案。

显然，道德反哺教育是实现"文化与道德的共同体"的一个有利和有力的途径。在前文中，我们已经探讨了道德反哺教育的基本特点是：扭转了上一代向下一代实施单向传递的方向，实现了下一代向上一代进行道德教育的逆向传递。但这并不意味着承认下一代人在道德价值观方面的优越性，也并不意味着下一代与上一代之间逆向的单项式传递，而是更注重双向式互动，在各为主体、各自追求实现自身主体性的同时达成道德上的共识。显然，这一路径，正是众多的哲学家们在讨论"文化与道德共同体"时所忽略的。我们的代与代之间，甚至是同代之间都不可能真正地分享现实生活，但文化与道德价值观却是可以"相通"的。传统儒家家族主义伦理有其存在的深厚文化根基，道德反哺教育更是需要在这一根基之上开创出新鲜的东西，以使我们的传统不被丢失，在继承儒家传统的基础之上开启具有现代性的家庭伦理，实现代际之间的正义。

第五章
"道德反哺"教育与中国养老问题

在传统家庭伦理实现现代转化的过程中，养老问题成为"代际正义"之外另一个现实的社会问题。无可否认，家庭结构及其成员关系的改变必然带来养老模式的改变，传统的家庭养老模式无法适应已经解体的传统家庭结构，新型的家庭结构模式及其成员关系要求以新的方式来解决养老问题。显然，改革开放四十年以来，随着社会经济发展水平的不断提高，代际之间的物质报偿越来越被放在次要地位，而越来越淡漠的亲情关系在养老的过程中日益突显。在人口老龄化趋势越来越明显的现代中国社会，养老问题无疑成为一个比较严峻的社会问题。现代的养老观念不主张仅以满足老年人的物质需求来谈养老，更注重老年人的心理、道德、社会适应、社会价值实现等方面的需求。在当前的养老理论中，众多的学者提出"文化养老""精神养老""嵌入式养老""社区居家养老"等新型概念，以应对层出不穷的老年性问题。显然，"老年人"这个概念在现代中国社会也应该实现现代性的转化，它不应该代表中国社会中的弱势群体或社会负担，更应该强调老年人在社会中的独立性和主体性。"精神养老"这一概念其实就包含了代际之间的道德反哺，亲代与子代之间在物质、生活上的互助，道德价值观上的共通，精神文化上的平等，这些应该成为道德反哺教育的主要内容。

"精神养老"重在强调老年人的精神生活，主要内容涉及老年人道德价值观念及认知水平。在传统的家庭伦理范式之中，老年人的道德常常以"德高望重"来形容，是道德上的权威。但在现代社会，社会道德观念的急速变革使得老年人在道德认知问题上发生重要的转向，老年人的道德社会化难以实现。"道德反哺"教育的出现是老年人实现道德社会化需求的重要体现,也是促进老年人实现道德社会化的重要途径。在频频出现的社会新闻中,"老年人集体闯红灯"①、"老年人无视社会道德法律的制约违法乱纪甚至杀人"②、"老年人故意倒地讹诈路人"③ 等新闻不得不引起社会的关注与重视。因而,"精神养老"不能只局限在代际之间的情感关系和老年人娱乐性精神需求来做文章,它在本质上更应该是一种"道德养老"。老年人所拥有的道德价值观及其道德认知发展水平更应该成为现代养老过程中所重点关注的议题。"道德养老"不局限于自然的情感关系,而更着重于从父代与子代之间的文化和价值认同方面来强调代际之间的和谐发展。可以说,道德反哺教育为"道德养老"提供了切实有效的途径。在子代和亲代的道德互动中,双方通过彼此的"道德相通"来化解隔阂,真正实现现代化的养老。当然,"道德反哺"教育如果能够实现从家庭到社会的推进,将在更大程度上推动社会的"道德养老"。

一 家庭伦理变迁中的养老问题

养老问题涉及家庭中的亲子关系,在家庭伦理实现从传统到现代变迁的过程中,养老模式日益成为现代中国人关心的重点话题。显然,随着传统家庭结构的解体,亲子关系的改变,"孝道"内涵的变迁,传统的家庭养老模式也随之发生了重要的价值转向。这不得不让我们重新思索现代中国社会的养老模式,以现代人的身份和生活主体来面对养老问题。显然,我们不能回避现代中国社会中的亲子关系来谈养老问题,因为无论社会怎么变迁,家庭和亲子关系始终是个体赖以生存和发展的根源地,个体从生到死都不能回避亲子关系的问题。在社会的经济水平越来越发达的现代中国,亲代和子代之间越来越有条件成为彼此独立的主体,实现经济上的各自独立,祛除了亲代在晚年时期对于子

---

① 《老年人集体闯红灯》,新浪网(http://k.sina.com.cn/article_1780111682_6a1a5942001-0089tn.html)。
② 王先奎:《切莫忽视农村老年人的法制道德教育》,《三农》2004年第2期。
③ 《八旬老人故意碰瓷倒地,路人都看不下去了,怒斥:快回家吧!》,爱奇艺(http://www.iqiyi.com/w_19rv1mzj89.html)。

代的物质性依赖，精神上和道德价值观上的"相通""相悉"成为现代人的诉求，因而"精神养老"实际上包含"道德反哺"的要素。在"道德反哺"教育中实现老年人的现代性是"精神养老"的最终目标。

（一）不同养老模式中的亲子关系与"孝道"

传统农业社会"五世同堂"的家庭结构在现代中国社会已经很难找到了，传统家庭结构的解体势必带来养老模式的改变，传统的家庭养老模式越来越难以适应社会发展的需求。尤其是在独生子女政策实施之后，"4—2—1 的家庭结构"导致家庭成员中父代数量过多，子代成员无法从经济和时间上承担起亲代的养老责任，这导致"中国式养老"成为一个严峻的问题。在此情况下，产生了养老模式由家庭向社会转变的治理决策。在众多的养老方案中，一般认为，家庭养老、机构养老和社区居家养老是主要的养老模式。当然，也有学者提出，应该以"养老资源的提供者"作为分类的依据，因此认为存在自我养老、家庭（子代）养老和社会养老三种类型。① 目前，相关的理论仍然在论证当中，而相关的实践却寸步难行。实际上，养老模式的科学性和道德性离不开人们对于亲子关系的理解和把握。在家庭伦理的现代转化过程中，亲子关系以及蕴含在其中的"孝道"必然成为我们论证养老模式是否道德的前提。如费孝通几次提出："养老问题实质上是一个代际关系的衔接和更替的规律性问题。"② 这说明，养老不是脱离于生活之外的一个问题，它就存在于现实的生活之中，必然涉及代与代之间的关系。养老在本质上涉及代际关系在更替的过程中产生的各种物质性、精神性关系。既包括父代对子代提供的物质和精神性的养育活动，也包括子代向父代提供的物质和精神性的赡养、反哺活动。因而，养老问题涉及的就是亲代与子代之间的关系问题，它是一种日常生活的常态。我们谈社会结构、家庭结构、经济关系等问题的变迁，都不意味着代与代之间的日常生活从此完全割裂。实际上，亲代与子代之间，他们自始

---

① 穆光宗：《中国传统养老方式的变革和展望》，《中国人民大学学报》2000 年第 5 期。
② 费孝通：《家庭结构变动中的老年赡养问题——再论中国家庭结构的变动》，《北京大学学报》（哲学社会科学版）1983 年第 3 期；费孝通：《三论中国家庭结构的变动》，《北京大学学报》（哲学社会科学版）1986 年第 3 期。

至终分享着家庭生活这一领域，只不过分享的形式不同而已。

在第四章中，我们探讨了家庭伦理由传统向现代的转化过程中，家庭结构上的变化及其带来的亲子关系的变化。显然，现代中国社会中的亲代与子代们，大部分（尤其是城镇居民）已经实现了各自经济上的独立，子代不需要依靠家庭或家族来实现自身的生存与发展，而是依靠单位或国家来实现自身的生存与发展。这意味着，家庭虽然是个体生存和发展的根源地，但是现代家庭的作用相对于传统的家庭来说，已经不再是绝对的、主宰性的。个体早期需要依赖家庭获得生存资源，但是在成年之后，都是依靠社会获得生存资源的。个体老年期对于子代的经济上的依赖也逐渐减退，尤其是那些社会和经济地位较高的亲代，他们的独立性相对来说更高。这说明，亲子关系中的物质性依赖关系日益减弱。然而，这是否意味着"家"对于个体来说其社会性意义就此不存在了呢？显然不是。在现代社会中，个体、家庭和国家的关系虽然不再是垂直性的主宰关系，而是水平性的归属关系，但是，家所拥有的社会性、文化性意义是不会消失的，正如卢德平所描述的：

> 家首先是一个空间概念，同时又是一个社会、文化概念。从空间意义上讲，家为日常居住在这一空间的人提供了安全的庇护。这个安全庇护，既体现在对外部自然环境侵袭的阻隔上（遮风避雨），也体现在家庭成员之间日常性的物质和情感双方面的相互支持上（相濡以沫）。家的这两个主要的功能缺一不可。如果家里常年孤身一人，就缺少了后一种功能，这时的家就和一般意义上的住宅没有区别，家的社会、文化意义就此消失。①

可见，"家"之于个体的社会性意义不仅仅意味着一个房子，或者几代人住在一起那么简单。从传统到现代的转化过程中，除了父代与子代之间物质性依赖关系的减弱之外，最为显著的变化莫过于家庭结构的变化以及由此带来的居住方式的变化。独生子女政策实施之后，城市家庭以父母

---

① 卢德平：《略论中国的养老模式》，《中国农业大学学报》（社会科学版）2014年第4期。

和子女组成的三口之家（核心家庭）为主要类型，在子女各自成立家庭之后，父母的家庭空巢化倾向日益严重。因而，传统社会几代同堂的"主干家庭"比例大量减少，"联合家庭"近乎消失。在农村地区，由于大部分中青年家庭成员必须外出打工谋生，导致老人和儿童留守在家，成为"隔代家庭"。当然，亲代和子代同住仍然是主要的居住模式，但是这个比例正在下降。并且，社会和经济地位较高的年长一代更倾向于单独居住，而不是和子女住在一起，这导致"空巢老人"的家庭越来越多。根据中国老龄科研中心 2006 年的调查数据，"城市老年人与配偶同住的比例最高，与子女同住不足一半；农村老年人则大多数与子女同住，但三代家庭比例明显下降。居住模式的变动与独生子女家庭增多有关系，独生子女婚配成为其父母家庭结构空巢化的主要影响因素"①。居住模式的改变反映着人们思想观念的改变，传统家庭依托以父权和夫权为核心的宗族制，"妇女未嫁从父、既嫁从夫、夫死从子"，生产经营以家庭为单位，因而形成了"多代同堂、父从子居"的复合型"大家庭"居住模式。现代中国社会子女数量减少，子代逐渐脱离父代的经济支持，自己从事社会化的工作，不需要依赖宗族、家族关系和资源来生存。另外，女性的文化水平和劳动参与程度均显著提高，其社会地位和角色也逐渐与男性接近，女性的独立使得子代与父代住在一起的可能性大大降低，居住模式发生重要的转变。

我们要思考的问题是：家庭结构、居住方式、物质性依赖关系等的改变是否意味着父代与子代之间的关系的根本性改变？在前文中，我们探讨过父子关系是一种自然性的血缘关系，是不会因为任何社会性的改变而发生改变的。家庭结构、居住方式和物质性依赖关系等都只是父子关系得以继续的外在性因素，而支撑父子关系并推动代际关系向前延续的主要伦理基础——"孝道"是不会因此而改变的。在现代社会我们探讨养老问题时，必然离不开父子关系赖以存在和发展的"孝道"。显然，无论我们如何考察和探究现代中国社会的亲子关系或代际关系，都无法脱离支配二者

---

① 风笑天：《第一代独生子女父母的家庭结构：全国五大城市的调查分析》，《社会科学研究》2009 年第 2 期。

关系的道德性根源。父代和子代之间无论以何种方式居住和相处，支配他们关系的"孝道"的本质是不变的。在第四章中，我们已经探讨了"孝道"的现代转化，现代社会的"孝"伦理必然在传统"孝道"的基础上增加科学与民主等先进的思想和内容。换句话说，亲子关系必然是以科学和民主等先进的思想为引领来发展和维系的。现代中国社会，政治制度和经济制度都发生了重要的变革，人与人之间的经济关系、物质性关系也发生了重要变革，反映在亲子关系上，就是彼此成为社会独立的主体，亲子之间的物质性依赖关系发生了重要的转向，但精神性归属关系却永远不会改变。亲子之间的自然性血缘关系决定了他们的独特性关系是唯一的，他们在基因上彼此有着共同性，在精神上也注定有着不同于其他人际关系的特殊性。因而可以说，亲子之间的精神性关系是任何其他人际之间的情感关系所不能替代的。换句话说，家庭中代际关系的传递是个体存在的精神性依托，这样的精神性发源于中国古人对于"孝道"的思考，是人基于对自身存在的本源性的哲学思考而产生的。

综合以上，如果我们缺乏对亲子关系的哲学性思考来谈养老问题，势必落入功利主义的"窠臼"。在众多的养老模式中，皆体现出由家庭养老向社会养老过渡的特征，而在这一价值转向中，过分地强调减轻子代在承担赡养父代过程中的负担，过分地从外在性的因素来谈养老问题，都未能真正地从人道主义的角度来对待年老的父代们。此时的父代，作为曾经在社会上做出贡献的群体，已经被子代自觉地划归为社会的另类群体。换句话说，作为老年人群体而存在的父代们，他们的主体性得不到真正的体现。如李俊阐述的："2013年新修订的《老年人权益保障法》（简称《老年法》）颁布前后引发了社会各界的热议，这在我国以往的立法实践中是少有的。其实，《老年法》的亮点有很多，如老年监护、长期护理、国家支持养老、社会养老服务、社会优待、宜居环境等新规定，但都不如精神赡养（俗称'常回家看看'）那样引人注目。"[1] 虽然，新的法律将"常回

---

[1] 李俊：《城市老年人权利意识的决定因素——以"常回家看看"入法为例》，《兰州学刊》2016年第10期。

家看看"作为一项规定来实现父代的"精神赡养",但实际上,"精神赡养"这一新的概念在本质上仍然是"孝道"的现代转化。在传统的"孝道"中也强调子代对父代在精神上的慰藉,要做到和颜悦色,与父代和谐共处。现代学者们在此基础上提出"精神养老"这一概念并试图对其做出伦理学的论证。毫无疑问,代际之间精神性的需求并不是现代社会才出现的,父代和子代之间从一开始就有着无法割裂的精神性关系。但这样的关系在不同的时代拥有着不同的内涵。在传统社会,代际之间的精神性关系更体现为父代对子代的主宰,以及子代对于父代的"顺从"和"无违",强调子代与父代在精神上的共同性。在现代社会,父代和子代各自独立,彰显出彼此的独立精神和主体性才是现代社会父子关系所诉求的,强调子代与父代在精神上的独立性。这意味着,在养老的过程中,如果仅仅将父代当作养老的"受体",而未能真正地体现出老年人作为社会成员的"主体"来实现他们应该有的社会价值,那么这种养老模式势必是通不过伦理学论证的。

(二)"精神养老"概念中的道德反哺要素

无可否认,在社会经济、物质水平越来越发展的现代中国社会,养老方式日益成为衡量社会文明程度的一个重要标志。但是,在养老问题上,中国尝试走西方"社会养老"的路线却始终难以得到良好的效果,以至于很多学者最终不得不承认,"家庭养老"仍然是今后很长一段时间内中国的主要养老模式。这说明,养老问题植根于一个民族的文化,中国传统社会根深蒂固的家族主义文化传统决定了养老问题的解决不能直接照搬照抄西方的路子。民主和科学的思想可以改变社会的政治、经济制度,可以改变社会结构、家庭结构以及人际之间的经济关系,但是改变不了家庭中的亲子关系以及他们内心认可的养老方式。"精神养老""文化养老"的概念在近年来开始兴起,学界试图为其找到存在的伦理学依据,但其概念的明确定义却很难找到一个比较合适的。在综合了很多定义之后,方爱清、王昊等认为:"文化养老是在充分肯定物质养老基础保障的前提下,在社会经济发展到较高水平时,更加注重对老年人的精神关爱、情感慰藉和道德支持的养老理念,这一理念既体现了我国优秀传统文化,又彰显了当代人文关怀精神。"① 显然，"精神养老""文化养老"等概念更突出了养老问题上的先进性，是在社会经济水平发展到一定阶段之后出现的新需求。在改革开放之前，中国社会经历了很长一段时间的困难时期，人们解决温饱问题都很困难，各种社会保障问题根本无法提上日程。改革开放之后，社会经济水平有了极大的提高，民生问题成为社会亟待解决的重点问题。显然，从精神、文化层面来谈养老，是一种符合社会主义精神文明发展方向的解决方案。

然而，我们要思考的问题是，老年人的精神和文化方面的需求到底指的是什么？如果我们理解的老年人的精神、文化方面的需求仅仅停留在娱乐、消遣层面，这势必造成对"老年人精神"理解的肤浅化。显然，老年人的精神追求必然也是多元化的，如陈昫就将老年人的精神性需求划分为初级层次、中间层次和最高层次三个层级，其中娱乐、消遣性的活动属于初级层次，以实现自我价值和精神升华为目的的精神需求为中、高层次。② 这说明，老年人的精神性需求也是复杂的，如果仅仅以娱乐性的消遣活动来应付老年人的精神性发展需求，势必造成社会无法满足老年人多层次的需求，这无疑是不科学的。毫无疑问，在现代中国社会，老年人意味着已经从正式的社会生活中"退场"。虽然，在经济上他们仍然能够依靠社会提供的退休金或子代的经济支持来维持生活，但是从个体的社会性来说，他们确实已经失去了参与社会生活的各种机会。长期以来，中国社会非常注重青年人的发展，为青年人提供各种学习的机会和场所，充分地实现青年人的主体性和创造性。但是对于已经从社会生活中"退场"的老年人，却较少地关注他们的精神状态和发展。这样的思维方式将被界定为"老年人"的这个群体彻底地从社会生活中剔除出去，他们在实际上已经成为社会的包袱、负担、弱势群体和依附群体等，老年人的社会价值是很难实现的。从这一点可以看出，"精神养老""文化养老"等概念的提出，本意旨在注重老年人的社会价值，是以提升老年人的主体性和社会性为宗旨的养

---

① 方爱清、王昊：《文化养老的基本内涵、当代价值及其可依路径》2015年第4期。
② 陈昫：《城市老年人精神养老研究》，《武汉大学学报》（哲学社会科学版）2014年第4期。

老方式。

　　显然，我们不能回避亲子关系来谈"精神养老"。家庭给予人在精神上的滋养是任何其他社会机构所不能办到的。在前文中，我们已经探讨了"孝道"产生的根源，植根于人对自身来源和生生性发展的哲学思考，即"孝道"的产生从一开始就与"我从哪里来""我要到哪里去"这样的问题联系在一起。个体在代际的延续中找到了对这些问题的思考资源，而这样的伦理性精神其实植根于中国的文化传统，因而如果我们抛离传统来谈老年人的精神性需求，势必成为"空中楼阁"，仅仅是一种"画饼充饥"的做法。从这个意义上来讲，对于退出社会生活的老年人来说，"天伦之乐""伦理之乐"应该成为他们精神性需求的根基。失去这个根基来谈其他的精神性需求，势必成为一种虚假的、弥补性的精神享乐，这样的精神性活动无法解决真正的老年性问题，老年人也无法在这样的思维方式下寻求自身的发展和代际平衡。显然，缺少人伦之乐的生活是造成老年人精神性问题的重要根源，频频出现的一些有关"空巢老人""奇葩"举动的报道不能不引起我们的关注。据报道，有的父母因子女长时间不回家探望，设立探望奖，把子女回家的次数与奖金挂钩；成都一位老人花10万元为陪伴他的小狗举办葬礼；北京一位老人因保姆要回家过年而跳楼自杀；济南有位老人坐公交听乘客聊天解闷。① 另外，武汉一对教授夫妇因为儿子一家远在国外，为了寻求感情寄托，公开征集女儿。② 由此可见，老年人的精神空虚更多地来自亲子关系的错位和亲子之情的淡漠。可见，人伦之乐植根于人的精神性领域，是每一个人生活在世的最基本，也是最强烈的精神性需求。不得不承认，亲子关系的错位和亲子之情的淡漠与处在新、旧交替之中的伦理文化有关，传统"孝道"在实现现代转化的过程中出现了问题。在我们不停地强调个体的独立精神和主体性的时候，反而忽略了家庭之于个体的重要意义。在不断被解构的家庭结构和亲子关系之中，"孝"伦理没能更好地发挥它应该有的功能。

---

① 胡艺：《老人更需精神赡养与亲情关怀》，《中国商报》2011年10月11日。
② 《武汉七旬教授征女儿轰动江城，选拔赛过超女》，搜狐网（http://news.sohu.com/2007-0116/n247631444.shtml）。

然而，代际之间的情感冷漠不能完全归因于传统家庭结构的解体或代际之间空间距离的拉大，而源自于亲代与子代之间道德认知上的隔阂。不同的伦理、道德价值观是造成父代与子代情感距离拉大、"孝道"功能丧失的主要原因。不停地强调自身独立性和主体性的子代们，他们对"家"的理解已经不同于父代对"家"的理解。尤其是那些受出国热和西方文化价值观影响的子代们，他们更是试图以西方的思维方式来对待自身的家庭问题。而仍然接受着传统家庭伦理文化影响的父代却很难从自身的思维方式中解放出来，这是造成中国现代社会老年性问题的主要原因。代际之间的隔阂更多地来自道德上的隔阂，可以说，他们还是分处在不同的文化道德体系当中，这样的亲子关系，除却其本身的自然性血缘关系，他们之间并无真正的共同性，因而在本质上互为"陌生人"。亲子之间的互动完全成为一种形式上的情感补偿，并不能够建立起真正"相通""相悉"的伦理道德关系。"精神养老""文化养老"等概念当中其实包含了浓厚的"道德反哺"意味，其本质上强调亲子之间的道德支持。这样的支持性的亲情关系首先需要彼此在道德认知问题上达成"相通"。因而"道德反哺"教育实际上是帮助亲代在道德认知上实现现代性，以免他们身在现代社会，但精神上却始终无法实现现代性的转化。虽然，中国现代社会所提供的"社会性养老"方式，在本质上体现了社会为老年人实现现代性转化提供了有利途径，但如果不能从根本上提升老年人对于新道德观念的认知和认同，就没有办法以一种外显的形式来规范他们的生活。从这个意义上讲，老年人的现代性才是更为根本性的问题，而"道德反哺"教育恰恰为老年人的现代性提供了契机。

（三）"老年人"的现代性

无可否认，身处现代中国社会的老年人，他们有一些特殊性。首先，从生命周期来讲，由于生活水平的提高，现代社会老年人的寿命越来越长，这意味着"老年人"这一生命周期越拉越长。以男性60岁退休，女性55岁退休为界限，平均寿命77岁为标准，意味着"老年人"的生命周期将延续至少20—30年。传统农耕社会的老年人不存在退休这一说法，老人自始至终可以自由地决定是否参加生产劳动。但现代社会的老人从退休开始就几乎丧失了再次参与社会生产劳动的各种机会，这意味着老年人日益与社会疏离。如裴晓梅所揭示的："现代社会对老年人社会参与的限制是多方面的。其中最主要的是劳动市场对老年劳动力的排斥，对家务劳动的排斥，以及对家庭内部生产劳动的忽视。尽管没有研究能够提供排斥老年工人的充分理由，但是就业领域中的年龄歧视是普遍存在的。而退休则直接影响着人们的物质和精神生活，迫使老年人加入一个被认为是社会负担的群体。"① 其次，从社会地位来讲，传统社会的老年人处在较高的社会地位，人的年龄越大，越有发言权。在现代中国社会，老年人的社会地位开始反转，随着从社会生产领域的"退场"，老年人更是无情地被现代社会抛弃，无法真正地拥有支撑自身社会生活的资源，并因此而丧失做人的尊严以及发展自我的可能性，如裴晓梅继续分析的：

> 中国的老年人在社会参与方面不但受制于市场因素，还受制于政治和文化因素。……老年个人的发展包括内在和外在两个方面，即内在的自我完善和外在的社会参与，而这二者均是通过老年人的有所作为来实现的。……更重要的是社会发展的最终目的不是 GDP 的增长，也不是物质和财富的积累，而是人的发展，包括老年人的发展，是使任何年龄和出于任何阶层的人们通过社会参与获得更加自由，更有尊严，更幸福的生活。②

从以上可以看出，老年人的特殊性还体现在第三个方面，即老年人的发展性。从人的生理特征来看，老年人意味着各种生理功能的减退和下降，意味着确实不同于年轻力壮的青年人。但是，这是否意味着老年人就完全丧失了个体发展性？我们知道，个体的发展可以分为三个主要方面：生理的、心理的和社会的。是否能因为老年人在生理方面的劣势而切断了他们从心理、社会方面发展自我的可能性？无疑，生理方面的优势确实是

---

① 裴晓梅：《从"疏离"到"参与"：老年人与社会发展关系探讨》，《学海》2004 年第 1 期。
② 同上。

个体发展自我的基础,但是对于曾经在社会上发挥了自身优势的老年人来说,他们如何发展自我应该是一个社会性的问题。尤其是在当今中国社会老龄人口越来越多的情况下,老年人口占社会总人口的很大比例,因而老年人的发展性更应该成为一个重点关注的问题。

从以上分析可以看出,老年人的自我认知也需要实现现代转化,即老年人的现代性问题。随着中国社会各个领域现代化的进程,老年人的现代化也日益受到学者们的关注。生活在现代社会的中国老年人们,他们在生活观念、生活方式、消费方式、娱乐保健方式和生活质量满意度等各个方面都需要紧跟时代和社会发展的步伐。显然,一个几乎被排除在现代社会生活之外的老年人群体要实现现代性的转化,这里面就隐含了逻辑上的悖论。众多的研究,都试图以老年人教育的现代化为基点来实现老年人的现代化。无疑,社会提供各种各样的机会以供老年人再学习是一条不错的路径,但是这种学习很明显缺乏必要的目的性,它仅仅体现为一种消除老年人与社会生活之间障碍的表型化工具,未能真正地再次提供给老年人以真实地参与社会生活的机会。换句话说,各种各样的老年人教育,其目的局限在认知层面,发挥的作用不过是将老年人从"无知的旁观者"塑造成"有知的旁观者",却始终未能从实践领域给老年人甩掉"旁观者"这一角色的机会。

另外,老年人的现代性也不能仅仅局限于为老年人提供现代化的生活,更需要从道德价值观的层面拉近老年人与现代社会的距离。因而,老年人的现代性在本质上更应该是老年人价值观的现代性。在现实生活领域,各种各样的现代化产品、生活和行为方式在本质上都体现了现代的道德价值观,老年人对这些社会新生事物所持的态度、心理和价值认同才是他们是否能够实现现代转化的决定性因素,如周运清所描述的:

> 在社会由传统向现代的转变过程中,人们的行为,特别是年轻一代的行为,"出格愈距"的越来越多了,两代人的差距明显增大,……与老人比,青年人追随时代而形成了一系列新的价值观念。这些价值观念对行为影响越深,老年人就越会不安宁。少数老年人由于看不惯和

不适应,就用"一代不如一代"的指责来表现自己无可奈何的心理。①

如果说青年人构成现代性社会生活的主体的话,那么老年人与青年人之间道德价值观的认同则是实现老年人现代性转化的根本。代际之间的冲突归根到底是道德价值观上的冲突,而这是造成老年人与现代性社会格格不入的主要原因。现代性的社会生活必然产生了很多不同的价值观念,正是这些价值观念催生了各个不同领域的革新,如生产方式、生活方式、行为方式和生活态度等的革新,无不是道德价值观念在背后发挥的作用。由此可以看出,老年人的现代转化,不能单从表层上的消费方式、行为方式或生活方式等方面制造机会,更应该从价值领域找到老年人与现代性社会之间的差距。从这个意义上来讲,老年人的个体发展性主要是指道德价值观上的发展性。老年人的心理、社会适应等问题无不与其所拥有的道德价值观念产生联系,因而,代际之间的文化、道德体系上的一致才是解决老年性问题的关键之处。

从以上可以说明,社会在为老年人的现代性营造有利氛围的时候,要更多地考虑老年人的道德认知、道德发展的特点,并以此作为"社会养老"模式建立的重要伦理道德依据。社会养老的目的不仅在于为家庭养老分担责任,更主要地在于真正从社会范围内为老年人提供可发展的机会,为实现老年人的现代性提供切实有利的途径。社会要以一种全新的道德价值观念来接纳新时代的老年人,为老年人的现代性转化提供健康的文化、道德氛围。

二 老年人的道德认知与养老

从上文的分析可知,无论是家居养老、社会养老,还是社会家居养老,外在的模式都不是影响养老问题的根源性因素,植根于亲子关系的伦理文化、道德价值观等才是决定老年人养老选择的重要因素。归根到底,老年人的养老、现代性等问题都与他们所拥有的道德认知水平和道德观念

---

① 周运清:《现代化与老年社会心理变迁》,《经济评论》1990年第1期。

有关，只有真正消除了代际之间在道德价值方面的隔阂，达到彼此的"相通""相悉"，才能实现现代亲子关系的和谐，才能加速老年人的道德社会化，并促成"道德养老"的最终实现。

（一）道德生活的纵向性特征

不得不指出，个体的道德生活是随着生命周期的更替而发生变化的，我们称之为"道德生活的纵向性特征"。换句话说，个体在人生的不同阶段，其道德观念会发生相应的改变，具体地说，人的童年时期、青年时期、中年时期和老年时期的道德会存在一些差异。我们知道，道德主要用来调整人与人之间的关系，而个体的不同人生阶段，其社会交往的对象是不一样的，这就决定了个体在人生的不同阶段会产生不同的道德。个体人生早期交往的对象主要局限为父母和其他家庭成员，因而亲子关系是其主要的调整对象；在个体的成年期，发展事业是其主要任务，同事、同行是其主要交往的对象，调整个体的行为规范主要是事业性的道德要求；在个体的老年期，退回到家庭生活，与子女、后代的关系是其主要的调整对象。因而，人生的不同阶段会因为交往对象的不同而呈现出不同的道德特征，产生不同的道德心理，如曾钊新所阐述的："道德是社会意识的具体形式，是一种受多因质所决定的意识形态，其中心理因素是构成道德形成的一个因质。按照不同时期的心理特征而形成的道德规范，才有可能被不同时期的心理特征的人所易于理解和接受。"[①] 这说明，在我们讲老年人的道德认知、道德发展这个问题的时候，必须尊重老年人自身的心理特点。

显然，相对于青少年的道德认知和道德发展问题来说，老年人的道德认知和道德发展更为复杂。青少年的道德认知是一个"从无到有"的过程，其接受性和接纳程度比较高。而老年人的道德认知可能需要面临"从有到无"的反转式更替，那些原来充斥于老年人生活的道德价值观念可能面临被淘汰的危险。这意味着老年人由于其生活的内容发生了改变，有可能导致他们的道德观念被边缘化，无法真正地与子代和社会建立起应该有的道德联系。从这个意义上来讲，老年人的道德有可能成为独立的道德体

---

① 曾钊新：《道德生活纵向性领域探拓》，《哲学动态》1983年第1期。

系，他们所持的道德观念不为后代们所认同和支持，也就更加加重了老年人群体融入社会生活的难度。如下图所示：

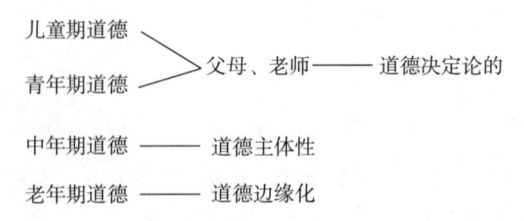

```
儿童期道德 ┐
           ├─ 父母、老师 ────  道德决定论的
青年期道德 ┘

中年期道德 ────  道德主体性

老年期道德 ────  道德边缘化
```

一般来说，个体在儿童期和成年早期，其道德观念主要受到父母、老师的影响。在皮亚杰的道德认知发展理论当中，他将个体较早期的道德认知发展归为"道德决定论"，一般来说在12岁之前，个体的道德观念处在一个初步形成的阶段。这一阶段的道德认知特点无较多的反思性和主体性，主要是根据父母、老师等前辈们的教导来认知一定的社会道德规范体系。实际上，在中国现代社会，这样的认知阶段时间被拉长，也就是说，在个体成年之前，其道德认知水平都处在一个规范时期。从小学入学到大学毕业，青少年并没有太多的机会进入到社会去参与社会活动，去反思现有的道德价值体系。他们的道德观念局限于从父母、学校那里所接受到的既定的道德规范体系。只有在个体进入真正的社会生活当中，成为真正的社会人的时候，他们才真正成为道德认知的主体，实现个体的道德认知从规范性向主体性的转变。因而，个体在较长的成年期中，通过充分地参与社会生活实践以接受各种道德价值观的影响，并因而展开各种反思性活动与选择，在个体和社会的充分互动中，实现个体的道德社会化。然而，人在中年期的道德发展是复杂和多变的，可以说，个体是否能够在人生的中年期完成与社会生活的充分接轨，直接决定了他在老年期会有什么样的道德认知状态。那些有能力、有机会在社会生活中充分发展自我的个体，其道德认知的水平将会处在一个较高的状态。相反，那些在成年期或中年期就未能有足够机会充分发展自身道德主体性的个体，他们的道德认知将在成年期处在一个较低的水平。

然而，无论个体在成年期的道德认知水平处在何种状态，其在老年期面临道德认知边缘化的风险都是很大的。产生这一状态的原因有二：第一，老年人被社会生活边缘化，他们不再能够有机会充分地与社会接触，只能以"旁观者"的身份认知社会道德；第二，老年人与子代的关系也为社会生活所切断。在老年人从社会生活中"退场"之时，正是子代们在社会生活中叱咤风云的时候，此时的代际之间由于不同的生活形态而彻底地成为"陌生人"或"不同世界的人"，代际之间的隔阂由于各自所拥有的不同生活内容而无法融合。"老年人"这个社会的特殊群体，社会对于他们的认知仅仅是生理性的，无论社会为老年人提供多么好的养生场所和娱乐场所，都仅仅体现了一种外在的关怀，而非内在的道德认同。实际上，老年人的发展既涉及生理的，也涉及心理的、社会的、伦理的。老年人在生理功能上的衰退，并不意味着老年人作为人的价值性消失，他们从社会生活的激流中"退场"，并不意味着他们就要为社会所抛弃。从这个意义上来讲，老年人的道德必须是成年期道德的延续发展，"老年人"这个特殊的群体在道德发展上的特点和规律也值得社会做出进一步的研究，而不是以一种"不是东风压倒西风，就是西风压倒东风"的态度将老年人置于青年人的"下风"。虽然，在现代中国社会，我们也强调"敬老""养老""孝老"，但这种"敬""孝"仅仅是一种外在形式的"孝道"，无视道德发展的纵向性特征，无视老年人道德发展的规律性和特殊性，我们就很难真正地认识到"老年人"这个群体之于社会的重要性和价值性。

（二）老年人的道德社会化问题

无疑，处在被道德边缘化危险之中的老年人，他们的道德社会化问题是一个比较棘手的问题。我们知道，社会提供给青年人的机会是各种各样的，青年人与社会生活的充分接轨是他们实现自身道德社会化的主要路径。而老年人，由于他们与社会生活的隔断而造成他们无法再次通过社会参与来获取道德上的发展与进步，他们只能处在自身的道德观念和体系中来进行各种道德评价和选择。这样的生活状态导致代际之间的巨大"鸿沟"。周晓虹认为代际之间的鸿沟在现代中国社会体现为一种"数字鸿沟"，这种代际差异源于现代科学技术的广泛应用，信息和网络技术在生活领域的广泛普及导致代际之间的差异，那些无法通过现代网络技术来提升自己知识水平的父代们，只能让位给那些在技术学习上遥遥领先的子代们。

　　实际上，隐藏在"数字鸿沟"背后的应该是"价值鸿沟"。科学、民主等西方思想被引进中国，已经有了近百年的历史。在这一历史时期，科学技术的迅猛发展给中国社会带来了翻天覆地的变化。因而，科学技术及其带来的意识形态领域的变革成为当今中国社会的一个主要道德特点。然而，我们知道，科学技术如果成为一种被异化或神化的力量，或者将科学技术意识形态化，夸大科学技术本身带来的价值，将科学技术权威化、神魔化，用来控制现代中国社会各方面的发展，这样的道德反思不仅是当代在世的几代人所要着力进行的，也是未来或将来的世世代代的子孙们所要反思的。从这里可以看出，"数字鸿沟"所反映的仅仅是代际之间对于技术本身的掌握程度不同而导致的差异，其本身并不具有道德性。而对于技术本身和技术应用带来的效果评价才关乎人们的道德反思。

　　无可否认，在科学技术的应用过程中，最令人称奇的就是它带来的实际效果，人们所能够享受到的物质方面的丰富不得不让现代人折服于技术的威力，这也是现代功利主义思想产生的根源。然而，我们不得不承认，面对社会物质生活各个领域的发展，我们必须要在道德价值上进行反思，毕竟，只注重行为效果的功利主义思想无法解决当前生态环境污染、资源短缺、不可持续性发展所带来的种种道德困境。这说明，人在道德上的认知和发展与技术上的发展呈现出不同的特征，技术上的发展是直线性上升的，而人在道德上的认知和发展却呈现出"否定之否定"的曲线特征。科学技术应用的进步不等于道德认知水平的进步，身处现代中国社会的父代与子代们，如果仅仅因为彼此在技术或技术应用水平上的不同而彻底成为"陌生人"，那么这样的代际关系只会带来社会道德价值观的整体滑坡。不得不承认，道德认知领域的"否定之否定"的曲线发展特征要求父代与子代们在道德问题上拥有更为理性的态度，而不是简单地以一方的优越感将另一方的道德认知边缘化。

　　显然，老年人的道德社会化最终要诉诸代际之间的关系，因为老年人已经从社会生活中"退场"，他们的生活再次以家庭生活为中心，他们的交往对象主要是子女、后代，这意味着，老年人的道德社会化必须以良好

的亲子关系为前提。在周晓虹所做的社会调查中,他确实发现了"文化反哺"之于现代中国代际关系改良的重要作用,如他所描述的:

> 在前后十年间,我们在北京、上海、南京、广州和重庆五大城市进行的77户家庭的访谈,总体上都证实了,来自子代的"文化反哺"不仅使亲代了解到了许多原先陌生和不了解的知识,改变了他们看问题的视角和方法,而且实实在在地提高了他们的社会适应能力。①

我们要思考的问题是:代际之间的"文化反哺"如果仅仅体现为表层化的知识掌握,而未能触及道德的根本,并且在表现形式上承认了子代相对于父代的优越性,那么这样的认识无疑是肤浅的。如前文所述,技术所承载的只是人类知识形式方面的发展趋向,而隐藏在技术背后的道德价值评价却是"否定之否定"曲线发展的。代际之间的关系并不由他们所掌握的知识的数量和程度来决定,更多地受他们所持的道德价值观来主导。从这个意义上来讲,老年人的道德社会化不局限于仅仅从子代那里接受新型的道德观念,更应该体现为与子代做出共同的道德反思。老年人的道德价值观念如果完全成为被社会边缘化的"落后""弱智""愚昧"的东西,那只能说明这一社会所拥有的道德价值体系从一个极端走向了另一个极端,那就是从尊重传统走向彻底的反传统。从社会生活中"退场"的老年人,如果再次成为如个体在早年时期那样的"受体",被动地接受来自子代们的各种反哺活动,这在本质上就彻底否定了老年人的主体性,将他们的道德认识和观念彻底地摒弃于现代社会的道德体系之外。

由上可知,如果我们将老年人的道德社会化看作与少年儿童的道德社会化一样,是一个不停地接受新观念,重新塑造价值观的过程,那么,这无疑违背了道德认识本身发展的规律与社会对老年人的尊重。老年人的道德社会化不意味着老年人接受社会的再教育,而是体现在不停发展着的代

---

① 周晓虹:《从颠覆、成长走向共生与契洽——文化反哺的代际影响与社会意义》,《河北学刊》2015年第3期。

际关系之中；体现在与子代进行的各种道德价值的反思活动之中；体现在与子代共同进行的"否定之否定"的道德认知思维方式之中。尽管在前文中我们提到，从个体来看，老年人的道德认知水平和他在成年中期所能接受到的教育和参与的社会生活有关，这意味着，老年人的道德认知水平在个体上有高低差别。生活中，确实不乏道德认知水平极其低下的老年个体，但是，从整体来看，老年人的道德智慧是不能被社会忽视和贬低的，尤其是那些曾经在社会生活中叱咤风云的优良个体，他们的道德认知水平往往是社会得以进步和发展的根源性力量。这些优良的老年个体，他们在道德认识上的智慧是社会得以健康、科学发展的重要力量源泉。从这个意义上来讲，老年人的道德社会化意味着要更多地将优良老年个体的道德智慧应用到社会发展中来。这样的应用不再以老年人参与社会生活为基点，而是以亲代与子代之间的关系为基点。代际之间只有在道德认识上达成一致，并在此基础上发展"否定之否定"的道德思维方式，才能形成真正的"文化道德共同体"，也才能真正实现代际之间的正义。

（三）"道德养老"的现实意义

"道德养老"是基于"精神养老"而提出来的。"精神养老""文化养老"的概念虽已被提出，但是它们的内涵和本质性规定却一直处在模糊和不确定的状态，在实践中，又局限于将老年人精神上的娱乐当作主要满足方式。实际上，任何功利主义或享乐主义的养老方式都是不利于老年人本身发展的，"精神养老"在本质上应该体现为"道德养老"，即立足于亲子关系与亲子之间的道德"相通"来养老。虽然在前文中，我们也谈到老年人所拥有的不同的精神追求层次，有学者建议根据这些不同层次的精神追求来设立不同的老年服务满足方式，实际上，老年人，尤其是那些在体力上已经完全不能胜任太多社会工作的老年人，其精神上的需求必然不是以满足社会服务、实现自己的社会价值为目的了，这样的目标对于绝大多数老年人来说在中年期就已经基本完成。因而，老年人的生活必然不能再次以主要寻求社会价值为基础，而应该转向以家庭伦理和家庭关系为基础的"道德养老"。我们知道，传统社会中的个体一直依赖家庭关系或家族关系来生存和发展，可以说，个体从生到死都未能脱离家族关系来实现自己的独立，这样的家族主义作风自然而然地为个体的养老提供了坚实的根据地。在现代社会，家族或宗族解体，个体虽然仍处在家庭关系之中，但是以"核心家庭"为主要模式的现代家庭，其功能和意义已经完全不同于传统社会中的"大家庭"，这意味着，家庭之于个体已经不再具备传统意义上的养老功能。传统社会的个体，依赖自身在家族或宗族中所建立起来的伦理关系养老，个体早期在家庭中所尽到的义务到个体的老年期自然地转化为权利，个体在生命中的每一个周期都拥有固定的角色，其权利和义务是对等的，是基于家族或宗族的传统而产生的。

"道德养老"诉诸的仍然是家庭中的亲子关系，但是，现代的亲子关系已经不局限为传统社会中的亲子关系。我们知道，亲子之间的伦理道德关系同样决定于社会的经济关系和生产关系等。在传统社会，亲子之间处在家族这一共同的生产关系模式中，其经济利益关系的产生是直接的，"子承父业"是传统亲子之间利益关系的直接表述。这意味着，父代和子代之间的利益关系是不可分割的，父子之间的伦理关系也因为这种利益关系而体现得相当紧密。在现代社会，亲子之间的经济关系纽带不再是必然的，除了个体早期接受父代的经济上的支持之外，成年期和老年期在经济上几乎可以实现独立。经济和利益关系的淡化使得现代社会亲子之间的伦理关系变得更为疏松，这也是导致老年人在精神上孤独、寂寞，甚至感觉被抛弃的最主要原因。我们知道，个体所拥有的伦理亲情才是精神上最好的滋养来源，如果亲子之间的伦理关系不能得到良好的维护，物质上的独立只会催化更多的养老问题。有学者提出，应该更多地从法律上保障子代对父代的养老义务：

> 应该将孝悌的家庭伦理融入到养老立法当中。一方面，这是立法对民间孝道观念的回应。在当下的中国，虽然经济基础、家庭结构和法制背景等都发生了很大的变化，但孝道仍然是老百姓日常生活中极为重要的价值和德行。……另一方面，家庭伦理也是当下解决养老问题的有效路径。……新型模式的建立需要将家庭伦理融入到养老立法当中，使养老行为由子女的被动义务承担转变为主动的孝敬需求，只

有这样才能真正解决我国养老问题。①

"精神赡养"被纳入立法要求，以及以上关于将传统家庭伦理纳入立法的建议足以折射现代社会亲子之间伦理关系的危机。本来应该是一种基于自然血缘关系而产生伦理亲情，现在却要成为强制性的法律义务才能够有所保障，这本身是不符合人性规律的。犹如规定了亲子之间的情感债务一样，它在本质上仅仅体现为情感上的报偿或补偿，而未能体现出亲子之间真正意义上的情感的互动、认同与交融，这样的情感报偿在本质上无异于"勒索"，是亲代利用亲子之间的情感关系进行的道德绑架。显然，亲子之间的情感关系仍然是一种伦理道德关系，它更应该植根于亲子之间的道德认同和"相通"。现代社会亲子关系的疏远，除了地理位置上的距离，更多地来自彼此之间道德价值观方面的疏离，亲代与子代之间"道德异乡人"的局面才是问题的根源。

显然，亲子之间最大的无情莫过于将对方置于一个"意义蒙昧"的世界，现代社会的老年人就面临这样的现实状况。社会发展的急剧变化使得老年人面临被社会和家庭双重抛弃的危险，一方面，他们无法再回归传统社会的家族或宗族集体，享受传统的家庭亲情养老模式所带来的"意义世界"，导致"多年的媳妇熬成婆"之后，却成为一个没有任何权利可享的"婆"；另一方面，他们又无法在短时间内与子代之间形成新型的伦理关系，享受新型的家庭亲情带来的温暖和意义。这样的局面使得现代社会的老年人处在一个尴尬的境地：从表面上看，他们解除了物质上的匮乏所带来的生活阴影，但在本质上，他们又陷入衣食无忧、精神无寄托的"空灵"困境，传统社会"养儿防老""子绕膝欢"的伦理亲情的滋养成为现代社会老年人的奢望，他们在精神上无法与子代达成"相通"，最终造成老年式的孤独和绝望。这种境遇产生的最根本的原因是老年人在伦理道德价值观上的"绝后"，"后继有人"的伦理"愿景"成为泡影。代与代之间在伦理道德价值观上的迥异，直接导致他们的婚恋、育儿、消费、人际

---

① 粟丹：《"孝道"视角下我国养老立法的要求及完善路径——以"精神赡养"条款为中心》，《浙江学刊》2017 年第 2 期。

交往、生活方式等各个方面的文化差异，老年人无法在后代身上找到自己当年的影子，生活中意义感、道德感的丧失导致老年人的隔代创伤，势必给他们造成精神上的极大困境。

然而，"道德养老"必然以代际之间的价值、意义相通为基础，而这样的"相通"首先需要父代与子代之间的伦理关系具有真实的关联性。也就是说，他们必须是真实地同处于一个伦理关系域中。费孝通把传统中国社会的人际关系格局称为"差序格局"，个体与之拥有的伦理关系网络如水滴在水面上所泛起的圆圈，以个体为中心，与个体关系最近的是个体的家人、亲属，其次是具有地缘关系的左邻右舍和熟人，再次是陌生人，从而层层建立起具有差序格局的伦理关系。费孝通把这样的人际关系社会称为"熟人社会"，熟人社会中的人际关系是具有亲疏远近之分的。显然，对于个体而言，具有血缘关系的家人和亲人永远处在最为亲密的位置，是个体精神性的滋养地。然而，传统社会地缘关系的解构带来熟人关系的瓦解，现代人不得不处在一个变动不居的"陌生人世界"，随时可以更换的工作、随时可以搬动的家、随时都可能移走的邻居，使得现代人再无希望享受左邻右舍带来的精神性安全感。在这样的时代背景下，以人际互动为基础的精神性需求将更加突出地体现在家庭关系之中，亲子关系、夫妻关系等成为个体能够获得精神性享受的重要来源，而这应该是家庭养老模式一直占据核心地位的重要原因。然而，现代社会中亲子、夫妻之间的伦理关联性极容易打破，在强调个体独立性的现代中国社会，亲子之间的血缘关系仍在，但亲子之间的道德认同日益减弱；夫妻之间的契约关系还在，但夫妻之间的价值认同很难达成。年龄之间的差异、性别之间的差异、各种各样的文化价值观的差异冲击着人与人之间的关联性，最终导致亲子疏远、夫妻冷漠，甚至分居、离婚的现象比比皆是。老年人所看到的社会是一个五花八门的社会，老年人所看到的后代是一些形形色色的后代，人与人之间的伦理关联性变得越来越弱，自主和独立的意识越来越强。现代社会中的个体越来越强调成就自我，强调能够充分地实现个体的价值。这导致个体越来越积极地投入社会关系网络，而将与家人有关的伦理关系网络放在不重要的位置。现代社会的父代和子代之间有可能一年都很难见面或通上一次电话，即使见面也不知道要说些什么，因为彼此的生活已经完全没有"共同""共通"的内容。

在"精神养老"问题上,有学者提出,在目前的研究中,过分地关注老年人精神上的"他养",而未能体现出具有独立自主精神的老年人"自养",正确的做法应该是实现二者的结合,如他所阐述的:

> "自养"与"他养"作为精神养老研究中两种相互对立的思维,它们都无法独立解决精神养老的实际问题。因此,"自养"与"他养"这两种精神养老研究取向在实践中是天然地结合在一起的,二者不可偏废。从"他养"取向到"自养"取向的转换,不应是排斥性的替代而应是互融性的补充。无论在理论研究还是实践探索中,"自养"只有与"他养"相结合,才能很好地解决精神养老问题。①

显然,这里所指的"他养"也好,"自养"也好,在本质上都缺乏应该有的伦理上的源泉。人精神上的需求和满足基于人与外部世界的互动,基于个体与外部世界建立起来的联系,而不是如注水一样灌输某些知识。现代社会的老年人孤独感的产生恰恰是因为他们失去了自身的伦理本性得以延续的基础,他们的生活犹如断裂的残垣,不得不寻求自生的机会。"道德养老"的实质是重新塑造亲子之间应该有的伦理关联性,这既需要亲子之间的互动以产生真实性的生活内容的交融,也需要彼此之间的道德价值上的认同,以产生亲子之间"意义世界"的真正相通、相悉。

三 道德反哺教育中的养老

从一定程度上来说,文化反哺、道德反哺等社会现象的出现预示了代际之间在文化认同、道德认同方面的需要,而这样的需要为建立中国现代社会新型的养老模式提供了启示。在现有的养老模式研究中,众多的学者试图结合家庭养老模式和社会养老模式两者的优势,创造出一种适应传统向现代转变的新型养老模式,比如社区居家养老模式就是近期非常热门的

---

① 徐连明:《精神养老研究取向及其实践逻辑分析》,《中州学刊》2016年第12期。

研究论题，这一模式的主要体现为"半社会化半家庭"的养老方式，① 它强调"家"的开放性，在这一养老模式中，"家"不是一个物理空间概念，而是"既具备人际关怀、情感交流，同时又具备物质养老和精神养老条件的社会环境"②。这样的理论尝试实际上是试图调和家庭养老和社会养老两种模式。在现有的社会文化、经济条件下，社会养老虽然已经被提上了日程，但是人们的伦理文化观念却未能在短时期内发生改变，尤其是与日常生活息息相关的养老问题。这表明了"家"对于个体的终极性意义，无论社会结构如何变化，社会的经济条件如何改变，对于个体来说，"家"不仅仅意味着一个生活的居所，更承载了个体对生命、家庭本身所赋予的伦理意义，它是个体于生生不息的代际传承中抽象出来的精神性实体，是不能随便用任何其他的团体性或群体性的组织机构来取代的。

总之，目前所热衷讨论的社区居家养老模式都是主张从外在的组织结构、服务方式、资金配备、运行机制等来探讨养老问题，其在本质上仍然是一种外在的养老方式，并未真正深入到养老问题所涉及的深层次的伦理问题，如下表所显示的：

家庭养老、机构养老与社区居家养老模式的比较表③

比较纬度	家庭养老	机构养老	社区居家养老
服务发生的场所	家庭	机构养老	以家庭为核心，以社区服务为依托
运行机制	个人养老金，家庭扶持	企业投资单独经营或政府投资运营	党委领导、政府支持、社区参与、社会协调
资金来源	个人和家庭	企业投资、政府拨款	企业投资、民间捐赠、政府拨款
专业化程度	专业化程度低	专业化程度较高	专业化程度高
信息获取程度	信息获取难	信息获取相对方便	信息获取快捷
社会认同	社会认同高，社会融入低	社会认同低，社会融入较高	社会认同高，社会融入高

---

① 陈军：《居家养老：城市养老模式的选择》，《社会》2001年第9期。
② 张卫东：《居家养老模式的理论探讨》，《中国老年学》2000年第2期。
③ 李凤琴、陈泉辛：《城市社区居家养老服务模式探索》，《西北人口》2012年第1期。

在上表中，作者总结了社区居家养老模式相对于传统的家庭养老和新型的社会养老所拥有的优势，但是更加偏重于从外在的服务场所、方式和组织机构、资金支持等方面来做出分析，这些方面都是针对传统家庭养老模式中的困难或不足提出的。在现代家庭中，由于人口的减少，家庭结构的变化，尤其是"4—2—1"式，甚至是"8—2—1"式家庭结构的出现，导致年轻一代在赡养老人的过程中出现了诸多困难。从这个意义上讲，社区养老服务机构确实能减轻年轻一代在养老过程中的负担。显然，从社区养老服务的宗旨来看，它仍然是属于弥补型的、补偿型的，它充分弥补了家庭养老模式在现在社会遇到的困境。但是，这样的养老服务模式是否真正地体现了"精神养老"？是否真能化解现代中国社会的养老危机？虽然表中也提出了有关社会认同方面的对比，但是并没有相应的数据支撑，因而这样的对比结果在很大程度上并不具有太多的科学性。它仅仅是在家庭的基础上增加了一些社会服务机构，共同构成了家庭养老服务的体系。并且，家庭与机构之间、机构与机构之间应该如何分工合作，社会机构的可靠度如何等都是问题。

显然，在家庭养老和社会养老模式相结合的建构中，学者们所关注的仍然是组织机构和服务内容上的合理性，如张波提出的："在体系建设过程中，我们必须牵涉到老年群体、家庭、社区、社会组织及政府等多个客体，如何能够很好地将它们之间的关系建立好，是建立完善的养老体系必不可少的步骤，而且很多还牵涉到国家—社会关系、社会组织的定位、政府的责任等多个较为宏观的研究主题。"[①] 显然，机构与机构之间的分工与合作是构建现代养老体系的一个重要方面，通过社区、社会组织机构和政府的通力合作来弥补家庭养老的不足，从管理的角度，这样的养老体系设计确实符合现代的需求。但是，无可否认，当前养老问题的症结不在于外在的服务机构有多完美和周到，而更应该诉诸亲子关系及其隐含的伦理逻辑。社区服务机构所提供的服务，形式再完美，服务内容再完备，如果不

---

① 张波：《我国居家养老模式研究综述与展望》，《四川理工学院学报》（社会科学版）2013年第4期。

把亲子关系和家庭伦理的建设纳入进来,那就仍然只是从外在方面做文章,没有深入养老问题的核心——因为代际之间的道德认同而产生的养老困境。抛却亲子关系来谈社会机构服务,会更加加速亲子关系的分离和亲情的淡漠,家庭中的"陌生人"境遇并未得到缓解。

"道德反哺"教育中的养老诉诸的是以亲子之间的伦理关系来展开,在代际之间寻求道德价值认同,以实现父代与子代之间的伦理互动为目的,真正地在代际之间建立起新型的伦理关系。物质上的反哺是可见的,有形的;道德上的反哺却是不可见的,无形的,它隐藏在以亲子关系为核心的家庭伦理道德建设中。当前的道德反哺以单个家庭中的亲子互动为主要方式,这样的互动应该从单个家庭推广到整个社会,在整个社会范围内营造代际之间的道德互动氛围,以实现代际之间的道德"相通",并最终实现现代化的养老。

(一)道德反哺教育中的养老模式

在实现家庭养老和社会养老相结合的过程中,现有的社区居家养老模式、嵌入式养老模式等,都只是在服务形式、外在功能上弥补了现代家庭养老的不足,并没有看到存在于现代家庭养老中的关键问题。实际上,现代家庭养老之所以会发生很多的问题,皆因为现代的家庭形态和家庭伦理观念都发生了相应的改变。传统的家庭养老模式在物质上体现为一种补偿性关系,子代在幼年期从父母那里获得生存和发展的物质性资源,子代成年后报答和反哺亲代是传统孝道的主要体现;在精神上,体现为亲子之间伦理、道德价值的认同。也就是说,传统社会中的亲子不存在太多的伦理价值观上的差异,他们共处在传统的伦理道德体系当中,无论是亲代,还是子代,他们都同属于当时社会的主流道德价值观。在家庭里,父辈以道德上的权威统领整个家族的子子孙孙,子代们的"孝道"就体现为对父辈们的"顺从"和"无违"。因而,父代与子代之间体现出本质上的同一,他们在物质上和精神上都存在依赖和一致性关系。在现代社会,亲子之间物质上的补偿关系被转嫁到单位或社会,亲代依靠单位和社会来实现养老,亲子之间的物质性依赖越来越弱化,各自成为彼此独立的主体。在传统农业社会,无论是亲代,还是子代,他们生活的主要来源都是田地上的耕种收成，而田地是固定的生产资料，因而世世代代之间因为生产资料的固定性而产生的关系的联结也是稳定的；现代社会的父代和子代们却打破了生产资料上的联结，他们可以各自身处不同的单位，甚至不同的国家来获取个体的生存与发展，父代与子代之间的伦理关联由此也变得不稳定。因而在现代社会，个体的独立性和主体性是主要诉求，在这样的条件下，代际之间或家庭成员之间的关系体现出不同的特点，如下图所示：

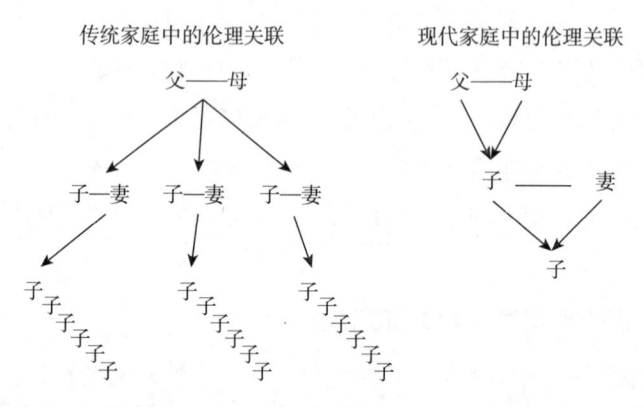

```
    传统家庭中的伦理关联              现代家庭中的伦理关联
         父——母                          父——母
       ↙  ↓  ↘                            ↓
   子—妻  子—妻  子—妻                 子 —— 妻
     ↓     ↓      ↓                          ↘
    子子   子子   子子                         子
    子子   子子   子子
```

在上图中，传统家庭中的伦理关系体现为以父子关系为主轴的伦理关联，母子和夫妻关系隐藏在父子关系之后，母亲和妻子在伦理道德价值观上都从属于父亲和丈夫，因而在家庭内部，形成了以父子关系为主轴，父权伦理为主宰的统一的、稳定的伦理关联。在传统家庭的代际延续中，以多子多福为主要价值诉求，但是无论家庭的成员有多少，家庭的结构有多庞大，都形成了统一的、相同的、稳定的伦理价值体系。在现代家庭中，个体之间的独立性和主体性日益张扬，夫妻、父子、婆媳之间在物质上实现各自的独立，彼此之间物质上的依赖关系弱化。尤其是中国的改革开放政策实施以来，国家恢复了高考制度，女性能够和男性一样接受高等教育，在单位接受同工同酬，女性在中国社会的地位越来越高，导致男女之间的物质性依赖关系日益减弱，女性在经济上的独立削弱了性别之间的依赖和不平等关系。这样的改变直接影响到家庭成员之间的关系，首先夫妻之间实现了平等，妻子与丈夫之间不再是从属性关系，在家庭中，丈夫和妻子之间各自具有自身的伦理、道德主体性，他们各自的伦理、道德观念和主张难免存在差别和冲突。不仅是夫妻之间，父子之间、兄弟之间、婆媳之间都可能分处在不同的伦理价值观的主导下，家庭成员之间的伦理关联性减弱。尤其婆媳之间的伦理关联性更成为现代中国社会的一个难题，因为家庭中其他成员的伦理关系植根于他们的血缘亲情关系，而婆媳之间不存在血缘关系，如果彼此之间也不存在伦理道德价值观念上的一致性，就非常容易产生冲突和矛盾。在现代社会，婆媳之间的矛盾是导致家庭不和谐，甚至夫妻离婚的一个重要因素。可见，在现代家庭中，家庭成员之间的伦理关联成为一个至关重要的问题。尤其是实行了独生子女政策之后，家庭的结构以"三口之家"的核心家庭为主，代际之间的延续显得异常单薄。然而，家庭成员的减少和家庭结构的缩小趋势并未使得家庭成员之间的伦理关联变得更为紧密和统一。相反，成员与成员之间，父代与子代之间的伦理差异和隔阂越来越多，家庭成员各自的独立性和主体性使得他们在物质上和精神上的依赖关系都不停地被弱化，甚至产生强烈的冲突。

　　道德反哺教育中的养老模式，首先立足于家庭成员之间的伦理关联来解决问题。社会养老组织机构所设计的外在服务方式和功能再好，仍然只是外在的服务，并不能真正解决家庭本身在现代化的过程中产生的伦理问题。现代家庭中的真正问题在于家庭成员的独立性和主体性增强，彼此之间的伦理关联削弱，无论是物质性的关联，还是精神上的关联，都相对较弱。在这种情况下谈养老问题，我们首先要正视已经产生了变化的亲子关系、夫妻关系、兄弟关系和婆媳关系等，并在此基础上重塑家庭成员之间的伦理关联。虽然，在前文中，我们所探讨的道德反哺教育主要针对亲子关系，着重强调亲代和子代之间的道德对话与沟通，是一种以代际之间的道德互动为特征的教育模式，力图实现代际之间道德价值观上的"相通"。但实际上，现代家庭伦理中，不仅亲子关系发生了重要的变化，隐藏在后面的夫妻关系、婆媳关系等更是发生了根本性的变化。而在实行了独生子女政策后的现代中国社会，兄弟关系在很多独生子女家庭成为一个业已消失了的关系。因而，针对这样的家庭伦理关系状况，我们必须重新审视家庭成员与成员之间的伦理关联与所隐含的关键问题。

　　显然，在传统家庭中，家庭成员之间的关系既体现为物质性的生产关系或经济关系，也体现为自然性的血缘关系，还体现为伦理性的道德关系和情感关系。在现代家庭中，虽家庭成员之间的血缘关系还在，但物质性的生产关系或经济关系已淡化，伦理性的道德关系和情感关系也已弱化。个体的独立性增强，个体与单位、社会的联系更为紧密，个体与家庭的联系呈现出阶段性的特征，在人生的早期、中期和晚期分别与家庭拥有不同的伦理关联性，如下图所示：

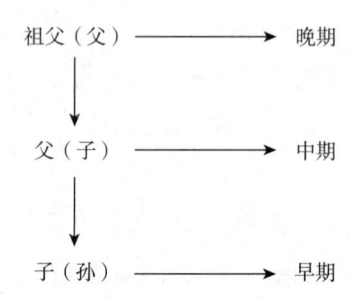

```
祖父（父） ──────→ 晚期
   │
   ↓
父（子）  ──────→ 中期
   │
   ↓
子（孙）  ──────→ 早期
```

显然，自然性的血缘关系自始至终都是存在的。以可能共同在世的三代为例，在个体人生的早期到中期这个阶段，父代与子代之间的伦理关联是紧密的，此时的个体与父代的物质性依赖关系和伦理性道德关系、情感关系等都是强烈的。但是一旦个体进入人生的中期，此时的"子"变成了"父"，往上还是原来的"父"，往下有了自己的"子"，个体在家庭中的伦理角色就发生了改变，拥有父和子的双重角色。个体在人生的中期到晚期这个阶段，角色逐渐又发生了变化，由父和子的双重角色进入父和祖父的角色。在现代家庭结构中，祖父和孙子建立起来的隔代关系很难发生实际意义上的伦理关联。在正常的家庭中，祖父和孙子之间并无法律和道德上的物质性或经济关系，而在以"三口之家"的核心家庭为主要家庭结构的现代中国社会，祖父和孙子之间的道德、情感关系也变弱，常常很难生活在一起，祖父和孙子成为"客人"式的亲人。这意味着在人生的晚期，个体从中期的双重角色又退回到"父"，而原来的"子"晋级为中期的双重角色。个体晚期极容易被子代和孙代边缘化，因为此时的子代已经拥有自己的家庭，拥有符合现代特征的家庭生活，而父代却被隔离成只剩下自己的"空巢家庭"。此时的个体虽然因为社会经济水平的发达而解除了与子代的物质性依赖关系，但是伦理、情感上的关系也被隔断。并且，由于个体在人生的晚期不再拥有丰富的社会生活,这意味着,他们将处在一个被隔离的"老年世界",他们仅仅是一个生活在现代社会的"旁观者"。因而,无论是住在家里,还是住在社会性的养老机构里,他们的境遇没有改变,都是处在一个被子代和孙代隔断的"老年世界"。

显然,正是因为这样的"老年世界"的存在,阻碍了年老一代的发展性。他们既无法从社会上得到发展自己的机会,也无法从子代那里获得相应的支持。年龄越大,这样的危机和困境就越明显,伦理和情感上的冷漠就越强烈,这是造成现代社会老年性伦理危机的主要根源。"道德反哺"教育中的养老模式,注重通过"道德反哺""文化反哺"等活动消除代际之间的隔阂,以建立起符合现代家庭特征的伦理关联。无可否认,老年人除了生理上日渐衰老之外,其心理上和社会上的需求并不会因此而消退,他们仍然需要各种社会性、伦理性的滋养,以满足自身心理、社会方面的需求。"道德反哺"教育旨在将老年人从"老年世界"中解救出来,以子代、孙代的反哺教育为桥梁,在"老年世界"和以中青年为主体的现实世界之间实现融通。当然,如前文中指出的,这里所讲的代际之间的"道德反哺"教育,并不是旨在为代际之间的道德价值观提供一个优劣之分。子代向亲代所做的逆向的道德反哺教育不是单向式传递的,更多的是指代际之间双向式的道德传递,也就是亲代和子代之间的道德"相通"。在这个意义上,我们认为,传统社会中的亲代与子代处于同样的道德价值体系当中,代际之间的道德认同是追求一致和统一的"相同"。而现代社会的道德反哺教育,并不旨在为亲代和子代提供一个一致性的道德价值体系,这是众多哲学家在讨论"代际正义"这一论题时无法走出的"迷局"。如环境政治学家安德鲁·多布森(Andrew Dobson)认为:"至少从20世纪70年代开始,任何没有对将未来世代纳入正义共同体的可能性进行讨论的正义理论,都是不完整的。"[1] 在他们看来,要讨论代际之间的正义这一论题,首先得在"正义"这一概念上达成共识,也就是代际之间需要拥有一

---

[1] Andrew Dobson, *Justice and the Environment: Conceptions of Environmental Sustainability and Dimensions of Distributive Justice*, Oxford: Ox-ford University Press, 1998, p. 66.

个共同的正义价值体系——正义共同体。这在本质上是追求价值上的一致，或者所谓的"道德相似性"。但在这个问题上，他们把代际之间看作是在世的几代人和未来还未在世的后代们。这样的理论假设显然是超现实主义的，即使是未来的后代们通过一定的方式与前代人进行沟通、反思，但这种反思是单向式的，现代人永远无法知道来世的后代们的价值诉求，如王韬洋描述的：

> 作为共同体本质特征之一的文化交流首先暗示了稳定的、共同的文化环境的存在。……而在代际的层面上，后代人虽然无法同前代人一样"亲身"经历事件，但是却可以对前代人的思想和理念进行反思和评论……我们可以设想未来世代也会同我们有这样的文化交流。我们有理由相信，若干代之后的人们也会以同样的方式去讨论和评价我们的理念、规范和价值。①

这样的理论假设在本质上还是旨在达成"相同"的道德价值观，而不是"相通"的道德价值观。"道德反哺"教育的前提是承认代际之间的差异，而不是用自认为优越的道德价值观去强制对方接受，力求在代际之间达成"相通"。例如，在中国传统社会的伦理道德价值观中，道义论占据了中国历史几千年，但在现代社会，功利主义、实用主义的思想盛行。在思想理论界，道义论和功利主义的调和一直未能成功。这意味着，在实践层面的生活领域，我们也不能简单地用一种道德价值观去统领所有人的生活。实际上，在理论论证中，我们也能找到道义论和功利主义的"相通"，它们并不是完全对立的，在很多层面几乎能够达成"相通"。比如现代学者郦平发现："以杜威为代表的实用主义伦理学家不仅继承和发展了英国功利主义伦理学的特质，还融合了德国古典哲学家康德的道义论思想。"②这意味着，理论与理论之间的"相通"是可能的。同样的，人际之间、代

---

① 王韬洋：《正义的共同体与未来世代——代际正义的可能性及其限度》，《华东师范大学学报》（哲学社会科学版）2010年第5期。
② 郦平：《古典实用主义伦理思潮及其理论得失》，《道德与文明》2017年第6期。

际之间的"相通"更是可能的。"道德反哺"教育就是在亲代和子代之间达成道德价值观的"相通"。其追求的不是统一、一致的"相同"境界，而是达到"我理解你，你理解我"的"相通"境界。

另外，道德反哺教育中的养老模式诉诸老年人的发展性需求。实际上，在第一章中，我们已经指出，"道德反哺"教育本身就体现为老年人的发展性需求，而不是缺失性需求，是年老一代基于自身的发展而产生的心理、社会的各方面的需求。实际上，老年人的发展性需求受到众多学者的关注，一般来说，他们都是诉诸马斯洛的需要层次理论来研究老年人的发展性，徐艳在综合了其他人有关"老年人的发展性"概念之后提出：老年人的发展性需求是马斯洛需求层次理论中生理需求以上的需求，包括情感、尊重、自我实现等需求，侧重"老有所为"的实现，进而推动老年人"老有所乐"[1]。可见，依照马斯洛的需要层次理论，老年人的发展性需求也有高低层次之分。低层次的老年性需求就是最基本的生理性的、安全性的需求，而高层次的老年性需求则包括自尊、尊重、情感和自我发展等。这样的划分在一定层次上揭示了老年人发展性的特征，这与我们前文所探讨的老年人的"精神赡养"中的精神需求内容层次存在类似，都是将老年人的精神需求划分出不同的层次，然后根据不同的需求层次来逐级满足。这样的理解虽然在一定程度上揭示了养老过程中的针对性，但是从伦理学的角度来说，仍然缺乏对老年人心理、伦理的深刻洞察。在相关的研究中，有学者甚至认为，老年人的发展性需求是在满足了较低层次的需求之后才产生的需求，对于那些仍然生活在毫无社会保障、水深火热中的农村老年人，发展性需求相对来说要更为困难。这种单单从物质条件层面来划分精神层次的做法是有待商榷的，虽然农村老人所拥有的物质条件和社会保障确实比城市老人要差，但这不意味着农村老人在精神性发展需求方面的层次就要低。

那么，到底应该如何看待老年人的发展性需求呢？如果我们仅仅以物

---

[1] 徐艳、唐旭等：《社会工作在满足老年人发展性需求方面的介入——基于对平江区L社区的调查》，《社会工作》2012年第10期。

质性的条件为基础来谈发展性,那必然会根据老年人所拥有的物质条件将其发展性分为不同的层次。实际上,我们谈老年人的发展性,它与一般意义上的人的发展性是有差别的。如果我们仍然按照一般意义上的人的发展来讨论和衡量老年人的发展性,那么必然会导致很多误区。实际上,在上文中,我们就探讨了老年人的道德社会化及其现代性问题。我们知道,老年人的道德社会化与少年儿童的道德社会化是不同的,老年人的道德社会化不意味着像儿童一样接受一次道德的再教育。同样的,老年人的发展性也是一样,不意味着老年人需要像青少年一样来发展自己。老年人的发展性是有其本身的特殊性的,马斯洛的需要层次理论针对的是一般意义上的人,如果我们将其生搬硬套地应用到老年人身上,势必会得出一些比较奇怪的结论。实际上,老年人的发展性并不是现代社会才有的事情,传统伦理文化中的"孝道"就包含了丰富的发展性理念。"不孝有三,无后为大"就是从代际延续来看待发展性的,子代对于父代的"孝道"首先体现为发展和延续祖宗的血脉,这是从自然性的血缘关系来谈发展性。而"光宗耀祖"代表的是个体社会意义上的发展性。在传统"孝道"中,可以说,"传宗接代"和"光宗耀祖"分别从自然性和社会性两个方面概括了人的发展性。

在现代意义上来谈老年人的发展性,我们仍然不能脱离亲子关系及其蕴含在其中的伦理关系。实际上,老年人的发展性有其自身的特点,其特殊性在于它不是立足于自己来谈发展,而是立足于自己的子代。因而,亲子之间的关系及代际之间的伦理延续对于老年人的发展来说尤为重要。徐艳、唐旭所做的质性调查就发现,老年人的社会参与性都离不开家人的支持,如她所总结的:"在微观家庭层面,受访的七位老人纷纷表示他们老年生活能发挥余热离不开家人的支持。"[1] 可见,家庭中的伦理关系是老年人参与社会生活的基础。这意味着,我们从个体性出发来谈老年人的社会价值是苍白的,因为老年人作为从社会生活中已经"退场"的个体,他们

---

[1] 徐艳、唐旭等:《社会工作在满足老年人发展性需求方面的介入——基于对平江区 L 社区的调查》,《社会工作》2012 年第 10 期。

的社会价值已经在早年和中年期得到实现,他们参与社会生活的目的不在于再次实现自己的社会价值,而是为后代的发展和延续发挥自己的余热,如田钰燕描述的:

> 我们看到无论是在家庭参与还是社会参与中,农村老年人都保持着较高的参与度,并为家庭和社会做出了相应的贡献。可见老年人不是家庭和社会的负担,而是不可缺少的人力资源,我们应充分利用这一资源,不断探索"老有所为"的新形式和新途径。①

从以上可知,即使是所拥有的物质性条件并不特别丰裕的农村老人,他们的社会参与程度仍然是非常高的。可见"老有所为"是老年人发展性的普遍要求,而这样的要求不是由于他们要再度实现自我,而是为后代子孙谋利益。老年人的发展性诉求离不开子代们的福利,他们的社会价值就体现在为子代们的发展奉献自己的价值。总之,道德反哺教育中的养老模式首先诉诸亲子之间的伦理关联展开,其次诉诸老年人的发展性需求,这两者在本质上又是紧密相连的。老年人的发展性需求植根于与子代的伦理关联中,为子代谋福利是老年人发展性需求的根本目的。老年人通过子代的道德反哺教育与子代达成道德认识上的"相通""相悉",以此建立起来的代际关系是伦理性、道德性的,是基于双方在道德价值上的认同而产生的。老年人通过子代的道德反哺教育重新认识自我,通过与子代的伦理关联发展自我。

(二) 道德反哺教育从家庭走向社会的现实意义

道德反哺教育作为一种特殊的社会现象,主要发生在中国社会实施了改革开放政策之后。如周晓虹所提出的,文化反哺这样的现象也可能出现在中国其他的社会时期,但是未能如此剧烈,因而道德反哺、文化反哺教育与特定的社会历史背景和条件有关。这样的社会现象既是一定的社会历

---

① 田钰燕、包学雄:《我国农村老年人生活状况的发展性分析——基于2006年和2010年全国老年人跟踪调查数据》,《云南农业大学学报》(社会科学版) 2016年第5期。

史条件促成的,又对既定的社会发展产生积极的反作用。具体来说,文化反哺、道德反哺等对于改善代际关系来说有着无比重要的意义,如周晓虹所描述的:

> 如果说近代以来社会的急速变迁导致了代的断裂或"代沟"的出现,那么其最为重要的结果之一,恐怕是代际矛盾成了仅仅亚于阶级矛盾的人类社会最重要的冲突形式。在近代中国,由于历时久远的传统家族文化对个体的蹂躏到了令人窒息的地步,一旦现代性的成长(包括现代民主政治思想、学校和工厂制度、新闻与恋爱自由观念的萌生)唤醒了年轻一代的反叛,代际冲突的剧烈程度自然无与伦比。①

根据周晓虹的观点,伴随着现代性而产生的各种社会问题里面,代际之间的冲突和矛盾尤其突出,仅亚于阶级矛盾。而文化反哺、道德反哺等活动恰恰成为代际之间重构新型关系的重要途径,因而,他又说:"在整个社会开始关注文化反哺对传统代际关系改造的革命性意义的同时,我们应该同时提醒人们:其实文化反哺更是在我们这个变化迅疾的时代,重构积极和谐的代际关系的路径,甚至是唯一路径。可以说,正是文化反哺为我们这个时代同时生活在世的两代人或数代人走向共生与契洽搭建了便捷畅通的桥梁。"② 从这里可以看出,下一代向上一代的文化反哺教育活动实际上为代际之间的矛盾和冲突提供了良好的解决路径。在社会文化急剧变革的现代中国社会,代际之间的冲突在本质上是文化冲突或道德价值观的冲突。文化反哺和道德反哺教育活动在根本上体现了中国社会的新生代们在文化、道德上的主体性,在他们向上一代进行文化、道德反哺的过程中,不仅消除了代际之间的文化隔阂或冲突,也为重塑代际之间的新型关系提供了契机。

然而,当前中国社会出现的道德反哺、文化反哺教育等现象仍然局限

---

① 周晓虹:《从颠覆、成长走向共生与契洽——文化反哺的代际影响与社会意义》,《河北学刊》2015 年第 3 期。
② 同上。

为以单个的家庭教育为主。也就是说，仅仅是以家庭内部的代际互动为主要方式。道德反哺、文化反哺等教育活动未能超出家庭而走向社会。这意味着，代际之间的道德教育互动仅仅是以家庭内部之间的亲子互动为主要形式，是家庭性的教育活动。换句话说，道德反哺或文化反哺教育仍然局限于个体的私生活领域，未能成为社会公共生活领域的内容。尽管在周晓虹他们所做的社会调查当中，大多数的亲代承认能够轻易地接受自己孩子进行的反哺教育，但是对于他人孩子的指指点点，就会感到无地自容或未能受到晚辈的足够尊重。关于是否曾经对自己的亲代做过道德反哺教育这方面，我们也做了一次调查，抽取了26名比较具有代表性的博士、教授进行了一次定性访谈，并采用质性研究方法对访谈结果进行分析，结果显示：只有极个别的人没有过类似道德反哺的行为，因而他相应地认为，不可以通过沟通来解决道德价值观的冲突。26名学者中，7名学者明确表示无法通过沟通来解决价值冲突，占比约27%，其中男性占比为100%。9名学者认为看情况，有的时候可以，有的时候不可以。比如，和自己的父母沟通可以，和公公婆婆则不可以，占比约35%，其中男性为7名，女性为2名。10名学者认为可以通过沟通解决道德价值观的冲突，个别认为沟通的效果非常好，其中男性为6名，女性为4名。由于我们选取的调查对象中只有7名女性，这很有可能影响了我们的调查结果，但是在不反对可以通过沟通来解决道德价值观冲突的人里面，女性就占了6名。从这里可以看出，以老年人为主体的亲代对于道德反哺教育的态度是非开放的，他们能接受自家孩子的反哺教育，但是却明确排斥别人家孩子的反哺教育，这说明他们对于自己的子代采取更为宽容的态度，而对于别人的子代却持更为保守的态度，即使是媳妇或女婿都不在可接纳的范围之内。从子代的道德反哺行为来看，近1/3的人认为和亲代之间无法沟通，其余的持肯定或不确定的态度。这说明，以道德反哺教育为途径的代际互动并不能发生在任何家庭，如果代际双方或其中一方属于不擅长沟通的人，那么代际之间的隔阂与冲突将会无法化解，这说明，道德反哺教育如果仅仅局限在家庭内部，会在家庭与家庭之间产生极大的差别。那些亲子之间能够通过道德反哺教育来消除隔阂与矛盾的，将会享受到非常和谐的家庭关系。而那些不善于通过道德反哺教育来消除隔阂与矛盾的，代际之间的隔阂与冲突将会困顿于家庭内部。因为家庭中亲代如果无法通过自己子代的反哺教育来实现代际和谐，对其他人的子代又持排斥的态度，那么，这意味着身处这种家庭中的亲代将无法通过道德反哺教育来实现代际之间的价值观融合与认同。

在现代中国社会的代际关系当中，最常见的现象是亲代和子代之间由于知识水平和道德价值观的不同而导致沟通不畅，甚至导致子代对亲代的嫌弃。子代在日常生活中仅仅以满足亲代的物质生活需求为主要目标，而对亲代在精神上或知识学习方面的需求视而不见，未能将老年人看作一个具有同等心理、社会需求的主体，仅仅将其当作一个各方面已经退化的弱势群体来对待和照顾，这样的现象广泛地存在于各个国家当中，正是基于这样的原因，"积极老龄化"成为自21世纪以来国际组织提出的应对世界人口快速老龄化的重要政策理念。2002年世界卫生组织在联合国第二届老龄问题世界大会上提交了《积极老龄化——政策框架》报告，大会通过了《老龄化马德里政治宣言》和《老龄问题国际行动计划》两个重要文件，将"积极老龄化"确立为全球应对老龄化问题的基本战略，并提出了实践行动的策略建议。[①] 这里的"积极"实际上蕴含了对老年人的尊重和关怀，不因为老年人的年龄而消极地对待老年人的生活，而以一种积极的态度去对待老年人的晚年生活。这样的态度是双方的，既体现为社会的中、青年对待老年人的态度，也体现为老年人对待自己的态度。"积极老龄化"在本质上是以提升老年人的主体性和社会参与程度为目标的。

显然，要实现"积极老龄化"的目标，就脱离不了社会专门为老年人设置的教育，这与当前局限于家庭内部的道德反哺教育相比较，具有更多的优势和更重要的社会意义。从世界范围来看，老年人的教育已经被纳入养老范围。针对老年人开设学校、课程教育在西方发达国家已经成为一种时尚，在中国也日渐兴起，其主要目的就是实现"积极老龄化"。老年人

[①] 王三秀：《积极老龄化理念的我国教育养老服务模式初探》，《中共浙江省委党校学报》2017年第1期。

教育一方面是为了提升老年人的知识层次，使得老年人能够通过学习拉近自己和社会的距离；另一方面是为了怡情养性，学习茶艺、花艺、画艺等艺术类课程，既可以排遣孤独，也可以通过艺术审美激发老年人热爱生活的情趣。在老年教育的定位上，英、美、日三国都将老年教育看作终身教育的重要组成部分，是积极而充实生活的重要基础，发展老年教育的主要目的在于提升老年人晚年的生活质量和生命质量。如"英国老年教育除了使老年人在学习中作为积极的参与者而不是被动的接受者来体验学习的快乐以外，更重要的还在于使那些退休后不知所措的老年人重获自信和自尊，重新找到生活的意义"[1]。显然，这里所指的"生活的意义"不是以提高某一项社会技能为目标的，也不是以帮助老年人重新参与社会生产劳动为宗旨的，而是以丰富老年人的生活、提升老年人的生活境界为主要目标的。尤其是作为"积极的参与者"来生活这一方面，在本质上是老年人主体性的体现，这将是老年人教育的终极目标。这样的目标与那些仅仅为了减少"生活中的麻烦"来对老年人实施的教育具有本质上的差别。实际上，在养老问题上，也很容易落入功利主义的"泥淖"，即很多人将老年人的教育当作解除自身"包袱"的有利途径，其追求的不是老年人自身的发展，而是减少养老过程中的"障碍"。这样的老年教育理念势必失去市场，成为无人问津的摆设。

在当前中国社会，老年教育仍然处在一个启蒙阶段，未能有充分的条件将老年教育办成比较正规的、受欢迎程度比较高的教育模式，比如曾经开办的老年大学，就存在很多管理不善的问题，如有学者所总结的："我国的老年大学是由老干部局主办的，没有纳入教育部门管理，由文化部门负责规划和管理，而民政部门则把老年教育作为老龄福利政策的一项内容。……教育部门把老年教育归口社区教育管理，而我国的社区教育刚刚兴起，几乎处于缺失的状态。……我国老年教育的管理体制处于边缘化、碎片化的状态，没有明确的负责规划、管理的部门，政府还没有充分重视

---

[1] 丁志宏：《发达国家的老年教育发展及其对我国的启示——以英、美、日三国为例》，《高等函授学报》（哲学社会科学版）2008 年第 8 期。

老年教育问题。"① 可见，在老年教育这一领域，相关的管理部门并没有能够很好地履行其职能，而仅仅将其当作一个可有可无的事业来发展。在老年教育的定位上并不明确，没有将"积极老龄化"当作养老过程中的主要任务。在对待老年人教育的态度上是马马虎虎的，并没有将其当作一件重要的任务来抓。同样的，在教育的内容上也存在很多欠缺，其中最为实际的问题是没有体现出老年人应该有的特色。也就是说，目前中国的老年人教育并没有针对老年人的心理、社会特点来开设相关的课程，而是将老年人看作一个发展不完善的中、青年人来实施教育。尤其是未能从亲子关系、家庭伦理等视角出发来为老年人开设相关教育课程，这一点直接导致很多老年人不能接受这样的教育，老年大学成为让老年人"望洋兴叹"或"望而生畏"的高冷地方。如有学者这样总结当前中国老年教育的内容：

> 与子女的互动教育欠缺，包括与子女的沟通交流……家庭生活规划等；两代老人的互动教育欠缺。调查显示，有2%的受访者是与老伴、父母、子女共同居住……因此，为这些老年人提供沟通互动和照料扶助的相关知识和技能，促进亲子之间的和睦相处就显得非常重要。此外，因婚姻关系而缔结的婆媳关系等准亲子关系协调指导教育在目前老年教育课程体系中也是一个空白。②

从这里可以看出，以亲子关系、亲子沟通和家庭伦理为主要内容的老年教育几乎完全被忽略。而实际上，对于老年人来说，这些内容应该是他们生活的核心部分，应该成为他们养老过程中心理、社会需求的重点内容。这也从一定角度上反映了，亲子关系和家庭伦理未能实现应该有的现代化。也就是说，亲子关系和家庭伦理未能随着社会的现代化进程而实现应该有的改变。虽然，家庭的结构、代际关系、居住方式等都

---

① 娄峥嵘：《国外老年教育政策的分析与启示》，《继续教育研究》2012年第8期。
② 王英、谭琳：《赋权增能：中国老年教育的发展与反思》，《人口学刊》2011年第1期。

随着社会的改革而发生了改变，但是亲子关系和家庭伦理却仍然局限在个体的家庭内部，成为外人、社会无法插手的、纯粹的"家事"。并且，由于中国人自古以来就存在的"家丑不可外扬"的心理特点，导致家与家之间的沟通和交流无法进行。很多家庭本着"内部解决"的心态，不愿意去学习怎么处理好家庭成员关系，提升自己的家庭伦理意识。因而，针对老年人开展的教育，如果仍然以学习社会工作技能、提升社会竞争能力为主要目标，就会与老年人本身的发展背道而驰。而亲子关系、家庭伦理等真正主导老年人生活的内容却无法获得与时俱进的学习途径和场所，局限于个体的家庭内部，这使得个体无法外求解决代际矛盾和隔阂的方法，最终只能在亲子之间、婆媳之间、兄弟之间产生重重的隔阂，个体既不能再回到传统社会享受传统的家庭伦理关系和亲情，也无法构建新型的家庭伦理关系，获得新型的亲情和代际人伦之爱，这实际上是导致现代中国社会老年人孤独、无助的最主要的原因，也是无法开展新型的养老模式的主要原因。

综上所述，道德反哺教育实现从家庭到社会的转变，对于整个社会的发展来说具有极其重要的意义。道德反哺教育要结合当前的老年教育来开展，以实现道德反哺教育的社会化。我们知道老年人要实现现代化，要获得应该有的个体性发展，就必须诉诸老年教育。而老年教育的定位必须根据老年人自身的心理、社会特点来开展。道德反哺教育恰恰是符合老年人身心发展特点的教育形式，但这样的教育在目前仍然局限在个体家庭内部，并未能够在社会范围内达成共识，成为社会整体追求的目标。因而，在老年教育的定位中，道德反哺教育应该成为根本性的目标，以亲子关系、家庭伦理为主要内容，以构建新型的家庭成员关系为宗旨，以化解代际之间的矛盾、隔阂，构建和谐的家庭伦理关系，最终实现代际之间的正义为终极目的。

（三）代际之间的"道德相通"与现代化养老

在前文中，我们已经探讨了新型的家庭伦理建设依靠的是代际之间的"道德相通"，而不是"道德相同"。在传统中国社会稳固的家庭伦理体系当中，虽然实现了亲子之间的统一，能够在亲子之间建立起稳固的伦理关系，并构建起维持家庭成员关系的稳固伦理体系，但是这种伦理体系所追求的是道德上的相同或统一，是以个体服从家庭、集体的统一伦理指导为前提的，未能彰显个体在道德上的主体性与个体性，在一定程度上抹杀了个体在道德认识上的创造性与可能性。在现代家庭伦理构建的过程中，我们追求的是个体的道德主体性与能动性，是个体在生活实践中根据自身的主动创造来建立的、符合社会需求和发展的道德、伦理价值体系。因而，在现代家庭伦理建设的过程中所需面对的主要问题是个体性，以及个体与个体之间的道德价值观的差异性。在传统的家庭伦理关系中，以亲子关系为主轴，夫妻关系、婆媳关系、兄弟关系等都隐藏在亲子关系之后，是附属于亲子关系的家庭成员关系。在现代家庭伦理关系中，亲子、夫妻、婆媳和兄弟等关系都是各为主体的。这意味着主体与主体之间有可能存在巨大的道德认识水平和价值观的差异，仅仅以亲子关系为主轴来建设家庭伦理是不符合当前的实际情况的。必须诉诸各种不同的家庭成员关系来谈现代家庭伦理的构建，比如夫妻关系在传统社会是"妻从于夫，夫死从子"，而在现代家庭伦理当中，夫妻之间追求的是平等的关系。当然，在这里我们要探讨的是代际关系，所以，我们不从夫妻关系入手，而仍然从亲子关系入手。只不过从现代的家庭成员关系来看，亲子关系不仅涉及具有血缘关系的亲子之间，还包括没有血缘关系的婆媳之间。由于女性在现代家庭伦理中追求同男性同等的地位，这意味着她们在道德认识和家庭伦理认同方面也具有相应的主体性。正因为如此，在现代家庭伦理中，不能避开婆媳关系来谈养老问题。尤其是在独生子女政策实施之后，如果家庭中只有一个独生女儿，那么影响养老问题的还有翁婿关系，这使得养老问题更具有不同于传统社会的特点。

婆媳关系、翁婿关系（为避免累赘，下文仅以婆媳关系作为代表）等类似于亲子关系，但又不同于亲子关系。婆媳之间按辈分是亲子关系、代际关系，但是她们之间的代际关系不是依靠直接的血缘关系建立的，而是由于家庭中的子女而缔结的间接血缘关系。如王秀贵所概括的："婆媳关系是家庭关系中的一种特殊关系，它不像亲子关系那样具有天然亲近特点，也不像夫妻关系那样拥有深刻的感情基础和相互抚助的义务。它是由亲子关系和婚姻关系连接在一起的一种姻亲关系。"① 传统社会中的"婆婆"相对于"媳妇"来说，不仅意味着家里的长辈，更是一种权力的象征：

> 传统家庭关系中纵向关系重于横向关系，母子关系重于夫妻关系。婆媳关系属于纵向的家庭关系，在非常重视"孝道"的伦理环境下，孝道远远重于夫妻感情。婆媳关系在一定程度决定着夫妻关系的安宁与稳定。封建时期的寡母守节很受敬重和赞誉，其拥有家庭控制权，在家庭关系上也有着"御媳权"和"教子权"的双重权力。②

这意味着，在传统社会中，婆婆和媳妇处在不平等的家庭地位，婆媳关系依靠传统的"孝道"维持在比较稳定的状态。在现代家庭伦理当中，婆媳同为平等的主体，拥有平等的权利，主导婆媳关系的伦理道德规范也应该相应地发生变化。可以说，主导婆媳关系的因素变得复杂，婆媳关系常常因为彼此之间的个体性而显得扑朔迷离。尽管在众多的研究中，往往将婆媳关系的不和谐归因于婆媳之间的受教育程度、生活方式、价值观念（育儿观、消费观、审美观等）、生活习惯等方面。但实际上，这样的归因容易将婆媳之间的关系及其差异性泛化，因为人与人之间都有这些方面的差异。而真正主导婆媳关系并影响到养老问题的是她们所拥有的家庭伦理观念。毫无疑问，传统社会主导婆媳关系的"孝道"无法适应现代社会的需求，现代社会的"婆婆"和"媳妇"在家庭中是平等的个体，她们之间的身份不再是地位和权力的象征。因而，婆媳之间的关系也应该随着家庭伦理的现代转化而做出相应的调适，如葛宇宁所总结的：

> 在传统伦理向现代伦理观念的变革中，有一个重要的变革就是传统共同体伦理的消解，现代个体伦理的产生和发展。这一点，在东西

---

① 王秀贵：《婆媳关系变迁历史及文化研究》，《人民论坛》2013 年第 8 期。
② 同上。

方皆然。在中国传统封建社会中,讲究统一,讲究"划一"意识,要求个体从属于家庭,家庭从属于家族……整个国家是一个严密的共同体。①

实际上,传统社会伦理共同体的解体直接冲击着现代家庭中的各种关系,包括亲子关系、夫妻关系、婆媳关系和兄弟关系等。在现代家庭伦理当中,各个家庭成员之间追求的是各自的平等,因而极容易因为各自的道德价值观的不同而产生各种家庭矛盾。虽然,在现代中国社会,已经制定了相应的法律来明确亲子之间、夫妻之间的权利和义务,但是对于一般意义上的婆媳关系、兄弟关系等在法律中并没有规定相应的权利与义务。这导致在现代家庭成员之间的关系当中,婆媳之间、兄弟之间的权利和义务无法可依,常常是家庭内部根据约定俗成的规矩来协调,而这样的"规矩"与各自所处的家庭类型和对道德的认识具有紧密的联系。现实的情况是,个体道德价值观的差异性往往导致彼此无法达成一致,尤其是婆媳、兄弟之间产生利益之争的时候。在家庭中,作为母亲所享有的权利和义务与作为妻子所享有的权利和义务就常常会发生冲突,导致夹在婆媳之间的儿子承受巨大的道德压力。因而,现代社会面临的实际情况是:婆媳之间的权利和义务没有明确的法律规定,传统"孝道"规定的婆媳之间的权利和义务关系又已经失效,这导致婆媳之间的伦常关系发生错乱,仅仅根据彼此的个体性来谈婆媳关系的协调更是难上加难。这样的局面常常严重地影响家庭中的养老,父代与子代的关系在现代中国社会不得不转化为父、母、子、媳四位主体之间的关系,其中尤以婆媳之间的关系最为复杂。

在前文中,我们探讨了通过道德反哺教育来实现代际之间的"道德相通"问题。周晓虹所做的调查提出,父辈能够欣然接受自己孩子的反哺教育,但是不能接受他人孩子的指指点点。这意味着,在家庭内部,婆媳之间的矛盾很难通过家庭内部的道德反哺教育来化解。而在我们所做的调查

---

① 葛宇宁:《从伦理的视角谈现代婆媳关系问题》,《河南理工大学学报》(社会科学版) 2016 年第 4 期。

当中也反映出了这一点，其中对是否可以通过沟通来化解代际矛盾的回答为"有时候可以""有时候不可以"，不可以的情况针对的是家中的公公婆婆，而不是自己的父母。从这里可以看出，婆媳、翁婿之间的民主和平等与亲子之间的民主、平等是不同的。亲子之间的民主和平等是一种基于爱、亲情基础上的民主和平等，因为先天的血缘关系，亲子之间有着天然的弥合优势，彼此之间的利益指向是一致的，他们在各自的权利和义务当中可以做出许多让步，呈现出宽容的特征。因而，无论是在传统的家庭伦理范式中，还是在家庭伦理的现代转化中，亲子之间都很容易形成道德上的共同体，因为他们在情感、利益上是一致的。而婆媳、翁婿之间的民主、平等则无法达到亲子之间的状态，他们之间的关系通过儿子或女儿这个中间人建立，在情感指向上，不过是"爱屋及乌"；在利益指向上，更多的是冲突，比如，婆婆和媳妇就很容易站在各自的利益立场上来界定彼此与中间人"儿子"的关系。因而，婆媳之间要形成道德上的共同体并不容易，她们在情感、利益的指向上更容易偏向自己。道德反哺教育如果仅仅是以家庭内部教育的形式开展，就很难真正地改变婆媳之间的伦理现状。

综合以上所述，在现代家庭伦理当中，家庭成员之间的关系已经发生了改变，用以调整家庭成员关系的伦理、道德规范也应该相应地发生改变。显然，家庭内部的道德反哺教育很难在现有的家庭成员之间，尤其是婆媳、翁婿之间达成共识，新型的代际之间的道德共同体也很难形成。在第四章中，我们探讨了"孝道"的现代转化，其中涉及的主要内容是自近代以来产生的民主、科学等价值观念。换句话说，在现代家庭伦理建构的过程当中，民主、科学等观念应该成为主流的价值观念，体现在亲子关系上，即以亲子之间的民主、平等为宗旨。然而，在众多源自西方的现代伦理观念中，比如民主、平等、正义等，他们的内涵是不确定的，正如我们所讨论的亲子之间和婆媳之间的民主、平等也是不同的。这意味着，在实际的生活实践中，如果我们过分地强调个体性，将会带来伦理、道德价值观上的混乱。在家庭领域，不同的家庭成员所拥有的道德价值观念极容易发生冲突，代际之间的"道德相通"在本质上很难达成，在此基础上谈养老问题，更是容易产生分歧。这说明，如果在代际之间的道德反哺教育中，我们过分地强调彼此在认识上须达成一致，实际上是很难做到的。那么，"代际相通"指的应该是何种层面的相通呢？

在第四章中，我们讨论"代际正义"的时候，就提出代际正义的实现需要在父代和子代之间形成"文化与道德的共同体"，也就是在代际之间达成道德价值上的共识，以此作为代际之间能够在道德问题上达成一致的依据。西方哲学家在讨论代际正义问题的时候，最为棘手的问题是当代人如何知道未来世代会持何种道德价值观，如果仅仅以当代人的价值观来衡量未来世代的道德价值观，这在本质上是非正义的。正是在这样的情况下，西方社群主义代表维纳·德夏里特（Avner de-Shalit）提出了"跨代共同体"的概念并对其进行了系统的论述，相继提出"道德相似性""跨代自我"等概念对其进行论证。实际上，他诉诸的是代际之间人格的连续性和继承性来论证代际正义的可能性。在家庭中，"文化和道德共同体"的形成显然不是一件非常容易的事情。在"跨代自我"这些概念中包含的是作为类存在的人所拥有的道德价值观，它的发展、变化是缓慢而长期的。而在家庭中，作为个体而存在的家庭成员想要短期内达成道德价值观上的一致是非常困难的，除非他们从一开始就处在同一个道德价值体系中。实际上，中国古代哲学包含了丰富的"万物相通"的思想，强调天与人之间、人与人之间的"相通"，如朱熹所说：

> 大人之能以天地万物为一体也，非意之也，其心之仁本若是其为天地万物而为一也。……是故见孺子之入井而必有怵惕恻隐之心焉，是其仁与孺子而为一体也。孺子犹同类者也，见鸟兽之哀鸣觳觫而必有不忍之心焉，是其仁之与鸟兽而为一体也。……是其一体之仁也，虽小人之心，亦必有之。是乃根于天命之性而自然灵昭不昧者也。（《大学问》）

古代哲学中的"天人合一""天人相通"等命题是哲学意义上的，天与人既代表物质世界与人类世界，也代表自然世界和人为世界，这里的"天""人"等所指的是对于人而言不同的意义世界，包括物质的、人事的，先天的、后天的，自然的、人为的，种种不同的层面。但是于人而言，人世间的万事万物都是为人，都是以人为本的，无论世间万物以何种形式体现，最终都需要符合人的本性，符合人的发展。因而，中国哲学中的"合一""相通"等指的是意义、价值上的相通。现代哲学家张世英在诠释"万物一体""万物相通"等哲学概念时，提出了情感相通的角度，如他所描述的：

> 的确，我的手指被刀割破的疼痛感觉与你的手指被刀割破的疼痛感觉不可能绝对相同，这是现实的事实……如果我们能理解到我的痛感与你的痛感虽然总不能完全相同，但你的痛感仍能牵动我的不忍之心，好像我也在痛一样，这就是我与你之间的相通，这种相通并不要求我的痛感与你的痛感完全相同，因而也就没有抱怨和遗憾的必要。①

意义和价值上的相通是抽象的，它所描述的是一般或普遍情况下的相通，是哲学性的。在人所面临的众多问题之中，天与人之间、人与人之间、人与物之间的相通并不能诉诸一般意义上相通的层面。比如尽管是一样的疼痛，其性质是一样的，但是由于分属不同的个体，这一疼痛对于不同的个体而言又具有不同的意义和感受。正因为如此，不同的主体需要学会站在其他不同主体的立场上来思考或感受，而不仅仅站在自身的角度去认识和体会事物。因而，万物不同但皆可以相通。

> 每一物、每一人、每一部分、每一句话、每一交叉点都是一个全宇宙，但又各有其个性，因为各自表现了不同的相互作用、相互影响的方式，或者说，各以不同的方式反映了唯一的全宇宙。我以为这就足以说明部分能与整体相通，此一部分能与彼一部分相通，简言之，各不相同的东西都能彼此相通……②

---

① 张世英：《相同与相通——兼论哲学的任务》，《北京大学学报》（哲学社会科学版）1995年第4期。

② 同上。

结语

道德反哺教育中的代际关系与当代中国社会治理

在本书的研究中，我们已经主要从"道德反哺""文化反哺"概念辨析、道德反哺教育发生的理论基础、道德反哺教育的成因及正负社会价值、道德反哺教育与现代家庭伦理、道德反哺教育与中国现代养老问题等方面进行了论述。实际上，道德反哺教育在本质上代表的是一种道德认知的方式，无论是作为个体的道德认知，还是作为群体的道德认知。更确切地说，道德反哺教育中包含的道德认知方式，是以代际之间的道德认知为核心的。年轻一代的道德认知和年老一代的道德认知，既影响到代际之间的关系，也影响到社会的整体发展与管理。无可否认，当今世界所热衷讨论的众多议题，如环境污染、资源争夺、人口问题等，问题的解决在根本上都与我们的道德认知有关系。然而，这些问题的解决不仅涉及某一代或某几代人的道德认知，更涉及代与代之间的道德认同和差异问题。在这个瞬息万变的时代，如果以20年为一代来计算的话，我们已经能够非常明显地意识到代与代之间在政治、经济、文化、技术，以及社会所创造的一切物质性的、非物质性的成果之间的巨大差异。我们要思考的问题是：代际之间的差异是以社会发展的物质性成果为主要表现，还是更应该去探究隐含在社会物质文明发展背后的道德本质？毫无疑问，物质文明的发展在很大程度上能够说明代际之间的更替和进步，但是否就能够说明代际之间道德的进步？我们在前文中所论述的有关"代际正义"的可能性问题，涉及的就是代际之间道德认同的问题，这样的道德认同又是在怎样的基础之上产生的？

另外，自中国近代社会以来，由于引进了西方社会有关民主、平等的思想理念，占据中国正统地位几千年的传统儒家伦理中的亲子关系、父权伦理、"孝道"等备受批判和否定。有的人甚至认为，阻碍当代中国社会治理和发展进步的主要原因在于传统伦理道德体制对人思想的钳制和束缚，因而主张在当今中国社会的治理与发展过程中，全盘否定中国传统社会的伦理体制，完全使用西方国家的治理方法来拯救中国社会。这样的认识甚至以一种不可违背的潮流主导着当今中国社会各领域的发展朝向。实际上，在当前中国社会治理的各种实践当中，中西道德文化价值观的碰撞、交流给国人带来了众多困惑。比如在第五章我们所探讨的中国社会养老问题，就呈现出明显的无计可施的状态，以传统的"孝道"和家庭养老为主要伦理道德体制的中国式养老理念，其实已经深深植入国人对自身生命和存在的哲学性思考，脱离对中国传统家庭伦理道德纲常体系的深入认知和体察来探讨现实养老问题的解决，几乎是一种妄想。正因为如此，我们认为，"道德反哺教育"现象的出现，正是基于当前中国社会治理和发展的现实需要而产生的。以"亲子关系"为根基的代际关系一直是中国传统伦理道德纲常得以产生和发展的基础，面对中国现代社会治理中的众多问题，我们仍然不能脱离亲子关系、代际关系、家庭伦理和"孝道"等来探究。正是基于这样的认识，在本书研究的结尾，我们仍然继续以道德反哺教育中的代际关系为基础来谈当前中国社会的治理问题。除社会的养老问题之外，当前中国社会所面临的众多现实问题的背后，其实都涉及国人对于道德的根本性认知，而道德的认知又脱离不了我们对于人与自然、人与人、人与物、人与社会等各种关系的理解，但主导这些伦理关系的最为本始性的关系便是亲子关系或代际关系。并且，这些问题不是某一代人要面对的问题，而是世世代代的人要面对的问题，因而代际之间的道德认同及其产生的基础、发生条件和路径，都是我们需要进一步探索的问题。在这里，我们将围绕代际平等、代际关系与中国社会治理、道德反哺教育的现实社会意义及展望等方面做出进一步的探讨与反思。

一　代际平等

无疑，自中国近代以来，民主、平等的思想理念成为中国社会所追求的主流价值，它广泛地体现在社会管理中的方方面面。然而，说到代际之间的平等，就目前的研究来看，似乎仍然存在许多困惑与争议。从我们研究的道德反哺、文化反哺等主题来看，之所以引发有关中国现代社会代际关系的热议，皆因为在当前社会的代际关系中出现了一种急剧的、文化传递上的颠覆性潮流，正如周晓虹所提出的，在社会发生急剧变化的过程中，代际关系发生了颠覆性的改变，原来由上一代向下一代传递的文化与器物文明在现代发生了逆向性的改变，即呈现出由下一代向上一代传递的特征。在中国社会实行改革开放政策和市场经济体制之后出现的"文化反哺""道德反哺"等文化逆向传递激流，是以实际的社会实践为主要特征的，它不仅体现为思想上的追求，而且成为社会道德生活中发生在代际之间的实际行为。因而，从表象来看，代际关系从传统的以上一代人主宰下一代人为主要特征的伦理关系转向为下一代人对上一代人的主导。依照周晓虹的观点，现代社会中的子代以自身在网络技术方面的明显优势而产生代际关系中的优势，并进而体现为下一代人对上一代人的文化、价值上的相对优势，这彻底改变了代际之间的伦理关系和地位，子代相对于父代的价值优势，使得子代们在社会实践的各个方面更有发言权。然而，我们要思考的问题是，"道德反哺""文化反哺"是否体现了代际之间的另一种不平等？即子代相对于父代的不平等。因而，我们还可以引申出以下问题：代际之间的平等是何种层面的平等？以文化传递方向为标准来评判代际之间的平等是否全面？在当今中国社会，政治、经济、文化、技术各方面的急速发展所带来的代际之间的明显差异性，是否能代表代际之间的不平等？我们应该如何看待代际之间的平等问题？

当前研究的"代际正义"论题，主要以罗尔斯提出的"代际正义"为基础来探讨，其核心议题为代际之间的资源分配，更为确切地说，在在世的几代人和未来的世世代代的人之间，如何进行有效的资源分配才是正义的？显然，罗尔斯所提出的代际正义问题，是把代际关系置于更为宏观的视角，其研究的核心是社会的资源问题，以社会的可持续发展作为普遍性的伦理价值。尽管这一论题看似具有一般的普适性，但是在论证的过程中，罗尔斯显然并未将"代际正义"的论证过程看作一件容易的事情，他一直认为将正义延伸到包括我们对未来各代人的义务（包括正义储存的问题）是他的正义理论所遇到的四个难题之一，如他说："至少在目前我们不可能对应当有多高的储存率制定出精确的标准。资金积累和提高文明、文化水准的费用如何在代际之间被分担的问题看来不容有明确的回答。"因而，代际正义问题"使伦理学理论受到了即使不是不可忍受也是极严重的考验"①。实际上，我们可以将罗尔斯所提出的"代际正义"理解为"代际储存正义"，其核心论题直指当代社会在资源利用上的道德原则，而社会资源的有效分配和利用在当今社会是一个全球性的问题，代表着人类整体发展中所应该遵循的伦理道德方向。在这样的基调下来讨论代际平等，寻求的不是父代和子代之间一方相对于另一方存在的优势，而是将父代和子代放置于一个统一体中来探讨人类未来发展的普适性道德价值导向。

在前文中，我们也明确了道德反哺教育中所涉及的代际之间的价值差异，绝不是为了强调现代中国社会的年轻一代相对于年老一代在道德价值上的优势地位，尽管道德反哺、文化反哺呈现出了逆向的传递方式，但是这并不必然地意味着，下一代人在道德价值观上的优越性。而周晓虹等人所指明的，下一代人由于在网络技术等器物文明上的相对优势，在社会生活中呈现出更有发言权的特征，上一代人不得不需要向下一代人学习，这样学习方式的逆向传递也暗示了代际关系的裂变，由原来上一代人主导下一代人的关系模式，转化为下一代人影响上一代人的关系模式。然而，我们要反思的问题是：如果代际之间的平等仅仅是以技术的应用为明显特征，那么，这样的论断无疑是具有极端功利主义特征的。毫无疑问，技术的推广应用和发展在现代中国社会发展的过程中发挥着无可比拟的作用，

---

① ［美］约翰·罗尔斯：《正义论》，何怀宏等译，中国社会科学出版社 1988 年版，第 276—278 页。

但是技术本身的道德性和技术应用中的道德性是不一样的。我们在谈技术推动社会进步的时候，实际上仅仅论及了技术本身的道德价值，而并未涉及技术应用中的实际道德价值。因为，技术是否真地发挥了推动社会进步的作用，还必须从技术应用所实际取得的社会效果来衡量，而这其实就深入到人类的道德价值观层面了。也就是说，人类应该在何种程度上看待和应用我们的技术？显然，从逻辑上来看，我们无法通过年轻一代在技术应用上的优势就推断出年轻一代相对于年老一代在道德价值观上的优越性，并因此认为道德反哺、文化反哺等社会现象的发生是对传统伦理道德体系的完全颠覆。

现代中国社会所面临的代际之间的文化传承中的"断裂"，或者说道德价值观上的冲突，其产生的原因是多方面的。我们承认代际之间的差异在现代中国社会表现得尤为突出，但是我们是否能够根据这种差异性来推论代际之间的另一种不平等关系，实际上是有待商榷的。在传统社会整齐划一的道德价值体系中，上一代人和下一代人在道德价值观上保持着"相同"的特点，对保持社会的稳定具有相对的优越性，但在年轻一代的个体发展方面，却具有明显的压制作用。因而，一般的逻辑思维是，在传统的伦理道德体系中，年轻一代处在道德发展的弱势，由于受到父权主义伦理体系的影响，年轻一代并没有道德发展上的主体性，仅仅是做到"顺从""无违"于父辈的伦理道德价值传统。而在现代中国社会道德反哺、文化反哺的逆向文化传递模式中，却呈现出父代在代际关系上的劣势，这种劣势因技术，尤其是网络技术的广泛应用而产生，并进而产生道德价值观上的劣势。毫无疑问，如果我们以此为基点来谈论代际的平等或者不平等，是没有任何逻辑性而言的。在对中国传统伦理道德体系的批判中，子代相对于父代的道德劣势，来自于他们对于家庭、家族的物质性依赖关系。但在现代中国社会的代际关系中，父代和子代之间的物质性依赖关系被日益打破，二者体现为更为独立的主体，而这是个体赢得道德主体性地位的前提。显然，对当前代际关系的评价也存在功利主义的错误，我们在评价现代中国社会子代相对于父代在技术应用上的优势之时，实际上是承认了技术的应用之于社会发展的道德价值。其基本的逻辑关系是，因为年轻一代在技术应用上的优势，导致了社会生产力的加速发展，所以，年轻一代在道德价值观上将更有发言权，他们的价值取向进一步影响到年老一代，成为年老一代学习的榜样。这里一个明显的谬误就是并没有真正从哲学或伦理学的高度来分析技术的应用，仅仅以推动社会的经济发展或生产力的发展为标准来衡量它的道德价值，却没有涉及技术应用过程中所产生的负面效应，比如环境污染、资源匮乏等，而这恰恰才是罗尔斯提出"代际正义"之时的核心议题。

综合以上，我们可以得出，在当前的研究中，极容易由于功利主义评价原则而使得"代际平等"的论证陷入极为困难的情境，而这也是罗尔斯最初担忧的。我们在第三章中探讨了有关功利主义的问题，在讨论道德反哺教育与现代家庭伦理的时候探讨了"代际正义"问题。然而，在这里，我们不得不追问，在前文中我们所探讨的，那些在论证代际正义问题的时候，提出"道德相似性""正义共同体""跨代共同体""跨代自我"等概念的哲学家们是否仍然面临功利主义的诘难？尽管在论证道德反哺教育的过程中，我们反复强调代际之间的"道德相通"对于构建和谐代际关系、实现代际正义的重要意义，但是，在现实的社会实践领域，"道德相通"仍然需要接受功利主义评价原则的挑战。无可否认，在现代中国社会的各个领域，是否能够推动生产力的进步是重要的道德评价标准，即使在代际关系当中，父代与子代之间的社会地位评价也受到了这一评价标准的影响。道德反哺、文化反哺等社会现象出现的过程，较好地说明了代际道德的评价也离不开生产技术的应用及其后果带来的功利主义标准。然而，我们要反思的问题是：代际之间的平等到底是何种意义上的平等？如果平等本身是一个道德性的概念的话，那么代际平等在本质上就代表了伦理道德的诉求，但是这样的平等是以何种标准来衡量呢？

在传统的伦理道德体系中，父代和子代之间并未形成真正意义上的道德对立，代际之间由于处于共同的、稳定的伦理道德价值体系当中而形成稳定的整体，在父代和子代之间，父代占据主导地位，子代占据次要地位。但是这样的社会地位不是一成不变的，父代和子代的身份会随着时间、年龄的更替而实现转换，并因此而产生道德的代内补偿。也就是说，在个体处在子代时期之时，个体处在社会的次要地位，但是当个体到了成为父代的时候，这样的地位将发生改变，个体随自身在代际之间的角色更替实现自身价值的道德补偿。然而，现代意义上的代际关系，并未将父代与子代形成一个共同的整体，相反，却促使父代和子代之间形成了绝对的对立。现代意义上的父代和子代，各自成为道德上的主体，他们之间是彼此独立的，无论是物质性的关系，还是伦理道德价值观的问题，都是以个体的独立性和主体性为前提的。因而，这样的前提实际上促使代际之间形成了对立性关系，父代和子代之间形成各自独立的利益整体，即父代利益整体和子代利益整体，原来由于自身角色的更替而实现的代内道德补偿，现在无法得到认同，而转化成为父代与子代之间的绝对对立。正因为如此，现代意义上的"代际平等"问题必然遭受功利主义的困境，因为在罗尔斯等人的论证过程中，其本质性的困难在于无法实现代际之间的利益调和，甚至代际之间能否在"功利"概念的实际内涵上达成一致都是个问题。"正义共同体""道德相似性""跨代共同体"等概念的提出，在本质上是寻求代际之间的共同性，试图论证代际之间的利益，或者说"功利"在本质上是一致的，这样的一致性，来源于代际之间的道德价值立场的一致性。就目前的哲学论证来看，"可持续发展"成为代际正义的普适性道德价值诉求。

然而，我们所探讨的"代际平等"问题实际上是局限于家庭内部，以亲子关系为主要基础的，这样的平等性既是共时性的，也是历时性的。传统社会伦理道德体系中的代际关系，虽然缺乏共时性的平等，父权占据主要地位，但是从历时性来看，父子关系，或者以父子关系为基础的代际关系之间，由于自身角色的变换而能够获得历时性的道德平等，正如俗话所说的："多年的媳妇熬成婆。"但在传统家庭解体的现代中国社会，代际之间的关系出现了许多新型的特征，其最主要的特征便是前代和后代之间，各自成为独立的主体，代际关系的维系不再是天然的血缘关系，更是一种利益的共生性关系。尽管从历时性来讲，我们仍然可以诉诸"道德共同体""跨代自我"等来寻求代际之间的价值认同，但在目前来说这毕竟是理论假设，即使我们承认这一理论假设的哲学性与科学性，但仍然逃不掉功利主义的困境。比如即使我们将"可持续发展"当作最优的道德原则，因为它能够保证大多数人的最大利益，并且是历时性的。但是这样的道德原则在实施的过程中并不能成为普遍可接受的原则，因为，最优的原则和普遍可接受的原则之间并无真正的必然性和逻辑性可言。但现实的情况是，最优原则并不能保证最广泛的道德可接受性，在既定的社会情境中，由于受社会既定条件的限制，它在实质上仍然成为维护某一社会的、某些特定群体利益的非正义性原则。如有学者论述的：

> 在最优性和道德的可接受性之间并没有必然联系。……一些功利主义者可能会认为税法或福利制度也许是最优的，但是其在道德上并不一定是可接受的，因为道德要求更大程度的平等。因此，功利主义者可能会认为道德准则的最优性决定了一种制度在道德上的可接受性，但并不是制度本身的最优性。当然，这二者之间很可能会有一种紧密的联系。①

实质上，我们很难从规则功利主义的角度来证成代际之间确实存在共同的道德价值诉求。因为站在不同利益主体的立场上，即使是"最优道德原则"，也未必成为社会可普遍接受性原则，尤其是对那些宁愿活在当下的现代人来说，"最优"与"可接受性"二者之间的分歧将导致现实伦理决策中的困境。

然而，从共时性来讲，代际之间，甚至是同代之间被分化为许多不同的利益集体，代际平等将成为一个更为棘手的问题。当然，无论是共时性的，还是历时性的代际平等问题，功利主义者们所提供的视角仍然是利益的最大化，但是我们不得不承认，只要代际之间，或者同代之间被分化成不同的利益整体，我们就无法知道"利益最大化"的受益主体到底应该是谁。在中国传统的家族主义伦理范式当中，子代成为理所当然的受益主

---

① [美] R. B. 布兰特：《功利主义的问题：真正的和所谓的》，晋运锋译，《世界哲学》2011年第1期。

体,无论是从伦理道德上,还是从情感上,没有人会怀疑父辈对子代们的道德关怀。但在现代社会所拥有的代际关系语境中,代际之间若失去家庭或家族的天然联系,彼此之间各为主体,代际之间的平等实际上就成为不同利益集体之间的道德契约。正因为如此,即使是罗尔斯也不得不寻求家庭模式的理论假设来诠释代际正义,如他所说的:"我们可以想象原初状态各方作为家长,像父亲关心儿子那样关心直系后代的福利;或者作为各个家族的代表,在连续的世代之间保持着感情上的联系。"① 实际上,这样的理论假设无异于回归家族主义伦理传统。站在中国当前的社会现实情境中,我们对传统家族主义伦理、"孝道"和代际关系等问题的思考,其宗旨无非是实现代际之间的平等。而反观这近百年来的历史,我们不得不承认,仍然需要回归家族主义伦理传统来寻求代际平等问题的解决。

二 代际关系与中国社会治理

自中国近代以来,以亲子关系为根基的家族主义伦理及在此基础上产生的旧封建主义政治体制是备受批判和反对的。在探讨中国传统"孝道"的发展根源时,我们探讨了中国传统社会"家国同构"伦理机制的现实社会意义。显然,自近代以来的各种文化革新运动,其矛头都直指以家族主义伦理为主要特征的中国政治体制,并因此否定了中国传统伦理文化当中的"孝道"、家族主义、家庭伦理等重要元素,更为根本的,否定了中国传统伦理道德观念得以产生的根基——亲子关系对于社会伦理道德体系构建的本始性意义。比如传统的"孝道"自近代新民主主义革命运动伊始就遭受了较为激烈的批判,如谢宝耿所描述的:

> 中日甲午战争失败以后,一些年轻的思想家开始对中国社会进行更加深刻的反省。……如维新派领袖谭嗣同等人对传统的孝道和封建家族观念提出了质疑。此后,中国社会的某些家庭里悄悄地出现了对

---

① [美]约翰·罗尔斯:《正义论》,何怀宏等译,中国社会科学出版社1988年版,第289页。

于传统孝道的叛逆迹象。直至"五四"时期达到了高潮。孝道所以遭此厄运,同其长期受到封建主义的污染和歪曲有关……因而自反帝反封建的五四运动兴起之后,孝道这一伦理观受到了强烈的冲击和批判。①

无疑,这样的思想观念自近代以来就已经深入人心,不仅体现在老百姓的日常生活当中,更体现在国家治理的各项决策之中,它严重地影响和阻碍了传统"孝道"伦理在现代中国社会的创新和再发展。中国实行改革开放政策之后,极力拨乱反正,提倡发挥"孝道"的积极作用,清理"孝道"中那些为封建政治体制所污染的部分,将传统"孝道"观念中对社会的进步和发展有利的成分发扬光大。但是,"孝道"及以"孝道"为核心的传统家族主义伦理并未得到国民的普遍认可,学界有关"孝道"与家族主义伦理的理论创新也比较缓慢。这样的局面实际上造成中国当前社会治理中的诸多阻碍。如在前文中,我们就探讨了当今中国的养老问题,在我们大力引进西方的一些养老制度和模式的时候,我们还需要对自身的养老伦理文化有更为深入的了解和研究,而不是照搬照抄西方的东西。离开中国传统的伦理文化制度来谈中国社会当前各个领域的治理,是不切实际的,不仅养老问题如此,其他有关社会公共管理的诸多问题,也是如此。

在前文中,我们探讨了道德反哺教育中的亲子关系、代际关系等,但它们是局限于家庭内部的代际关系。尽管我们也提到了将"道德反哺教育"推向社会的重要现实意义,但就目前来看,我们所探讨的代际关系,主要是产生于家庭内部的父代和子代之间的关系,这在本质上与罗尔斯等人提出的"代际关系"是不一样的。显然,我们这里提出的"代际关系"概念需要进一步的辨析,对"代"的不同理解直接决定了我们所讨论的问题在哪种层面进行。实际上,关于"代际关系",就目前的研究来看,主要将其分为家庭的和社会的两个层面,如马志强等人所提出的:

---

① 谢宝耿:《"孝"的历史嬗变及其现代价值》,《探索与争鸣》2000 年第 3 期。

代际关系主要包括家庭代际关系和社会代际关系两种类型，不论是哪种代际关系，在代际成员交往互动时，因生理和心理方面的诸多差异容易发生沟通不畅、理解错位等问题，进而引发代际个体间的隔阂及不合，即代际冲突。①

不难看出，有关代际关系的研究重点实际上直指代际冲突、代际矛盾等。那么，如何看到代际之间的这种冲突，有学者认为，代际之间的差异是存在的，尤其是中国实施了改革开放政策之后，代际之间的差异变得尤为明显，但是无论如何，就目前中国社会的代际差异而言，仍然只是一种"相依性代际差异，代与代之间并未截然割裂，差异与共性俱存"②。这意味着，"代际冲突""代际矛盾"等概念的使用其实是有条件的，它们在本质上不同于一般意义上的"代际差异"。如吴小英所提出的：

  代际冲突的前提是代际关系的不平等，包括资源、财富和权力的占有以及交换中的不平等，更重要的是谁掌握了话语权、谁构建了公平与否的逻辑。③

由上可知，有关"代际冲突"的讨论离不开一个预设前提——代际的不平等，这种不平等体现在各个方面，但是就二者的关系来看，无非体现为物质性交换的不平等和价值话语权上的不平等这两个方面。因而，从这个意义上来探讨"代际关系"，实际上与罗尔斯所提出的"代际正义"是一个层面的。然而，仅仅从家庭和社会这两个方面笼统地来理解"代际关系"显然是不够的，我们所提出的"代"这个概念本身就很复杂，需要对其进行更为缜密的分析，比如颜俊所综述的：

---

① 马志强等：《代际视角下的上下级冲突研究述评与展望》，《江苏大学学报》（社会科学版）2015年第1期。

② 吴小云、杨国庆：《代际冲突视野下90后员工管理初探》，《中国人力资源开发》2012年第12期。

③ 吴小英：《代际冲突与青年话语的变迁》，《青年研究》2006年第8期。

人们对"代际"一词有不同的理解,一般有三种解释:一是从纵向的历史角度来考察不同代人也即不同时代的人口;二是家庭内部的代际,即个人在家庭中所处的"代际"位置;三是每个人在一生中所经历的不同年龄段,如青年、中年和老年。代际的划分和更替是基于人口学的自然事实;是一个客观现象和自然过程;因而代际关系是一个复杂的社会文化现象。①

显然,我们在道德反哺教育中所探讨的主要是指这里的第二层面的意思,即家庭内部的代际关系。其他两个层面的意思都是超越家庭来划分代际关系的,显得尤为复杂,如第三个层面的意思,根据个体发展的不同时期来划分"代"的概念,以及第一个层面的意思,根据纵向的不同时代的人来划分"代",实际上这两个层面的意思存在交叉。一般来说,个体发展的不同时期,同时也面临着不同时代的更替,较少能够将二者完全、彻底地分开。而严格意义上来讲,这三个层面的含义都存在重叠和交叉,因为我们也很难完全脱离家庭来理解社会的代际关系。所以,无论我们如何界定"代际关系"这一概念,实际上都是比较复杂和含混的。尽管在生活中,我们也能够很清楚地意识到代际之间的差异与隔阂,但很难在某一个时间段对特定的社会人群做出较为明晰的代际划分。从这个意义上来讲,我们其实可以把"代际关系"当作一个模糊概念,甚至可以只用"年老的"和"年轻的"来形容不同"代"之间的关系,如有学者所提出的:

"代"这个概念往往同年龄联系在一起。如果把处于同一时期的不同年龄段的人群视为"一代人"。那么,人口老龄化也可视为少儿一代、青壮年一代和老年一代人口之间比例关系的变化,这一趋势必然深刻改变社会代际利益格局,可能带来社会代际矛盾和冲突……代际关系有微观层面的家庭代际关系和宏观层面的社会代际关系之分。②

---

① 颜俊:《可持续发展中的代际关系研究》,《中国人口·资源与环境》2007年第3期。
② 吕晓莉、李志宏:《人口老龄化与社会代际——矛盾及其治理》,《中国青年研究》2014年第1期。

显然，只要跳出"家庭"这一框架来探讨"代际关系"的问题，我们就很难界定"代"的实际性含义。正因为如此，"社会代际关系"的研究显得困难重重，即使是罗尔斯都不得不回到"家庭"的框架来揭示"代际正义"，因为，家庭代际关系的一个重要特点就是代际之间因为血缘关系而产生的天然情感，上一代对下一代的"爱"体现出自然而然的道德感，没有人会怀疑父母对子女的爱。在经验上，父母对于子女总是会做出最为有利的选择，而一般的，人们会将这种"有利"当作是最好的。而从子女的角度，父母所给予的这种"最好的"，即使非站在他们的角度上来看是"最好的"，仍然是他们"最能接受的"。因此，"家庭"框架下的代际关系常常因为父子之间的非逻辑性的一致性而达到平衡。但是，社会代际关系中遇到的同样问题，由于解释的框架和产生的基础不一样，结果可能完全不一样。因为失却天然的血缘关系的纽带，社会代际关系中的"代"际之间就会出现我们前文中所述的功利主义的诘难，甚至他们彼此推崇的"功利"一词都很难达成一致。

讨论到这里，我们需要回到前文中有关社会治理的问题了。我们知道，自中国近代以来，传统的"孝道"、家族主义、家庭伦理等确实受到国人的严重批判，使得这些中国传统的伦理文化很难得到继续的更新和发展，在世人眼中，这些伦理道德体制如同统治了中国几千年的封建政治体制一样，对社会产生的流毒仍然存在。无可厚非，这样的思想确实在很大程度上阻碍了我们的现实生活及社会公共事务的管理。我们知道人们所批判的封建专制政治体制对中国社会的祸害，但是，封建社会"家国同构"的伦理道德体制，其产生的基础就是以"家""家族"血缘关系为纽带和核心的伦理关系，这种论证是不违背道德产生的逻辑性原理的。一句话，我们无法在逻辑上去证成封建政治体制的弊端就是隐藏在背后的伦理道德体制的弊端，但很容易发现"家国同构"的伦理道德体系框架总结了人们对亲子关系、代际关系的深层理解及其对社会管理的重要意义。实际上，传统中国社会的伦理道德体制饱含了中国祖祖辈辈人的智慧，是他们从生活实践的智慧中总结出来的对道德的深层性认知。从这个意义上来讲，我们若要理解古人留下来的道德智慧，必然离不开他们对于亲子关系、代际关系等的论证，正是基于对代际之间的人伦纲常的深刻理解，我们的祖先才寻得了自身道德发展的来源，这与人类对自身生命和来源的哲学性思考也息息相关。因而，从这个意义上来讲，我们的道德认知的来源及其发展的正确方向必然离不开我们对亲子关系、代际关系等的正确认知，而这样的认知必然影响到我们在日常生活与社会公共事务管理中的各种决策。

然而，站在现代社会的视角，我们产生的实际分歧是家庭代际关系与社会代际关系的分歧。或者说，以"家庭"为框架来解释的亲子关系和代际关系已经不足以解释社会发展到新阶段的道德特点，我们必须学会站在以"社会代际关系"为背景的道德框架下来寻求社会事务的治理。众所周知，在开放、变革、发展的时代条件下，当今中国社会传统的家庭结构日益解体并在向核心家庭嬗变。这不得不让我们重新审视"家庭"和"家族"的概念，以新的解释框架来理解当前中国社会道德的发展及其相关的社会公共事务治理。如前文中我们所探讨的，道德反哺教育的发生在本质上是基于新型代际关系的产生而产生的。因而，我们如果要寻求对当今社会道德的深层次认知，就必须站在新的角度对个体、家庭和社会的关系进行剖析，而这在本质上就体现为代际关系或亲子关系。中国传统的伦理文化主要以亲子关系、家庭等为框架，而现代中国社会却呈现出新型的特点，家庭、家族等概念的重新建构，以此为基础的社会伦理道德体系的构建也必须能够得到重新的解释和创新。显然，传统的孝道、家族主义、家庭伦理等是在"家庭"的框架下解释社会的道德认知，而站在现代中国社会发展的视角下，我们必须对发展了的亲子关系、代际关系有重新的认识，而这些认识就是我们对传统孝道、家族主义、家庭伦理等发展和创新的基础。那些一味否定传统伦理道德文化的做法，既不能真正理解中国社会伦理道德体系的发展来源，也无法根据代际关系原理的内涵来发展创新。在社会管理实践当中，仅仅以西方的一些符合西方伦理道德体制的管理制度来解决中国社会的实际问题，是必然要面临困境的。

综合以上，我们可以说，对"社会代际关系"概念的理解直接决定了我们对社会道德的深层次认知，而我们对于社会道德的认知又决定了我们管理社会公共事务的思维方式。尽管在第五章中，我们探讨社会养老问题时，仍然寻求回归亲子关系、家庭伦理本身来探讨，因为养老问题脱离不了家庭中的亲子血缘关系和亲子之间的道德认同。然而，在当今社会公共事务的管理当中，我们不得不承认，跳出"家庭"的框架来解决问题已经势不可挡。因为原本代表社会伦理道德源泉的"亲子关系"到现代已经发展成为"社会代际关系"，尽管家庭、家族对于个体的生存和发展来说仍然具有不可替代的意义，但是社会发展到今天，个体拥有了更为广阔的生存和发展空间，即他或她所赖以生存的国家或社会。这意味着，我们必须站在一个国家和社会的立场上来解决问题，而不是传统意义上的家庭或家族。然而，我们不得不承认，在现代中国各种社会公共事务的管理中，家庭或家族主义的伦理思维方式仍然影响着人们的实际决策，比如中国现代的医疗领域，就存在着极大的家族主义的思维势力，它影响着当今社会的医患关系，常常在医患之间造成极大的矛盾和冲突。这样的矛盾其实也体现在社会公共管理的其他领域，如政治事务、企业管理、学校教育、公共卫生。实际上，困扰人们思维方式的仍然是"家庭代际关系"和"社会代际关系"之间的差异。"家庭代际关系"在社会公共事务管理过程中的作用越来越受到质疑，当今的中国社会早已经打破了"家庭"或"家族"的伦理框架去改革和发展，然而，代表人们新型道德思维模式的"社会代际关系"概念及其道德思维框架仍然是模糊的，大多数时候，人们仍然遵照"家庭代际关系"的思维框架去解决实际问题。这说明，"社会代际关系"无论在理论上，还是在实践中都未能得到普遍的认可，引起了人们管理社会公共事务的极大困扰。

显然，我们也无法抹杀"家庭代际关系"与"社会代际关系"之间的关联，只要"家庭"仍然存在，无论它的结构形式怎样变化，家庭与社会之间的关联都会一直存在，并且是个体存在和发展的两大重要基地。但是，作为个体存在原生基地的家庭，其存在的基础是家庭成员之间的血缘关系和情感纽带。而作为个体存在后天基地的社会，这种血缘关系和情感纽带的作用被打破，个体与社会之间更多地体现为契约关系。在传统中国社会的治理当中，"以德治国"的理念非常突出，这样的思想来源于古人对于家庭、家族宗法血缘关系的理解，它的产生就是以"家庭代际关系"

为基础的。在现代社会，我们如果仍然局限于"家庭代际关系"来发展我们的社会道德思维，并在此基础上管理社会公共事务，必然要受到家庭、家族主义的限制和制约。因而，"社会代际关系"的产生及其治理更加诉诸以人际"契约关系"为特点的法律。正因为如此，"以法治国"的理念需要与"以德治国"的理念相结合，共同成为管理社会公共事务的理论基础。然而，在当前中国的公共事务的管理过程中，由于缺乏对"社会代际关系"及其赖以产生的社会伦理道德体系的深层性的认知，导致人们在社会实践中产生了代际关系混乱、法制观念薄弱、契约意识淡薄等问题。

无可否认，人类社会的更替与发展都是以代际之间的更替和发展来实现的，这是人作为"类"存在的本质，人类一切的物质性和精神性文化的发展都需要依靠人类自身的代际传承来实现。因而，人们对于"代际关系"本身的认知尤为重要，它代表着人们的道德思维模式，并决定了人们在社会公共事务管理过程中的思维方式及决策。在中国当前社会，打破"家庭代际关系"的道德思维框架，以"社会代际关系"的道德思维框架来治理中国社会，是一种不可逆转的发展趋势。尽管在社会实践中，我们仍然会碰到诸多困难，有时候不得不又返回去寻求"家族主义伦理"范式的帮助，但是，随着社会的发展和进步，人们会对"社会代际关系"有更多的了解和认知，并以此作为社会伦理道德体系构建与社会治理的基础。

三 道德反哺教育的现实社会意义及展望

"道德反哺教育"是发生在代际之间的一种社会现象，它在本质上预示了新型代际关系的萌芽和发展路径。社会的"代际关系"包含了人们对于自身存在的本体性认识，它是人类社会道德产生和发展的源泉。在现代中国社会，代际关系体现出多方面的特征，这些特征在一定程度上折射了中国社会的发展与转型，从传统社会到新型社会的转变，必然面临着众多的社会问题。但是，如果我们立足于社会中所拥有的"代际关系"，并以此作为社会伦理道德体系构建和社会治理的基础，我们就能从纷繁复杂的各种关系中理清楚头绪。

决定代际差异和代际关系发展方向的是人们的道德认知和思维方式。

中国传统社会中的代际关系呈现为"相同"的特征，亲代与子代之间不存在道德认知思维方式上的根本性差异，他们的道德致思方式是相同的，这在代际之间形成了稳定、统一的伦理道德构思体系，成为中国传统社会发展与维系的伦理道德基础。在现代中国社会，这种稳定和相同的道德致思方式已经被打破，代际之间的道德差异及其对社会治理的影响日益明显，无论是在日常的生活实践中，还是在人们的社会生产实践的各个领域，代际之间的差异所带来的代际矛盾和冲突正在深刻地影响着社会的发展和进步。无疑，道德反哺、文化反哺教育现象的出现为消除代际之间的冲突和不平等提供了现实的途径。在所有代际不平等的表征中，都包含了代际之间对道德本质的认知差异，因而，要从根本上消除代际之间的不平等，实现代际和谐发展，都需要从代际之间的道德认知差异出发来解决问题，而道德反哺教育恰恰为减少代际之间的道德认知差异提供了良好的路径。因而，道德反哺教育对当今中国社会来讲至少具有以下几个方面的重要社会意义：

（一）为营造良好的代际关系，实现良好的代际沟通提供有利的途径

在前文中，我们主要从家庭代际关系的角度来研究"道德反哺教育"，周晓虹等人有关"文化反哺"的各方面调查也是以"家庭"为单位的。在有关"代际正义"的可能性的探讨中，我们诉诸代际之间的道德认同来进行阐述，其涉及的层面就是"社会代际关系"，但实际上，我们并未就"社会代际关系"本身的复杂性和深层次内容做出探讨。在这里，我们所讲的"代际关系"不局限于家庭层面，尽管在讨论代际差异、代际冲突等问题的时候，我们没有办法避免"家庭"这一框架，常常是将其等同于家庭内部的"亲子关系"来探讨。但是，"社会代际关系"在现代的中国社会显得更为复杂和重要，它将影响到社会公共事务管理各个方面的决策。无可否认，中国现代社会已经是一个冲破小家庭而构成的社会大家庭，在这个大家庭中，社会分层和流动日益加速，形成了社会中的各大利益族群。然而，在日益分化的众多群体当中，老年群体和青年群体的划分方法仍然可以被认为是划分社会群体的一个重要方法。因而，这里的"代际关系"主要是指已经从社会生产的各个领域"退场"的年老一代与在社会生

产领域中占据主导地位的年轻一代之间的关系。这样的"代际关系"界定既有别于传统的"家庭代际关系",也有别于罗尔斯等人所提出的在世的几代人和来世的人之间的关系,它是处在二者之间的一种"代际关系"类型。当然,也必然包含了一部分"家庭代际关系"在内,因为,在现代的家庭代际关系中,就可以包含这样的年老一代和年轻一代。但我们这里不局限于家庭内部来谈"代际关系",更倾向于指社会这个"大家庭"内部的代际关系。无疑,这样的代际关系目前正在影响着中国社会各方面的进步与发展,代与代之间的道德认知方式、道德价值观、道德判断等都会影响到以后世世代代人的发展与进步。因而,它既是一个关乎人类现时代命运的问题,也是一个关乎人类社会世世代代发展的问题。

在"年老一代"和"年轻一代"之间来谈的代际关系,二者之间的主要分歧在于"年轻一代"道德价值观的分化,因而,他们的道德价值规范成为研究的对象,而非"年老一代"的道德价值观。一般来说,对于"年老一代"的道德价值观,我们仅仅将其限定为局限在传统伦理道德价值观以内,并未承认现有的"年老一代",他们实际上在道德价值观上已经不同于真正意义上的传统。从这个意义上来讲,我们所意指的"代际差异"在本质上是道德传承上的差异,即年轻一代是否真地继承并发扬年老一代的道德传统。显然,如果从年龄上来划分,当前中国社会所谓的"年老一代",他们大多数出生在中华人民共和国前后,在道德价值观上无疑已经经历了中国近代产生的文化革新运动,他们并非真正意义上的传统,只是从道德继承上来看,他们更为接近传统和相对于他们来说更为年老的"上一代"。而改革开放以后出生在中国的"年轻一代",他们的道德价值观随着急剧的社会变革而发生了翻天覆地的变化,在道德价值传承问题上,显然是与同时代的"年老一代"有着更为本质的差别,而这也是我们在当前中国社会语境下所谈的"代际冲突"的本质。

显然,代际之间由于道德、文化传承方面产生的冲突或矛盾,于整个社会的道德认知来说,是具有推动作用和进步意义的,它暗含了社会中的"年轻一代"在面临道德传统时的审慎态度,他们与"年老一代"之间的差异正预示了他们试图在道德价值观上实现创新的追求,是"年轻一代"

道德认知主体性的体现。如有学者所描述的："青年'族'群体在其社会化过程中，由于对传统生活方式和价值规范的否定、拒绝甚至排斥，他们在后现代思潮的影响下既希望超越传统，也希望标新立异，确立自己的生活方式和价值规范。"① 在现代中国社会，中国的青年被分化成各种不同的"族"群，这些看似标新立异的青年族群，虽然一方面总是体现为与主流文化价值观格格不入；但是，另一方面，也体现出他们对待道德传统的辩证态度。实际上，纵观中国伦理道德文化传承的历史，决定代际关系的主要衡量标准便是社会中的青年对待道德传统的态度，那些毫无批判性的道德继承只能说明代际关系的僵化与教条主义。因而，在现代意义上所提出的"代沟""代际矛盾"等概念其实正是代际关系在不停向前发展的结果。

当然，道德反哺教育中的代际关系之间不仅仅体现为"代际冲突"，它是比"代际冲突"更为激烈的一种文化裂变，用美国文化社会学家玛珞丽特·米德（Margaret Mend）的理论来解释，"道德反哺教育"在本质上预示了代际中的"前喻文化"。米德将文化的历史传承分为"后喻文化""同喻文化"和"前喻文化"三种类型。其中，"后喻文化"变化迟缓，主要表现为"年轻一代"学习"年老一代"的经验，这种文化代代相传，一成不变，"它的延续既依靠老一代的期望，又依靠年轻人对老一代期望的复制"②，在代际之间的互动中，年轻一代要绝对服从年老一代、服从传统。因而，与其说这一道德文化中的代际关系体现为对道德传统的继承，不如说它更体现为对待道德传统继承的态度，代际之间道德传统的继承并没有引起非议，任何文化的传承都离不开代际之间的传承，问题是他们对待道德传承的态度。显然，"后喻文化"中的年轻一代仅仅将道德继承看作是文化传承中的唯一方式，而无法实现文化传承的创新。"同喻文化"中的代际关系变化相对较快，年轻一代虽然仍处于支配地位，但同辈人却成了他们学习和效仿的榜样，年老一代与年轻一代在文化上是相互适应的关系。"前喻文化"则是代际文化发展的一个全新阶段，代际间的文化传

---

① 姚刚、刘建华：《中国青年"族"现象的社会学解读》，《中国青年社会科学》2015 年第 6 期。
② ［美］玛格丽特·米德：《代沟》，曾胡译，光明日报出版社 1988 年版，第 23 页。

承出现了明显的断裂，年轻一代在知识、信息、技能等方面明显优越于年老一代，年长者不得不向年轻一代学习他们未曾有过的知识与经验。米德所提出的有关"文化传承"的三种类型集中地展示了代际之间的文化传承关系，也深刻揭示了社会变革过程中父代与子代之间产生冲突的原因，有学者认为："正是源于这一文化意义上的冲突在父母与子女之间产生的观念、价值取向上的代沟，使得子女与父母的沟通产生困难，导致相互不认可和不信任。"① 不难看出，这里还是局限在"家庭"的框架下来看待代际关系，实际上，这一"前喻文化"现象不仅发生在家庭内部的父母与子女之间，更发生于在世的年老一代和年轻一代之间。而在其作用和意义上，这些学者仅仅看到了"前喻文化"中代际之间的隔阂，未能从更为积极的一面来看待它的功能和意义。

"前喻文化"现象以及由此而派生的"文化反哺""道德反哺"等在本质上都是代际文化的逆向传承，这与"后喻文化""同喻文化"等有着本质的区别。然而，于代际关系的发展和平等而言，"前喻文化"所体现的恰恰是年轻一代对于文化、道德传承的态度。逆向传递一方面说明了道德文化发展的激进速度；另一方面说明了代际之间的公平性，道德文化的传承不再体现为上一代对下一代的单向式传递，而是双向式的交流与沟通。无论年轻一代所反哺的内容是否真的代表道德认识的进步性方向，这种逆向传递在本质上都意味着年轻一代对于道德文化的主体性和创造性，他们不是被动地接受上一代传承下来的道德文化，而是站在批判继承的立场上对上一辈的道德文化进行甄别，并努力地创造、发明属于自身一代的新型文化。因而，文化反哺、道德反哺等打破的是传统的文化传承的方式，它恰恰是营造良好的代际关系、实现代际之间有效互动和沟通的有利途径。在"后喻文化""同喻文化"等模式中，上一代人永远处在主导地位，掌握着道德价值观上的话语权，年轻一代处在被支配的地位，代际之间的关系是一种单向式的服从和被服从的关系，代际之间的沟通和交流不

---

① 姚刚、刘建华：《中国青年"族"现象的社会学解读》，中国青年社会科学 2015 年第 6 期。

被重视,也就很难在代际之间营造平等的关系。自然的,代际之间的不平等也由此而生,年轻一代没有自身的道德主体性,他们对道德的认知很难达到创新。这样的代际关系与代际文化的传承显然很难推动整个社会的进步与发展,人们的道德认知很容易处在一个僵死不变的状态。因而,从代际关系的发展和平等角度来看,道德反哺、文化反哺等为当今的代际关系提供了一条有利的路径,它不是年轻一代对年老一代在道德价值观上的倾轧,而是双方站在平等的立场上相互交流,各自发挥自身的主体性,这不仅有利于营造良好的代际关系,实现不同代人各自的主体性,而且有利于人类整体性道德认知水平的发展。正是基于这样的代际关系,人们才能不局限在狭小的认知框架下来发展和传承自身的道德文化。

(二)道德反哺教育为中国现代社会的管理创新提供新的视角

无可否认,在实施改革开放政策后的四十年中,中国社会在政治、经济、文化和技术等各个方面的突飞猛进是有目共睹的,但是进步的同时带来的各种社会管理问题也是非常棘手的。很多人认为,现代中国社会的管理缺乏的是制度上的创新,这一论点其实与西方社会学家涂尔干等人的观点雷同,在他们看来,社会在从传统走向现代的过程中,是最容易发生各种问题的,因为此时的社会已经失去了传统社会管理的经验支撑,又无法确立适应现代管理的"公共制度"。如涂尔干提出的:"所有社会的团结均源自于友爱互助的团结感,这是一种内在的道德力量……这种道德力量需要社会制度的支持才能有效协调社会利益冲突与矛盾,维持社会团结。……传统社会的机械团结依赖的是'集体意识'和'压制性制裁',其制度基础是家族和权力国家。而现代社会的有机团结是基于'关系系统'(社会分工形成的互赖关系)和'义务之网'形成的。"[1] 其制度基础是由契约、法律及职业责任构成的"公共制度"[2]。可以看出,这里所指的"公共制度",其理论的着眼点在于利益分配的公平性。在社会发展到一定程度之后,各种利

---

[1] [法]涂尔干·埃米尔:《社会分工论》,渠东译,生活·读书·新知三联书店2005年版,第171—185页。

[2] 同上书,第19页。

益群体的分化和制衡成为社会管理的重中之重。换句话说,如何实现不同利益群体之间的公正、公平是社会整体和谐发展的重要保障。如蔡禾所理解的制度创新:"我们要创新的首先是不同群体之间利益博弈的公共平台,要建立的是不同群体之间的利益博弈秩序,要探索的是与社会主义制度相适应的利益诉求的群体表达机制或组织代表机制。如果我们不能用制度的方式去保障和规范人们利益诉求的群体化表达权利,或者培育具有社会认同的利益的组织代表机制,势必导致自发的群体性利益诉求行动不断产生,而且以非正式方式不断地组织起来。这种自发的、非正式组织化的群体性利益诉求行动对社会秩序会带来更加深层次的负面影响。"① 不得不承认,就目前中国的社会管理来看,其复杂性是显而易见的,其关注的重点不仅是在中国社会内部重新建立起规范的秩序,更需要将中国放置于整个全球化的背景中来考虑自身的管理与发展,这意味着我们的社会管理必须以"生态问题"作为它前置性和基础性的价值前提。从这个层面上来讲,中国社会的治理就不仅仅需要关注发生在自身内部的阶层利益,尽管有学者提出,这是当前中国社会管理中最值得重视的社会不平等的根源,并因此认为:"'阶层'是分析社会矛盾与冲突的最重要的概念工具之一。"② 无疑,这样的论点很容易陷入"平均主义"的理论困境。

一个不争的事实是:社会管理在本质上是实现社会发展过程中的秩序性,以使得社会中的个人和群体都能够得到公平、公正的社会权利和保障。然而,无论我们怎样去划分社会中实际存在的群体及其产生的利益分配机制,我们都很难形成一个比较有序的管理体制。从某种程度上来说,跳出传统社会家庭或家族主义的管理体制,现代中国社会的人际关系或群体之间的关系显得尤为复杂,这种复杂性源于社会管理的开放性和社会群体之间的差异性。毫无疑问,社会管理的开放性带来了社会的多元性,当今中国社会的发展离不开与世界的交流与合作,因而,相应的,中国社会的管理必然面临着全球化的风险。而社会群体之间的差异性带来的是社会

---

① 蔡禾:《从利益诉求的视角看社会管理创新》,《社会学研究》2012年第4期。
② 李路路:《社会结构阶层化和利益关系市场化——中国社会管理面临的新挑战》,《社会学研究》2012年第2期。

治理主体的多元化，传统社会以家族主义、家国同构的伦理道德纲常体系一统天下的局面已经不复存在，取而代之的是社会的多元性自由主体或群体。显然，要在错综复杂的各种关系和利益群体之间寻找一条科学的管理之路并非易事，众多社会学家都试图从社会实证的角度来实现对社会的有效管理，但这种观察和研究常常难以逃脱"以偏概全"的研究缺陷，无论我们如何从实际存在的问题中寻找解决的办法，决定我们管理决策的仍然是我们所拥有的思维。从当前中国社会的政治体制、经济体制各方面的改革来看，其产生的经济效应是无可厚非的，但是站在管理的角度，我们必须重新审视这种激进的社会变革所催生的社会进步与发展，必须站在伦理道德角度重新审视我们的社会管理。

总之，我们是无法脱离社会关系来谈人的生存与发展的，在现代中国社会的管理中，我们必须要诉诸我们实际拥有的社会关系来阐述。然而，在人所拥有的一切社会关系当中，亲子关系或代际关系是一切社会关系得以产生的根基。在以家庭或家族主义为主要伦理道德思维的传统社会中，亲子关系是一切道德产生的源泉。在现代中国社会，跳出家庭、家族主义的认知框架，我们也必须立足代际关系来认识当前的管理问题。在前文中，我们已经探讨了现代中国代际关系已经发生了从"家庭代际关系"到"社会代际关系"的转变，然而，对于"社会代际关系"概念的把握和认知却是模糊的，这是导致我们在现实的社会管理中无法根据代际关系来重新建构社会秩序的重要原因。诚然，传统的亲子关系秩序已经被打破，但抛开以亲子关系为基始的"家庭代际关系"，我们暂时还无法以"社会代际关系"为核心来确定社会中群体之间的利益关系。

道德反哺教育恰恰为我们理解新型的"社会代际关系"提供了一个全新的视角。在相关的研究中，有的学者以现代中国社会不同的职业分工来划分社会中的不同群体，其理由是，不同的职业在本质上代表了个体所能占有的社会资源和拥有的财富，因而，从这个意义上来讲，国家和社会的管理者阶层和办事员阶层，甚或农业劳动者阶层，都是完全不同的利益群体。而这是造成当前社会不平等、社会矛盾和冲突的深层次根源，其基本观点如下：

> 相对于其他各种社会差别和利益群体之间的关系，阶层地位是最基本的社会地位，……阶层矛盾是最基本的社会矛盾。阶层概念的根本意义在于，强调社会关系的分化是一个社会中最值得重视的社会分化，社会关系分化所造成的社会不平等或矛盾与冲突，是一个社会中最值得重视的不平等或矛盾与冲突。①

显然，社会关系的分化已经成为中国当前社会不争的事实，但是应该如何划分和重新确立新型社会关系的秩序才是关键问题。无疑，社会管理的根本目的是实现社会关系的有序性，在当前中国的管理理论当中，无论我们以借鉴西方的自由体制为起点，还是以批判传统的家族主义伦理体制为起点，社会关系的有序性都是当前管理所要达成的终极性目标。

显然，社会关系的分化更是一种道德价值观上的分化，虽然职业、财富、社会分工、个人能力、出生背景、个人运气等都能够成为社会关系分化的重要因素，但是，其根本因素仍然是我们所拥有的道德价值观。在对"代"的划分中，无论我们怎样以纵向的时间、年代、年龄等来划分人群，实际上决定他们差异的不是这些外在的限制，而是隐藏在时间、时代、年龄背后所拥有的道德价值观。打个比方，我们可以说，如果个体在道德价值观上没有发生改变，那么他或她就难被划分为新生一代，充其量不过是一个生活在现代社会的"古董"。从这个意义上，道德反哺教育恰恰既是代际关系分化的一个表现，也是代际关系寻求和谐的途径。因而，站到中国现代社会管理的角度，"社会代际关系""道德反哺教育"等概念的提出，实际上是为当前的社会管理提供了一个新型的视角。虽然在传统中国社会的治理模式当中，"家庭代际关系"以及在此基础之上产生的"家国同构"的社会管理伦理道德体系在现代社会已经不起作用。但是，立足于人的社会关系来建构社会管理体制的做法仍然是具有借鉴意义的。只有我

---

① 李路路：《社会结构阶层化和利益关系市场化——中国社会管理面临的新挑战》，《社会学研究》2012年第2期。

们真正地理解了当今中国社会中社会关系的分化及其有序性产生的根源，我们才能找到正确的治理中国社会的方法。

综上所述，道德反哺教育的研究确实具有非凡的社会现实意义，虽然我们在本书的研究中已经展开了相关的探讨，但这样的探讨仍然是不够的。尤其是以"道德反哺教育"为切入点的"社会代际关系"的研究在目前来说还处在起始阶段，我们究竟应该如何来认识现代中国社会及其蕴含的各种社会关系，并在此基础上寻求社会关系的有序性和社会的有效管理，这是我们在以后的研究中需要努力的方向。

参考文献

一　中文著作

陈鼓应主编：《道家文化研究》（第十七辑，郭店楚简专号），生活·读书·新知三联书店1999年版。

冯友兰：《中国哲学史新编》（第二册），人民出版社1984年版。

梁启超、郭沫若等著，廖名春选编：《荀子二十讲》，华夏出版社2009年版。

廖小平：《伦理的代际之维》，人民出版社2004年版。

罗国杰：《伦理学》，人民大学出版社1989年版。

唐明邦：《周易评注》，中华书局1995年版。

钱穆：《论语新解》，生活·读书·新知三联书店2002年版。

（清）阮元：《孝经注疏》，载《十三经注疏》，中华书局1980年影印本。

陶行知：《生活即教育》，载《中国教育改造》，东方出版社1996年版。

（唐）武则天：《臣轨》，载《丛书集成初编》（第893册），中华书局1985年版。

严峰、卜卫：《生活在网络中》，中国人民大学出版社1997年版。

周晓虹：《文化反哺——变迁社会中的代际革命》，商务印书馆2015年版。

（宋）朱熹：《四书集注》，岳麓书社1987年版。

二 译著

［美］阿伯特·班杜拉：《社会心理学》，郭占基译，吉林教育出版社1988年版。

［美］爱德华·霍尔：《超越文化》，何道宽译，北京大学出版社2010年版。

［美］爱德华·霍尔：《无声的语言》，何道宽译，北京大学出版社2010年版。

［法］安·比尔基埃：《家庭史：现代化的冲击》，袁树仁等译，生活·读书·新知三联书店1998年版。

［美］戴维·米勒：《社会正义原则》，应奇译，江苏人民出版社2001年版。

［德］康德：《道德形而上学原理》，苗力田译，上海人民出版社1986年版。

［美］玛格丽特·米德：《代沟》，曾胡译，光明日报出版社1988年版。

［美］尼葛洛庞帝：《数字化生存》，胡泳等译，海南出版社1997年版。

［法］涂尔干·埃米尔：《社会分工论》，渠东译，生活·读书·新知三联书店2005年版。

［美］约翰·罗尔斯：《正义论》，何怀宏等译，中国社会科学出版社1988年版。

［英］约翰·斯道雷：《文化理论与大众文化导论》，常江译，北京大学出版社2010年版。

三 期刊

［美］R. B. 布兰特：《功利主义的问题：真正的和所谓的》，晋运锋译，《世界哲学》2011年第1期。

蔡禾:《从利益诉求的视角看社会管理创新》,《社会学研究》2012年第4期。

柴洪全、石晓玉:《论先秦儒家"孝忠"观中的"谏诤"思想》,《理论学刊》2008年第7期。

陈柏峰:《代际关系变动与老年人自杀——对湖北京山农村的实证研究》,《社会学研究》2009年第4期。

陈默:《论道德反哺》,《理论月刊》2008年第3期。

陈昫:《城市老年人精神养老研究》,《武汉大学学报》(哲学社会科学版)2014年第4期。

陈云松、朱灿然、张亮亮:《代内"文化反授":概念、理论和大数据实证》,《社会学研究》2017年第1期。

陈治国:《儒家"孝"观念的原始意义及其近代以来的多重命运》,《孔子研究》2005年第6期。

东方朔:《"真知必能行"何以可能?》,《哲学研究》2017年第3期。

董刚:《"道德反哺"及其在构建和谐社会中的价值》,《理论学刊》2010年第8期。

方爱清、王昊:《文化养老的基本内涵、当代价值及其可依路径》,《江汉大学学报》(社会科学版)2015年第4期。

费孝通:《家庭结构变动中的老年赡养问题——再论中国家庭结构的变动》,《北京大学学报》(哲学社会科学版)1983年第3期。

费孝通:《三论中国家庭结构的变动》,《北京大学学报》(哲学社会科学版)1986年第3期。

风笑天:《第一代独生子女父母的家庭结构:全国五大城市的调查分析》,《社会科学研究》2009年第2期。

冯辉:《关于文化的分类》,《中州大学学报》2005年第4期。

高楚翘:《后喻文化时代农村文化反哺现象调查研究——以新桥村微信学习使用情况为例》,硕士学位论文,安徽大学,2017年。

高德胜:《生活德育简论》,《教育研究与实验》2002年第3期。

高德胜:《生活德育:境遇、主题与未来》,《教育研究与实验》2012

年第 3 期。

郭琰：《非同一性问题：代际正义论的哲学挑战》，《自然辩证法研究》2013 年第 6 期。

黄义英：《等级、本分与补偿：中国传统家庭伦理设计的结构与功能探析》，《孔子研究》2009 年第 4 期。

李凤琴、陈泉辛：《城市社区居家养老服务模式探索》，《西北人口》2012 年第 1 期。

李景林：《论孝与仁》，《江南大学学报》2014 年第 3 期。

李俊：《城市老年人权利意识的决定因素——以"常回家看看"入法为例》，《兰州学刊》2016 年第 10 期。

李路路：《社会结构阶层化和利益关系市场化——中国社会管理面临的新挑战》，《社会学研究》2012 年第 2 期。

李绍伟：《社会教育是道德教育的本源形态》，《教育探索》2010 年第 5 期。

梁义柱：《养老产业化的发展路径选择——从物质养老到精神养老》，《东岳论丛》2013 年第 3 期。

刘长欣：《道德教育及其知识化路径》，《教育研究》2014 年第 8 期。

刘鹤丹、罗兴刚：《传统父子关系的论争与家庭伦理的当代重构》，《苏州大学学报》2015 年第 4 期。

刘景泉：《关于文化分类的反思》，《广东社会科学》2006 年第 3 期。

刘艺容、尹有：《中国人口年龄结构变动对经济增长的影响研究》，《消费经济》2016 年第 2 期。

卢德平：《略论中国的养老模式》，《中国农业大学学报》（社会科学版）2014 年第 4 期。

鲁洁：《边缘化·外在化·知识化——道德教育的现代综合征》，《教育研究》2005 第 12 期。

吕世辰、李娟琴：《简论发展社会教育》，《光明日报》2009 年 4 月 20 日。

吕晓莉、李志宏：《人口老龄化与社会代际——矛盾及其治理》，《中国青年研究》2014 年第 1 期。

吕耀怀：《道德榜样的三要素及其局限》，《道德与文明》2008 年第 2 期。

罗安宪：《孔子"孝"论的三个维度》，《黑龙江社会科学》2013 年第 5 期。

罗彩：《"三纲五常"问题研究三十年及其前瞻》，《河北师范大学学报》2015 年第 4 期。

马志强等：《代际视角下的上下级冲突研究述评与展望》，《江苏大学学报》（社会科学版）2015 年第 1 期。

孟凡平：《道德控制模式中的中外学校道德教育比较》，《西南大学学报》（社会科学版）2009 年第 3 期。

穆光宗：《中国传统养老方式的变革和展望》，《中国人民大学学报》2000 年第 5 期。

庞朴：《本来样子的三纲——漫说郭店楚简之五》，《寻根》1999 年第 5 期。

裴晓梅：《从"疏离"到"参与"：老年人与社会发展关系探讨》，《学海》2004 年第 1 期。

彭秀建：《中国人口老龄化的宏观经济后果——应用一般均衡分析》，《人口研究》2006 年第 7 期。

齐传钧：《人口老龄化对经济增长的影响分析》，《中国人口科学》2010 年第 1 期。

任建东、邓丽敏：《新媒体接受中道德教育的三大困境》，《伦理学研究》2011 年第 9 期。

任玥：《"孝"与"忠"的双重变奏——从忠孝关系的演变看儒学传统的历史实践》，《政治思想史》2016 年第 4 期。

粟丹：《"孝道"视角下我国养老立法的要求及完善路径——以"精神赡养"条款为中心》，《浙江学刊》2017 年第 2 期。

田海平：《人为何要"以福论德"而不"以德论福"——论功利主义的"福—德"趋向问题》，《学术研究》2014 年第 11 期。

田钰燕、包学雄：《我国农村老年人生活状况的发展性分析——基于2006年和2010年全国老年人跟踪调查数据》，《云南农业大学学报》（社会科学）2016年第5期。

王常柱：《传统家庭道德教育的形上依据》，《河北学刊》2013年第1期。

王明：《个体化进程中学校道德教育的内在困境》，《中国教育学刊》2016年第2期。

王三秀：《积极老龄化理念的我国教育养老服务模式初探》，《中共浙江省委党校学报》2017年第1期。

王韬洋：《正义的共同体与未来世代——代际正义的可能性及其限度》，《华东师范大学学报》（哲学社会科学版）2010年第5期。

王贤德、唐汉卫：《生活德育论十五年》，《中国教育学刊》2017年第7期。

王晓莉：《社会道德教育：消极道德的视角》，《教育学术月刊》2012年第2期。

王秀贵：《婆媳关系变迁历史及文化研究》，《人民论坛》2013年第8期。

魏英敏：《论"孝"的古代意义与现代价值》，《江苏社会科学》2005年第4期。

文贤庆：《儒家家庭本位伦理与代际正义》，《南京社会科学》2014年第11期。

吴帆：《代际冲突与融合：老年歧视群体差异性分析与政策思考》，《广东社会科学》2013年第5期。

吴俊、郭志民：《家庭伦理传统的嬗变与当代价值——第4届海峡两岸伦理学研讨会综述》，《伦理学研究》2005年第1期。

吴小英：《代际冲突与青年话语的变迁》，《青年研究》2006年第8期。

吴小云、杨国庆：《代际冲突视野下90后员工管理初探》，《中国人力资源开发》2012年第12期。

吴虞：《家庭制度为专制主义之根据论》，《新青年》1917年第2期。

谢宝耿：《"孝"的历史嬗变及其现代价值》，《探索与争鸣》2000年第3期。

徐连明：《精神养老研究取向及其实践逻辑分析》，《中州学刊》2016年第12期。

颜俊：《可持续发展中的代际关系研究》，《中国人口·资源与环境》2007年第3期。

杨杰、罗云：《中国人口老龄化、技术创新与经济增长的动态影响分析》，《科技与经济》2015年第3期。

杨明辉：《新三纲五常：中国传统孝养思想的现代转化》，江苏大学学报（社会科学版）2013年第2期。

杨韶刚：《从道德相对主义到核心价值观——学校道德教育转向的心理学思考》，《教育研究》2004年第1期。

杨盛菁、高思梦：《国内老年人口精神养老研究文献的调查分析》，《郑州航空工业管理学院学报》（社会科学版）2017年第5期。

杨雪、侯力：《我国人口老龄化对经济社会的宏观和微观影响研究》，《人口学刊》2011年第4期。

姚刚、刘建华：《中国青年"族"现象的社会学解读》，《中国青年社会科学》2015年第6期。

于学军：《中国人口老龄化的经济学研究》，中国人口出版社1995年版。

袁德公、孙旭：《论现代社会道德教育实施的基础及三重路径》，《吉首大学学报》（社会科学版）2017年第12期。

曾钊新：《道德生活纵向性领域探拓》，《哲学动态》1983年第1期。

张波、陆沪根：《从榜样教育到共同体精神培育：社会道德教育模式的转变——以"最美现象"为例》，《中州学刊》2016年第4期。

张波：《我国居家养老模式研究综述与展望》，《四川理工学院学报》（社会科学版）2013年第4期。

张登国：《农村青年家庭中文化反哺的内容、效果及其趋势》，《重庆社会科学》2009 年第 5 期。

张东娇:《西方文化分类逻辑对中国学校文化研究的启示》,《比较教育研究》2017 年第 8 期。

张分田:《价值重建时代传统"孝"文化之再检视》,《天津社会科学》2015 年第 1 期。

张世英:《相同与相通——兼论哲学的任务》,《北京大学学报》(哲学社会科学版)1995 年第 4 期。

张卫东:《居家养老模式的理论探讨》,《中国老年学》2000 年第 2 期。

张正江、陈菊恋:《认真对待反对道德知识教育的思潮——关于由知性德育向生活德育转化的思考》,《教育理论与实践》2012 年第 28 期。

赵丽芳:《流动与传播——西部外出农民工调查》,《山西大学学报》2007 年第 4 期。

钟春洋:《社区文化养老的发展路径探析》,《四川行政学院学报》2012 年第 1 期。

周晓虹:《从颠覆、成长走向共生与契洽——文化反哺的代际影响与社会意义》,《河北学刊》2015 年第 3 期。

周晓虹:《代际关系中的一个重要迹象:"孝"易"顺"难——亲子关系中"文化反哺"现象的调查分析》,《北京日报》2015 年 9 月 14 日第 18 版。

周晓虹:《试论当代中国青年文化的反哺意义》,《青年研究》1988 年第 11 期。

周晓虹:《文化反哺:变迁社会中的亲子传承》,《社会学研究》2000 年第 2 期。

周晓虹:《文化反哺:生发动因与社会意义》,《青年探索》2017 年第 5 期。

周晓虹:《文化反哺与媒介影响的代际差异》,《江苏行政学院学报》2016 年第 2 期。

周晓虹:《文化反哺与器物文明的代际传承》,《中国社会科学》2011

年第 6 期。

周晓虹：《孝悌传统与长幼尊卑：传统中国社会的代际关系》，《浙江社会科学》2008 年第 5 期。

周晓虹：《中国青年的历史蜕变：国家与社会关系的视角》，《江苏社会科学》2015 年第 6 期。

周延良：《"孝"义考原——兼论先秦儒家"孝"的伦理观》，《孔子研究》2011 年第 2 期。

周运清：《现代化与老年社会心理变迁》，《经济评论》1990 年第 1 期。

朱海龙：《智慧养老：中国老年照护模式的革新与思考》，《湖南师范大学社会科学学报》2016 年第 3 期。

朱秀凌：《青少年的手机使用、数字代沟与文化反哺——基于对福建省漳州市中学生家庭的实证分析》，《新闻界》2015 年第 11 期。

朱贻庭：《现代家庭伦理与传统亲子、夫妻伦理的现代价值》，《华东师范大学学报》（哲学社会科学版）1998 年第 2 期。

四 英文文献

Andrew Dobson, *Justice and the Environment: Conceptions of Environmental Sustainability and Dimensions of Distributive Justice*, Oxford: Ox-ford University Press, 1998.

Avner de-Shalit, *Why Posterity Matters: Environmental Policies and Future Generations*, London: Routledge, 1995.

John O'Neill, *Ecology, Policy and Politics: Human Well-being and the Natural World*, London: Routledge, 1993.

Lawrence Kohlberg, ed., *the philosophy of moral development*, San Francisco: Harper & Row, 1981.

Raths, L. Harmin, M. & Slmons, *Values and Teaching (2nd Edition)*, Columbus, ohio: Merrill, 1978. 12.

William Fielding Ogburn, *Social Change with ResPect to Culture and Origial Nature*, New York: The Viking Press, 1950.